Les prières
de Jean-Paul II

Les prières de Jean-Paul II

Bayard

ISBN 2.227.47204.9

3 et 5, rue Bayard, 75008 Paris

TOUT AU LONG DE SON PONTIFICAT, JEAN-PAUL II A COMPOSÉ DE NOMBREUSES PRIÈRES, ÉCRITES DANS DES DOCUMENTS MAJEURS OU PRONONCÉES À L'OCCASION D'ÉVÉNEMENTS, DE GRANDES FÊTES, DE RENCONTRES, D'AUDIENCES OU LORS DE SES VOYAGES À TRAVERS LE MONDE.

VOICI RASSEMBLÉES POUR LA PREMIÈRE FOIS LA MAJEURE PARTIE D'ENTRE ELLES, GRÂCE AU FONDS UNIQUE OU À LA TRADUCTION DE LA *DOCUMENTATION CATHOLIQUE*. CES PRIÈRES ONT ÉTÉ RÉUNIES PAR LE P. ROBERT ACKERMANN, ASSOMPTIONNISTE, ET L'ÉQUIPE DE LA REVUE. RÉPARTIES PAR GRANDS THÈMES, ELLES TÉMOIGNENT DE LA SPIRITUALITÉ D'UN PAPE DONT BEAUCOUP S'ACCORDENT À RECONNAÎTRE LA FORTE DIMENSION INTÉRIEURE.

LE P. JEAN LANDOUSIES, LAZARISTE, COLLABORATEUR DE LA SECRÉTAIRERIE D'ÉTAT AU VATICAN, DE 1995 À 2001, A MIS EN FORME L'ENSEMBLE DE CET OUVRAGE.

Introduction

La prière du Pape

EN INTRODUCTION À CES PRIÈRES DE JEAN-PAUL II, PRONONCÉES DANS DES CIRCONSTANCES TRÈS DIVERSES, ON LIRA ICI AVEC INTÉRÊT CE QUE LE SAINT-PÈRE DISAIT DE LA PRIÈRE, QUELQUES JOURS SEULEMENT APRÈS SON ÉLECTION. LE 29 OCTOBRE 1978, POUR SON PREMIER « VOYAGE » EN DEHORS DU VATICAN, LE NOUVEAU PAPE S'ÉTAIT RENDU AU SANCTUAIRE MARIAL DE LA MENTORELLA, À UNE CINQUANTAINE DE KILOMÈTRES DE ROME, UN LIEU OÙ IL AIMAIT DÉJÀ SE RENDRE À L'OCCASION DE SES SÉJOURS À ROME. DANS SON ALLOCUTION AUX FIDÈLES PRÉSENTS, JEAN-PAUL II SOULIGNAIT LA PLACE DE LA PRIÈRE DANS LA VIE DE L'ÉGLISE, DANS LA VIE DU PAPE.

J'ai voulu venir ici, dans ces montagnes, pour y chanter le *Magnificat*, à la suite de Marie. C'est un endroit où, d'une façon particulière, on s'ouvre à Dieu. Loin de tout, mais en même temps en contact avec la nature, on peut y parler tranquillement à Dieu. On y entend au plus intime de soi-même l'appel personnel qu'il adresse à l'homme. Et l'homme doit rendre gloire à Dieu, son Créateur et Rédempteur. Il doit, en quelque sorte, se faire l'interprète de toute la création pour dire en son nom : «*Magnificat*». Il doit annoncer les «grandes choses de Dieu», et en même temps s'exprimer lui-même dans cette sublime relation avec Dieu, parce que, dans le monde visible, lui seul peut le faire.

Pendant mes séjours à Rome, ce lieu m'a beaucoup aidé à prier. C'est pourquoi j'ai voulu y revenir aujourd'hui. La prière, qui exprime de diverses manières la relation de l'homme avec le Dieu vivant, est aussi la première tâche et comme la première annonce du Pape, elle est aussi la première condition de son service dans l'Église et dans le monde.

Pendant ces quelques jours qui se sont écoulés depuis le 16 octobre, j'ai été heureux d'entendre de la bouche de personnes faisant autorité des paroles confirmant le réveil spirituel de l'homme d'aujourd'hui. Ces paroles - et c'est significatif - ont été prononcées surtout par des laïcs qui occupent de hautes charges dans la vie politique de différents pays et peuples. De nombreuses fois, ils ont parlé des besoins de l'esprit humain qui ne sont pas moindres que ceux du corps. Ils ont dit en même temps que l'Église, en premier lieu, était capable de satisfaire ces besoins.

Ce que je dis aujourd'hui veut être une première et humble réponse à tout ce que j'ai entendu : l'Église prie, l'Église veut prier, elle désire être au service du besoin le plus simple et en même temps le plus splendide don de l'esprit humain qui se réalise dans la prière. La prière est en effet la première expression de la vérité intérieure de l'homme, la première condition de la liberté authentique de l'esprit.

L'Église prie et veut prier pour entendre la voix intérieure de l'Esprit divin, afin qu'en nous et avec nous il puisse parler de toute la création avec des gémissements indicibles.

L'Église prie et veut prier pour répondre aux besoins du plus profond de l'homme, qui est parfois tellement réduit et limité par les conditions de sa vie quotidienne, par tous les problèmes matériels, par la faiblesse, le péché, le découragement et par une vie qui lui semble ne pas avoir de sens. La prière donne un sens à toute la vie, à chaque instant, en toutes circonstances.

C'est pourquoi le pape, en tant que vicaire du Christ sur la terre, désire avant tout s'unir à tous ceux qui tendent à l'union avec le Christ dans la prière en quelque endroit qu'ils soient : le Bédouin dans le désert, la carmélite ou le trappiste dans leur monastère, le malade sur son lit d'hôpital dans les souffrances de l'agonie, l'homme actif dans la plénitude de la vie, l'homme opprimé et humilié... partout.

La mère de Dieu a traversé la montagne pour dire son «*Magnificat*». Que le Père, le Fils et le Saint-Esprit acceptent la prière du pape en ce sanctuaire et accordent les dons de l'Esprit à tous ceux qui prient.

La prière, voie du Verbe

QUELQUES MOIS PLUS TARD, LE 14 MARS 1979, JEAN-PAUL II CONSACRAIT À LA PRIÈRE L'UNE DE SES PREMIÈRES CATÉCHÈSES DE L'AUDIENCE GÉNÉRALE HEBDOMADAIRE AU VATICAN. ON EN TROUVERA ICI LE TEXTE.

1. Pendant le Carême, nous entendons souvent répéter les mots « prière », « jeûne », « aumône », que j'ai rappelés le mercredi des Cendres. Nous y voyons habituellement de saintes et bonnes œuvres que chaque chrétien doit accomplir, surtout en Carême. C'est juste, mais incomplet. Il nous faut donner à la prière, à l'aumône et au jeûne, un sens plus profond si nous voulons les insérer plus pleinement dans notre vie. Nous ne pouvons les considérer simplement comme des pratiques passagères qui requièrent seulement de nous quelque chose de momentané ou qui ne nous privent que momentanément de quelque chose. Mais par là nous n'arriverons encore pas au vrai sens et à la vraie force de la prière, du jeûne et de l'aumône dans le processus de la *conversion à Dieu* et de notre *maturation spirituelle*. L'une va de pair avec l'autre : nous mûrissons spirituellement en nous convertissant à Dieu, et la conversion s'opère par la prière, ainsi que par le jeûne et l'aumône bien compris.

Peut-être convient-il de dire tout de suite qu'il ne s'agit pas seulement de « pratiques » momentanées, mais d'attitudes constantes, qui donnent à notre conversion à Dieu une forme durable. Le temps liturgique du Carême ne dure que quarante jours chaque année, mais c'est toujours que nous devons tendre à Dieu. Cela veut dire qu'il nous faut nous convertir continuellement. Le Carême doit laisser dans notre vie une marque profonde et indélébile. Il doit rénover en nous la conscience de notre union à Jésus Christ, qui nous fait voir la nécessité de la conversion et nous indique les voies pour y parvenir. La prière, le jeûne et l'aumône sont précisément les voies que le Christ nous a indiquées. Dans les méditations qui suivront, nous nous efforcerons d'entrevoir combien ces voies pénètrent profondément dans l'homme, ce qu'elles signifient pour lui. Le chrétien doit comprendre le vrai sens de ces voies s'il veut les suivre.

2. Il y a donc d'abord *la voie de la prière*. Je dis « d'abord » parce que je veux parler d'elle avant les autres. Mais en disant « d'abord », je veux aujourd'hui ajouter que dans l'œuvre totale de notre conversion, c'est-à-dire de notre maturation spirituelle, la prière n'est pas isolée des deux autres voies que l'Église désigne par les mots évangéliques de « jeûne et aumône ». La voie de la prière nous est peut-être plus familière. Peut-être comprenons-nous plus facilement que, sans elle, il n'est pas possible de nous convertir à Dieu, de lui rester unis dans cette communion qui nous fait mûrir spirituellement.

Parmi vous qui m'écoutez en ce moment, il en est certainement beaucoup qui ont une expérience de la prière, qui en connaissent les différents aspects et peuvent y faire participer les autres. C'est en effet en priant que nous apprenons à prier. Le Seigneur Jésus nous a appris à prier avant tout en priant lui-même : « Il passait la nuit en prière » (Lc 6,12). Un autre jour, nous dit saint Matthieu, « il partit dans la montagne pour prier à l'écart. Le soir venu, il était encore là » (Mt 14,23). Avant sa Passion et sa mort, il monta sur le mont des Oliviers et il encouragea les apôtres à prier, lui-même priait à genoux. En proie à l'angoisse, il priait plus intensément (cf. Lc 22,39-46). Une fois, pour répondre à ses disciples qui lui demandaient : « Enseigne-nous à prier » (Lc 11,1), il leur a donné le contenu le plus simple et le plus profond de sa prière : *le Notre Père.*

Puisqu'il est impossible de réunir en un bref discours tout ce que l'on peut dire ou tout ce qui a été écrit sur la prière, je voudrais aujourd'hui mettre en relief une seule chose. Nous tous, lorsque nous prions, *nous sommes disciples du Christ*, non pas parce que nous répétons les paroles qu'il nous a enseignées – paroles sublimes, qui donnent le contenu complet de la prière –, mais nous sommes disciples du Christ même lorsque nous ne disons pas ces paroles. Nous sommes ses disciples seulement *parce que nous prions* : « Écoute le Maître qui prie ; apprends à prier. Il a en effet prié pour nous apprendre à prier », dit saint Augustin (*Enarrationes in Ps* 56,5). Et un auteur contemporain écrit : « Parce que la fin du chemin de la prière se perd en Dieu et que personne ne connaît le chemin, hormis celui qui vient de Dieu, Jésus Christ, il faut... fixer les yeux sur lui seul. Il est le chemin, la vérité et la vie. Lui seul a parcouru le chemin dans les deux sens. Il nous faut mettre notre main dans la sienne et partir » (Y. Raguin, *Chemins de la contemplation*, Desclée de Brouwer, 1969, p. 179).

Prier, c'est s'entretenir avec Dieu. J'oserai même dire plus : prier, c'est se retrouver dans l'unique Verbe éternel par lequel parle le Père et qui parle au Père. Ce Verbe s'est fait chair pour qu'il nous soit plus facile de nous retrouver en lui, même avec les mots humains de notre prière. Ces mots peuvent parfois être très imparfaits, ils peuvent même parfois nous manquer, mais cette déficience de notre parole humaine se complète continuellement dans le Verbe qui s'est fait chair pour parler au Père dans la plénitude de cette union mystique que chaque homme qui prie a avec lui, que tous ceux qui prient ont avec lui. C'est dans cette union particulière avec le Verbe qu'est la grandeur de la prière, sa dignité et, en quelque sorte, sa définition. Il faut surtout bien comprendre la grandeur et la dignité fondamentales de la prière La prière de tout homme, et aussi celle de toute l'Église. L'Église, d'une certaine manière, s'étend aussi loin que la prière, elle s'étend partout où il y a un homme qui prie.

3. Il nous faut prier en nous basant sur cette notion essentielle de la prière. Lorsque les disciples demandèrent au Seigneur de leur apprendre à prier, il leur répondit par les paroles du *Notre Père*, créant ainsi un modèle à la fois concret et universel. En effet, tout ce que l'on peut et doit dire au Père est dans les sept demandes que nous connaissons tous par cœur. Il y a en elles une telle simplicité que même un enfant les apprend, et en même temps une telle profondeur qu'on peut méditer pendant une vie entière sur le sens de chacune d'elles. N'est-ce pas vrai ? Chacune d'elles, l'une après l'autre, ne nous parle-t-elle pas de ce qui est essentiel pour notre vie, tout entière tournée vers Dieu, vers le Père ? Ne nous parlent-elles pas du pain quotidien, du pardon de nos offenses « comme nous pardonnons aussi à ceux qui nous ont offensés », de la préservation de la tentation, de la libération du mal ?

Lorsque le Christ, pour répondre à ses disciples qui lui demandent de leur apprendre à prier, prononce les paroles de sa prière, il ne leur apprend pas seulement des paroles, mais il nous apprend que lorsque nous nous entretenons avec le Père nous devons être totalement sincères et pleinement ouverts. La prière doit embrasser tout ce qui fait partie de notre vie. Elle ne peut pas être quelque chose de supplémentaire ou marginal. Tout doit s'exprimer en elle, y compris tout ce qui nous accable, ce dont nous avons honte, y compris, précisément et surtout, ce qui par nature nous sépare de Dieu. C'est la prière qui – toujours, avant tout et essentiellement – abat la barrière que le péché et le mal peuvent avoir dressée entre Dieu et nous. Par la prière, le monde tout entier doit trouver sa juste référence, c'est-à-dire la référence à Dieu, notre monde intérieur et aussi le monde objectif, celui dans lequel nous vivons, tel que nous le connaissons. Si nous nous convertissons à Dieu, tout en nous s'oriente vers lui. La prière est l'expression de cette orientation vers Dieu, laquelle est en même temps notre continuelle conversion, notre voie.

L'Écriture dit : « Comme descend la pluie ou la neige du haut des cieux, et comme elle ne retourne pas là-haut sans avoir saturé la terre, sans l'avoir fait enfanter et bourgeonner, sans avoir donné semence au semeur et nourriture à celui qui mange, ainsi se comporte ma parole, du moment qu'elle sort de ma bouche ; elle ne retourne pas vers moi sans résultat, sans avoir exécuté ce qui me plaît et fait aboutir ce pour quoi je l'avais envoyée » (Is 55,10-11). La prière est la voie du Verbe qui embrasse tout, la voie du Verbe éternel qui traverse la profondeur de tant de cœurs, qui reconduit vers le Père tout ce qui vient de lui. La prière est le sacrifice de nos lèvres (cf. He 13,15). Comme l'écrit saint Ignace d'Antioche, elle est « l'eau vive qui murmure en nous et dit : viens au Père » (cf. *Lettre aux Romains*, VII, 2).
Avec ma bénédiction apostolique.

Prières à Dieu, Père, Fils et Saint-Esprit

DANS SON MESSAGE *URBI ET ORBI* DE PÂQUES LE 12 AVRIL 1993, JEAN-PAUL II SE TOURNE VERS DIEU DANS UNE PRIÈRE D'ACTION DE GRÂCE POUR LA VIE QU'IL DONNE AU MONDE.

Toi seul as la vie immortelle !

Le Christ dit : « Le Père m'aime. » Oui, *en toi,*
ô Christ, le Père a aimé l'homme, il a aimé le monde.
Dieu a tant aimé le monde qu'il t'a donné,
Toi, son Fils unique, Fils consubstantiel au Père,
afin que, quiconque t'accueille dans la foi,
ait la vie éternelle (cf. Jn 3,16).
Tu as le pouvoir de donner ta vie pour le monde
et de la reprendre à la résurrection. Tu as le pouvoir
de communiquer au monde la vie divine qui est en toi.
Cette vie, le monde ne la possède pas en lui-même.
En lui-même, il a une vie sujette à la mort.
Toi seul as la vie immortelle qui vient de Dieu.
Mais Dieu aime le monde,
et Dieu t'aime, toi qui es venu dans le monde.
En toi, le Père donne la vie à ceux qui sont dans le monde.
Et toi-même le veux, ô Christ, notre Rédempteur.
Tu veux « qu'ils aient la vie,
et qu'ils l'aient en abondance » (Jn 10,10).

Père, Fils, Esprit saint, Dieu unique et ineffable,
sois glorifié pour le monde, pour ce monde qui est
« le théâtre où se joue l'histoire du genre humain,
ce monde marqué par l'effort de l'homme, ses défaites
et ses victoires » (*Gaudium et spes*, 2), ce monde qui a été libéré
par toi – par toi, Christ crucifié et ressuscité. En toi,
l'homme, qui vit dans le monde, est devenu capable
de briser le pouvoir du Malin pour être transformé

selon le pouvoir de Dieu et atteindre la perfection.
Dieu, qui es unique en la Trinité des Personnes,
Père, Fils, Esprit saint,
sois glorifié par la rédemption du monde
accomplie par le Christ Jésus.

LORS DE SON PÈLERINAGE JUBILAIRE EN TERRE SAINTE, JEAN-PAUL II S'EST RENDU LE 21 MARS 2000 À WADI AL-KHARRAR (JORDANIE), SUR LES RIVES DU JOURDAIN. IL Y PRONONCE UNE PRIÈRE DE BÉNÉDICTION À LA SAINTE TRINITÉ, EN SOUVENIR DU BAPTÊME DE JÉSUS.

Toute gloire au Père, au Fils et au Saint-Esprit !

Dans l'évangile de saint Luc, nous lisons que « la Parole de Dieu fut adressée à Jean, fils de Zacharie, dans le désert. Et il vint dans toute la région du Jourdain, proclamant un baptême de repentir pour la rémission des péchés » (Lc 3,2-3). Ici, sur le Jourdain, où les deux rives sont visitées par des foules de pèlerins qui viennent honorer le baptême du Seigneur, j'élève moi aussi mon cœur en prière :

Gloire à toi, Ô Père, Dieu d'Abraham, d'Isaac et de Jacob !
Tu as envoyé tes serviteurs, les prophètes, pour annoncer
ta parole d'amour fidèle et appeler ton peuple au repentir.
Sur les rives du fleuve Jourdain,
tu as fait se lever Jean le Baptiste,
une voix qui crie dans le désert, envoyé dans toute la région
du Jourdain pour préparer le chemin du Seigneur,
pour annoncer la venue de Jésus.

Gloire à toi, ô Christ, Fils de Dieu ! Tu es venu dans les eaux
du Jourdain pour être baptisé par la main de Jean.
Sur toi, l'Esprit est descendu comme une colombe.
Au-dessus de toi, les cieux se sont ouverts,
et la voix du Père a retenti :
« Celui-ci est mon Fils bien-aimé ! »
Du fleuve béni par ta présence,
tu es parti pour baptiser non seulement avec l'eau

mais avec le feu et l'Esprit saint.
Gloire à toi, ô Esprit saint, Seigneur et Dispensateur de vie !
Par ta puissance, l'Église est baptisée,
descendant avec le Christ dans la mort
et ressuscitant avec lui à la vie nouvelle.
Par ta puissance, nous sommes libérés du péché
pour devenir les enfants de Dieu, le corps glorieux du Christ.
Par ta puissance, toute peur est vaincue, et l'Évangile
de l'amour est prêché aux quatre coins du monde,
pour la gloire de Dieu, le Père, le Fils et le Saint-Esprit ;
à lui toute gloire en cette année du jubilé,
et pour les siècles des siècles. Amen !

AU SANCTUAIRE DE LA DIVINE MISÉRICORDE À LAGIEWNIKI (POLOGNE), LE 17 AOÛT 2002, DANS SON HOMÉLIE, LE SAINT-PÈRE CONFIE LE DESTIN DU MONDE À LA DIVINE MISÉRICORDE.

En toi, la source de l'espérance !

Dieu, Père miséricordieux, qui as révélé ton amour dans ton Fils Jésus Christ, et l'as répandu sur nous dans l'Esprit saint consolateur, nous te confions aujourd'hui le destin du monde et de chaque homme. Penche-toi sur nos péchés, guéris notre faiblesse, vaincs tout mal, fais que tous les habitants de la terre fassent l'expérience de ta miséricorde, afin qu'en toi, Dieu Un et Trine, ils trouvent toujours la source de l'espérance. Père éternel, par la douloureuse Passion et la Résurrection de ton Fils, accorde-nous ta miséricorde, ainsi qu'au monde entier ! Amen.

AU SOIR DU VENDREDI SAINT 2002 (29 MARS), À L'ISSUE DU CHEMIN DE CROIX AU COLISÉE DE ROME, JEAN-PAUL II IMPROVISE UNE MÉDITATION À LA CROIX.

Nous adorons ta croix, Seigneur Jésus !

Crucem tuam adoramus, Domine!
Nous adorons ta croix, ô Seigneur!
Au terme de la suggestive évocation de la Passion du Christ, notre regard reste fixé sur la croix. Nous contemplons dans la foi le mystère du salut, qui nous est révélé par elle. En mourant, Jésus a ôté le voile qui était devant nos yeux, et maintenant la croix culmine sur le monde dans toute sa splendeur. Le silence pacifiant de celui que la méchanceté humaine a pendu sur le bois communique la paix et l'amour. Sur la croix meurt le Fils de l'homme, prenant sur lui toute souffrance et toute injustice humaines. Sur le Golgotha meurt pour nous celui qui, par sa mort, a racheté le monde.
«Ils lèveront les yeux vers celui qu'ils ont transpercé» (Jn 19,37). Le jour du Vendredi saint se réalisent les paroles prophétiques que l'évangéliste Jean, témoin oculaire, rapporte avec une précision méditative. C'est vers Dieu fait homme, qui par amour a accepté le supplice le plus humiliant, que regardent les multitudes de toutes races et de toutes cultures. Quand les yeux sont guidés par l'intuition profonde de la foi, ils reconnaissent dans le Crucifié le «témoin» suprême de l'Amour.
Par sa croix, Jésus réunit juifs et païens en un unique peuple, manifestant la volonté de son Père céleste de faire de tous les hommes une unique famille, rassemblée en son nom.
Dans la douleur lancinante du Serviteur souffrant, se perçoit déjà le cri triomphal du Seigneur ressuscité. Le Christ sur la croix est le Roi du peuple nouveau, racheté du poids du péché et de la mort. Même si le cours de l'histoire peut apparaître tortueux et confus, nous savons que, marchant sur les traces

du Nazaréen crucifié, nous parviendrons au terme. Parmi les contradictions d'un monde souvent dominé par l'égoïsme et par la haine, nous, les croyants, nous sommes appelés à proclamer la victoire de l'Amour. Aujourd'hui, Vendredi saint, nous témoignons de la victoire du Christ crucifié.

Crucem tuam adoramus, Domine !

Oui, nous t'adorons, toi le Seigneur élevé sur la croix entre terre et ciel, unique Médiateur de notre salut. Ta croix est l'étendard de notre victoire.

Nous t'adorons, toi le Fils de la Vierge très sainte, qui se tient debout à côté de ta croix, dans une attitude courageuse, partageant ton sacrifice rédempteur.

C'est par le bois sur lequel tu es crucifié qu'est venue la joie pour le monde entier – *Propter lignum venit gaudium in universo mundo.* Nous en sommes encore plus conscients aujourd'hui, tandis que notre regard se tourne déjà vers le prodige ineffable de ta résurrection. « Nous adorons, Seigneur, ta croix, nous louons et nous glorifions ta sainte Résurrection. »

À LA FIN DE SON HOMÉLIE DE LA VEILLÉE PASCALE 2002 (30 MARS) À SAINT-PIERRE DE ROME, LE PAPE PRONONCE UNE HYMNE À LA NUIT PASCALE.

Ô nuit où le ciel s'unit à la terre !

« Ô nuit bienheureuse, toi seule as mérité de connaître le temps et l'heure où le Christ est ressuscité des morts. » C'est ce que nous avons chanté dans l'*Exsultet* pascal, au début de cette veillée solennelle, mère de toutes les veillées.

Après la nuit tragique du Vendredi saint, où la « domination des ténèbres » (Lc 22,53) semblait l'emporter sur celui qui est « la lumière du monde » (Jn 8,12), après le grand silence du Samedi saint, où le Christ, ayant accompli son œuvre sur la terre, trouva son repos dans le mystère du Père et porta son message de vie dans les profondeurs de la mort, voici finalement la nuit qui précède « le troisième jour », au cours duquel, selon les Écritures, le Messie serait ressuscité, comme il l'avait à plusieurs reprises annoncé à ses disciples.

« Ô nuit vraiment glorieuse, nuit où le ciel s'unit à la terre, où l'homme rencontre son Créateur ! » (*Exsultet* pascal).

C'est la nuit par excellence de la foi et de l'espérance. Tandis que tout est plongé dans l'obscurité, Dieu – la lumière – veille. Avec lui veillent ceux qui se confient et qui espèrent en lui.

Ô Marie, c'est là par excellence ta nuit ! Tandis que s'éteignent les dernières lumières du samedi et que le fruit de ton sein repose dans la terre, ton cœur veille aussi. Ta foi et ton espérance regardent en avant. Au-delà de la lourde pierre, ils entrevoient déjà le tombeau vide ; au-delà du voile épais des ténèbres, ils perçoivent l'aube de la Résurrection.

Fais, Ô Mère, que nous aussi nous veillions dans le silence de la nuit, croyant et espérant en la parole du Seigneur ! Nous rencontrerons ainsi, dans la plénitude de la lumière et de la vie, le Christ, premier des ressuscités, lui qui règne avec le Père et l'Esprit saint, dans les siècles des siècles. Alléluia !

DANS SON MESSAGE PASCAL DU 12 AVRIL 1993, JEAN-PAUL II INVOQUE LE CHRIST, ESPÉRANCE DE L'HUMANITÉ TOUT ENTIÈRE.

Ô Christ, l'Église crie vers toi !

Toi seul, ô Christ, possèdes la vie immortelle
qui vient du Père céleste. Et, aujourd'hui, tu l'offres
de nouveau à tous et à chacun.
L'Église, dans son pèlerinage sur la terre,
consciente de devoir révéler au monde
le visage de la miséricorde de Dieu, crie vers toi,
au nom de tous les hommes angoissés.
En toi, Seigneur ressuscité, le Père a aimé l'homme,
il a aimé l'humanité entière.
Toi, ô Christ, notre espérance, tu es vraiment ressuscité.
Donne-nous, nous t'en prions, Roi victorieux,
la vie en plénitude qui ne finit pas.
Ouvre devant nous les portes de l'espérance,
de l'espérance qui ne déçoit pas. Amen.

LE MESSAGE PASCAL DU 22 AVRIL 1984 SE SITUE À LA FIN DU JUBILÉ DE LA RÉDEMPTION. LE PAPE Y DEMANDE PARDON AU CHRIST POUR LE MAL QUI S'IMPLANTE DANS LE CŒUR DE L'HOMME ET DANS LE MONDE.

Nous t'adorons, ô Christ, dans ta résurrection !

Ô Christ, crucifié et ressuscité, *nous te remercions.*
Nous te demandons pardon – pour tout le mal qui s'implante dans le cœur humain et dans le monde – pour tout le bien qu'on a négligé de faire en cette année sainte de la Rédemption, nous te demandons pardon. Nous t'adorons dans ta résurrection.

Comme l'apôtre Thomas qui, au début, n'a pas cru en ta résurrection, nous touchons les signes de notre rédemption sur tes mains, sur tes pieds, dans ton côté en nous exclamant avec une foi vive :
« Mon Seigneur et mon Dieu! »
Accueille ce cri, ce message pascal de l'Église.
Qu'il résonne avec un vaste écho dans les saluts de joie *prononcés dans les diverses langues*, ces langues dans lesquelles tes fidèles, sur toute l'étendue de la terre, professent et proclament la foi en la Résurrection.

LE 5 OCTOBRE 1986, LE SAINT-PÈRE SE REND À PARAY-LE-MONIAL (FRANCE). DANS L'ALLOCUTION QU'IL PRONONCE EN LA BASILIQUE ROMANE DES SANCTUAIRES, IL S'ADRESSE AU CHRIST SEIGNEUR DE L'UNIVERS.

Révèle-nous les richesses de ton cœur !

En ce lieu, nos Pères dans la foi ont construit cette basilique
pour la gloire de ton nom, *Christ, Seigneur de l'univers.*
Sous le signe de la beauté et dans la joie de la prière,
les saints abbés de Cluny et les communautés bénédictines
ont travaillé à l'édification d'une civilisation de l'amour.

En cette ville, au monastère de la Visitation,
Marguerite-Marie a reçu les révélations de ton amour infini,
Christ, sauveur du monde.
Dans la contemplation de ton cœur qui a tant aimé,
elle a puisé la force d'être l'annonciatrice de ta miséricorde.
Guidée par Claude la Colombière
et dans le sillage de François de Sales, elle a aidé
de nombreux chrétiens à se mettre à ton écoute
pour devenir « disciples au cœur doux et humble ».

Aujourd'hui, dans cette terre de Bourgogne, héritiers
de nos frères et sœurs dans la foi, les saints de tous les temps,
nous te regardons, *toi, l'Agneau au cœur transpercé.*
Nous te regardons comme le firent, à l'heure de la croix,
Marie, ta sainte Mère, et Jean, le disciple bien-aimé.
Révèle-nous les richesses de ton cœur.

À l'heure de ta mort, sous le coup de la lance,
l'eau et le sang ont jailli pour que tous les hommes,
attirés à ton cœur, viennent puiser avec joie aux sources du salut.
L'Église, ton épouse, née de ton côté transpercé, crie vers toi.

Donne-lui en abondance l'eau vive de l'Esprit
et le sang du sacrifice pour qu'elle puisse, au cœur du monde,
témoigner de la puissance vivifiante
et transfigurante du cœur de son Dieu.

Au temps de la Résurrection, Thomas l'incrédule a découvert l'amour de son Sauveur en approchant sa main de la plaie du côté jusqu'au cœur du Ressuscité. Il a cru et proclamé: « Mon Seigneur et mon Dieu! » Donne à ton épouse, l'Église, d'affermir sa foi en revenant sans cesse à ton cœur pour y comprendre, dans une continuelle contemplation, qu'elle doit forger sa force d'aimer au « brasier ardent de l'amour vainqueur ».

À l'heure de l'envoi en mission, Pierre a entendu la question fondamentale : « M'aimes-tu ? » Il lui a fallu y répondre avant que d'aller paître les brebis. Aujourd'hui, ton Église perçoit le même appel, adressé à chacun de nous : « M'aimes-tu ?» Appel qui vient de ton cœur, Seigneur Jésus, et qui veut atteindre chacun de nos cœurs. Donne-nous la force d'y répondre sans craintes et sans réticences puisque tu nous choisis, tous et chacun, pour être, à l'aube du XXIe siècle, « témoins et bâtisseurs d'une civilisation de l'amour ».

Jésus, doux et humble de cœur,
rends nos cœurs semblables au tien,
brûle nos cœurs au feu du tien ! Amen !

EN LA CATHÉDRALE DE METZ, QU'IL VISITE LE 10 OCTOBRE 1988, À LA FIN DE SON HOMÉLIE, LE PAPE ADRESSE UNE PRIÈRE AU CHRIST PASTEUR.

Que l'homme comprenne que tu es le Pasteur

« Seigneur, tu sais tout, tu sais bien que je t'aime » (Jn 21,17).
« Si je devais traverser les ravins de la mort,
je ne craindrais aucun mal, car tu es avec moi » (Ps 23 [22],4).

Toi qui es Pasteur, l'éternel Pasteur, le Bon Pasteur,
le Pasteur de toutes les vocations humaines
et de tous les chemins de l'homme,

Toi qui vas à la recherche de ceux qui sont perdus...,
toi qui ramènes au bercail ceux qui sont égarés...,
toi qui panses les plaies de ceux qui sont blessés
et prends soin de ceux qui sont faibles ou malades (cf. Ez 34,16),

Ne permets pas que l'homme s'égare
sur des chemins détournés,
dans les impasses, *en ne regardant que lui-même,*
ses propres possibilités et ses conquêtes !

Fais que *l'homme comprenne* que tu es le Pasteur,
le Bon Pasteur, qui a offert sa vie pour chacun de nous !
Fais que l'homme cherche ta main qui le guide ;
qu'il trouve en toi le chemin, la vérité et la vie !

DEVANT LES JEUNES RÉUNIS À DENVER (ÉTATS-UNIS) POUR LES VIIIes JOURNÉES MONDIALES DE LA JEUNESSE, EN 1993, AU COURS DE LA VEILLÉE DE PRIÈRE DU 14 AOÛT, LE PAPE PRIE LE CHRIST BON PASTEUR.

Tu es le Bon Pasteur, et il n'y en a aucun autre !

Bon Pasteur, le Père t'aime parce que tu donnes ta vie. *Le Père t'aime comme le Fils crucifié,* parce que tu vas vers la mort en donnant ta vie pour nous. Et le Père t'aime *quand tu es vainqueur de la mort par ta résurrection,* révélant une vie indestructible. *Tu es la vie* et, donc, *le chemin et la vérité de notre vie* (cf. Jn 14,6).

Tu as dit : « Je suis le Bon Pasteur ; je connais mes brebis et mes brebis me connaissent, comme le Père me connaît et que je connais le Père » (Jn 10,14-15). Toi qui connais le Père (cf. Jn 10,15), l'unique Père commun de tous, tu sais *pourquoi* le Père t'aime. Il t'aime parce que tu donnes ta vie *pour chacun d'entre nous.* Quand tu dis : « *Je donne ma vie pour mes brebis* », tu n'exclus personne. Tu es venu dans le monde pour embrasser tous les hommes et réunir dans l'unité les fils de toute la famille humaine qui étaient dispersés (cf. Jn 11,52). Il y en a encore beaucoup qui ne te connaissent pas : « J'ai encore d'autres brebis qui ne sont pas de cet enclos ; celles-là aussi, il faut que je les mène » (Jn 10,16).

Bon Pasteur, apprends aux jeunes qui sont ici réunis, apprends aux jeunes du monde entier, ce que veut dire « *donner* » leur vie par *la vocation et la mission.* Comme tu as envoyé tes apôtres prêcher l'Évangile jusqu'aux extrémités de la terre, *défie maintenant la jeunesse de l'Église* d'accomplir la grande mission de te faire connaître à tous ceux qui n'ont pas encore entendu parler de toi ! Donne à ces jeunes le courage et la générosité des grands missionnaires du passé afin que, grâce au témoignage de leur foi et de leur solidarité avec tous leurs frères et sœurs qui sont dans le besoin, le monde puisse découvrir *la vérité, la bonté et la beauté de la vie que toi seul peux donner.*

Apprends aux jeunes réunis à Denver à porter ton message de vie et de vérité, d'amour et de solidarité, au cœur des métropoles modernes, au centre de tous les problèmes qui affligent la famille humaine en cette fin du XXe siècle.

Apprends à ces jeunes l'usage correct de leur liberté. Apprends-leur que la liberté suprême, c'est le don plénier de soi-même. Apprends-leur la signification de ces paroles de l'Évangile : « *Celui qui perdra sa vie à cause de moi la trouvera* » (Mt 10,39).

À cause de tout cela, ô Bon Pasteur, nous t'aimons.

Les jeunes qui sont ici réunis, à Denver, t'aiment parce qu'ils aiment la vie, le don du Créateur. *Ils aiment leur vie humaine* comme un chemin à travers ce monde créé. Ils aiment la vie comme une tâche et une vocation.

Et ils aiment *cette autre vie que, par toi, le Père éternel nous a donnée :* la vie de Dieu en nous, le don le plus grand que tu nous aies fait. Tu es le Bon Pasteur !

Et il n'y en a aucun autre.
Tu es venu pour que nous ayons *la vie*,
et que nous l'ayons en abondance.
La vie, non seulement au niveau humain,
mais *à la mesure du Fils,*
le Fils en qui le Père se complaît éternellement.

Seigneur Jésus Christ, nous te remercions d'avoir dit :
«*Je suis venu pour qu'ils aient la vie*
et qu'ils l'aient en abondance» (Jn 10,10).
Les jeunes de la huitième
Journée mondiale de la jeunesse
te remercient du plus profond de leur cœur.
Maranatha !

Ici, en ce Cherry Creek State Park de Denver,
en cette rencontre de jeunes
de toutes les parties du monde,
nous te crions : *Maranatha !*
«*Viens, Seigneur Jésus*» (Ap 22,20).

DANS UN MESSAGE ADRESSÉ AUX PARTICIPANTS DU CONGRÈS EUCHARISTIQUE DE LOURDES (21 JUILLET 1981) AUQUEL IL DEVAIT PARTICIPER, LE SAINT-PÈRE, RETENU AU VATICAN À LA SUITE DE L'ATTENTAT DONT IL A ÉTÉ VICTIME LE 13 MAI 1981, REND GRÂCE AU CHRIST SAUVEUR POUR LE DON DE L'EUCHARISTIE.

Nous te rendons grâce pour la fraction du pain...

Ô Christ Sauveur, nous te rendons grâce
pour ton sacrifice rédempteur, unique espoir des hommes !
Ô Christ Sauveur, nous te rendons grâce
pour la fraction eucharistique du pain,
que tu as instituée pour rencontrer réellement tes frères au cours des siècles !
Ô Christ Sauveur, mets au cœur des baptisés
le désir de s'offrir avec toi
et de s'engager pour le salut de leurs frères !
Toi qui es réellement présent dans le Saint Sacrement,
répands abondamment tes bénédictions sur ton peuple
rassemblé à Lourdes, afin que ce Congrès demeure vraiment
un signe du « monde nouveau » ! Amen.

À LA FIN DE SON ALLOCUTION À L'AUDIENCE GÉNÉRALE DU 22 DÉCEMBRE 1982, CONSACRÉE AU SENS DE NOËL, JEAN-PAUL II INVOQUE LE CHRIST, ROI DES PEUPLES.

Viens et sauve l'homme que tu as fait !

Aux vêpres de ce jour [de Noël], l'Église élève vers le Christ cette prière splendide :
« Ô roi des peuples, désiré par eux, pierre angulaire,
toi qui fais l'unité des deux peuples,
viens et sauve l'homme que tu as formé à partir de la poussière. »
Ô Christ, roi des peuples, attendu et désiré durant les siècles
par l'humanité blessée et dispersée par le péché,
toi qui es la pierre angulaire sur laquelle l'humanité
peut se reconstruire elle-même et recevoir un guide
définitif et éclairant pour son chemin dans l'Histoire,
toi qui as unifié par ton don et ton sacrifice au Père les peuples divisés,
viens et sauve l'homme, grand et malheureux,
que tu as fait « avec la poussière du sol »,
et qui porte en lui ton image et ta ressemblance !

C'EST PAR UNE PRIÈRE POUR RÉCONFORTER LES ENFANTS, LES MALADES, LES PERSONNES ÂGÉES, QUE JEAN-PAUL II ACHÈVE SON MESSAGE *URBI ET ORBI* DE NOËL EN 1994.

Sèche les larmes des enfants !

Enfant Jésus, sèche les larmes des enfants !
Réconforte tendrement les malades et les vieillards !
Pousse les hommes à déposer les armes et à s'étreindre
dans un baiser de paix universel !

Jésus miséricordieux, appelle les peuples
à faire tomber les murs édifiés
par la misère et le chômage,
par l'ignorance et l'indifférence,
par la discrimination
et l'intolérance !

Enfant divin de Bethléem,
c'est toi qui nous sauves en nous libérant du péché.
Tu es le véritable et unique Sauveur,
que l'humanité cherche souvent à tâtons.

Dieu de la paix, don de paix pour toute l'humanité,
viens vivre dans le cœur de tout homme
et de toute famille !
Sois notre paix et notre joie ! Amen !

LE MESSAGE *URBI ET ORBI* DE NOËL 1989 S'ACHÈVE PAR UNE INVOCATION AU VERBE INCARNÉ.

Fais que nous te recevions !

L'annonce de la vérité et de la grâce qui, à Noël,
nous vient par toi doit nous atteindre tous.
Cette annonce nous est destinée,
parce que tu es venu pour nous. Tu es devenu l'un de nous.

Fais que nous te recevions, Verbe éternel du Père !
Que le monde te reçoive !
Fais naître dans les cœurs *le refus de toute barrière*
de race, d'idéologie, d'intolérance.
Favorise le progrès des *négociations en cours*
pour le contrôle et la réduction des armements.

Soutiens tous ceux qui s'emploient à surmonter
les *conflits* qui durent depuis trop longtemps *en Afrique*
et en Asie, afin que les peuples impliqués reconquièrent
leur liberté et leurs droits, par un dialogue loyal et confiant.

Verbe incarné, *que notre vieille Europe te reçoive aussi !*
Elle est profondément marquée par *l'empreinte de ton Évangile*
qui a fait naître sa civilisation, son art, sa conception
de la dignité inviolable de l'homme. Que cette Europe
ouvre ses portes et son cœur pour comprendre et recevoir
les angoisses, les peines, les problèmes des nations
qui demandent son aide.
Qu'elle sache répondre, avec la vigueur et la générosité
de *ses racines chrétiennes,* à l'appel
de ce moment tout à fait unique de l'histoire
– vrai *kairos* providentiel – que vit le monde à présent,

comme délivré d'un cauchemar
et promis à une espérance meilleure.

D'une façon particulière, bénis en cette heure, ô Seigneur,
la noble terre de Roumanie, qui célèbre ce Noël
dans le trouble, dans la douleur
pour tant de vies humaines tragiquement perdues
et dans la joie d'avoir repris le chemin de la liberté.

EN COMMENÇANT LE MESSAGE *URBI ET ORBI* DE NOËL 1984, JEAN-PAUL II S'ADRESSE AU CHRIST QUI S'EST FAIT PAUVRE.

Tu es devenu pauvre... !

Toi qui t'es fait pauvre pour nous, de riche que tu étais,
afin que nous devenions riches (cf. 2 Co 8,9) ;

Toi, Jésus Christ, né dans la nuit de Bethléem dans une étable
et déposé dans une mangeoire, parce qu'il n'y avait pas
de place pour toi à l'hôtellerie (cf. Lc 2,7) ;

Toi, Fils du Dieu vivant, de la même substance
que le Père, non pas créé mais éternellement engendré ;

Toi, le Verbe, Dieu né de Dieu,
Lumière née de la Lumière ;

C'est toi que saluent aujourd'hui l'Église et l'humanité,
la Ville de Rome et le monde entier *(Urbs et orbis)*.

C'est autour de toi que se rassemblent les cœurs inquiets
des hommes d'aujourd'hui, qui te contemplent
dans le mystère de ta naissance.

Tu es devenu pauvre : pauvre dans la nuit de Bethléem,
pauvre dans la maison de Nazareth, dépouillé de tout
à l'heure de ta mort sur la croix. Jésus Christ !
Toi seul as pu dire : « Heureux, vous, les pauvres... » (Lc 6,20),
« Bienheureux les pauvres en esprit » (Mt 5,3).

Tu as pu le dire parce que toi seul savais
de quelle pauvreté l'homme avait besoin,
afin de pouvoir devenir riche de la richesse
que Dieu donne au cœur humain.

LE MESSAGE *URBI ET ORBI* DE NOËL 1983 EST UNE HYMNE D'ACTION DE GRÂCE QUE JEAN-PAUL II ADRESSE AU CHRIST, VERBE FAIT CHAIR.

Comme un faible enfant...

Nous te rendons grâce, ô notre Père, *pour le Verbe*
qui s'est fait chair et qui, dans la nuit de Bethléem,
est venu habiter parmi nous (cf. Jn 1,14).

Nous te rendons grâce pour le Verbe, auquel tu communiques
éternellement la réalité très sainte de ta divinité même.

Nous te rendons grâce pour le Verbe, en qui tu as de toute éternité
décidé de créer le monde pour qu'il te rende témoignage.

Nous te rendons grâce parce qu'en ton Verbe tu *as aimé*
l'homme « dès avant la création du monde » (Ep 1,4).

Nous te rendons grâce parce qu'en lui, ton Fils bien-aimé,
tu as décidé *de rénover toute la création,*
tu as décidé *de racheter l'homme.*

Nous te rendons grâce, Père éternel, pour la nuit de Bethléem,
de la naissance de Dieu, où le Verbe s'est fait chair
et la puissance de la Rédemption est venue habiter parmi nous.

« Nous te rendons grâce, notre Père,
pour la sainte vigne de David, ton serviteur,
que tu nous as fait découvrir par Jésus, ton Fils » (*Didachè* IX, 2),
né de la Vierge et déposé dans une mangeoire.
Dans cette « vigne de David », dans la lignée d'Abraham,
tu as promis *ton salut* et *ton alliance éternelle*
à tous les hommes, à tous les peuples de la terre.

Nous te rendons grâce pour *l'héritage de ta grâce*
que tu n'as pas soustrait au cœur de l'homme
mais que tu as renouvelé par la naissance sur terre
de ton Fils afin que, grâce à sa croix et à sa résurrection
nous retrouvions, de génération en génération,
la dignité de fils de Dieu perdue à cause du péché,
la *dignité* de frères d'adoption de ton Fils éternel.

Nous te rendons grâce, Père saint, *pour ton saint Nom*
(*Didachè* X, 2), auquel tu as donné de fleurir à nouveau
dans nos cœurs, grâce à la Rédemption du monde.

Nous te rendons grâce, Père éternel, *pour la maternité
de la Vierge Marie,* elle qui, sous la protection de Joseph,
le charpentier de Nazareth, a mis ton Fils au monde
dans une pauvreté absolue.

«Il est venu chez les siens,
et les siens ne l'ont pas reçu» (Jn 1,11).

Et pourtant, il *nous a tous reçus dès sa naissance même,*
et il a entouré chacun de nous de l'amour éternel du Père,
de l'amour qui sauve l'homme,
qui relève du péché la conscience humaine :
en lui, nous avons *la réconciliation et la rémission des péchés.*
Nous te rendons grâce, Père céleste, pour l'Enfant déposé
dans une mangeoire : en lui «se sont manifestés la bonté
de Dieu notre Sauveur et son amour pour les hommes» (Tt 3,4).
Nous te rendons grâce, Père éternel, *pour cet amour,*
qui descend comme un faible enfant
dans l'histoire de chaque homme.

Nous te rendons grâce parce que « de riche qu'il était,
il s'est fait pauvre pour nous,
afin de nous enrichir par sa pauvreté » (cf. 2 Co 8,9).

Nous te rendons grâce
pour l'admirable *économie de la Rédemption* de l'homme
et du monde, qui s'est révélée pour la première fois
la nuit de la naissance à Bethléem.

Notre Père ! « C'est toi, Maître tout-puissant,
qui as créé l'univers pour la gloire de ton nom,
qui as donné aux hommes nourriture et boisson
pour qu'ils en jouissent » (*Didachè* X, 3).

Regarde avec les yeux de l'enfant nouveau-né les hommes qui meurent de faim, tandis que des sommes énormes sont dépensées pour les armements ; regarde la douleur indicible des parents qui assistent à l'agonie de leurs enfants, implorant le pain qu'ils n'ont pas et qui pourrait leur être procuré avec seulement une petite partie des dépenses gaspillées en moyens sophistiqués de destruction : ceux-ci rendent toujours plus menaçants les nuages qui s'accumulent à l'horizon de l'humanité.

Écoute, ô Père, le cri de paix qui monte des populations ravagées par la guerre, et parle au cœur de tous ceux qui peuvent contribuer, par les négociations et le dialogue, à apporter des solutions équitables et honorables aux tensions actuelles. Regarde le chemin semé d'anxiétés et de tribulations de tant de personnes qui peinent pour se procurer les moyens de survivre, pour progresser, pour s'élever.

Regarde les angoisses et les souffrances qui accablent
ceux qui sont contraints à l'éloignement de leurs propres familles
ou qui vivent dans une famille désagrégée par l'égoïsme
ou l'infidélité ; de tous ceux qui sont sans travail,
sans maison, sans patrie, sans amour, sans espérance.
Regarde les peuples qui sont sans joie et sans sérénité,
parce qu'ils voient foulés aux pieds leurs droits fondamentaux ;
regarde notre monde moderne, avec ses espérances
et ses déceptions, avec ses élans et ses lâchetés,
avec ses nobles idéaux et ses *compromissions humiliantes.*

Pousse les personnes et les peuples à rompre le mur de l'égoïsme,
de l'orgueil et de la haine, pour qu'ils s'ouvrent au respect
fraternel envers tout homme proche ou lointain,
simplement parce qu'il est un homme,
parce qu'il est un frère dans le Christ.
Amène chacun à apporter l'aide nécessaire à ceux
qui sont dans le besoin, à se donner pour le bien de tous,
à renouveler son cœur dans la grâce du Christ Rédempteur.

Assiste ton Église dans son dévouement aux pauvres,
aux marginaux, à ceux qui souffrent.
Garde et renforce dans tous les cœurs
l'aspiration à la foi en toi et à la bonté envers les frères ;
la recherche de ta présence et de ton amour,
la confiance dans ta puissance rédemptrice et salvatrice,
l'assurance de ton pardon et l'abandon à ta Providence.
Jésus Christ, Fils du Dieu vivant,
né de la Vierge Marie, la nuit de Bethléem !
Jésus Christ, notre Frère et notre Rédempteur !
Embrasse du premier regard de tes yeux
tous les problèmes *obsédants*
du monde d'aujourd'hui !

Accueille dans ta communion par ta naissance sur terre
tous les peuples et toutes les nations de la terre.
Accueille-nous tous, hommes et femmes, nous tes frères
et sœurs qui avons besoin de ton amour
et de ta miséricorde !

DANS SON HOMÉLIE DE LA MESSE DU 1er JANVIER 1987, FÊTE DE SAINTE MARIE, MÈRE DE DIEU, ET JOURNÉE MONDIALE DE LA PAIX, LE SAINT-PÈRE SALUE LA NOUVELLE ANNÉE, APPELANT SUR ELLE LA BÉNÉDICTION DU DIEU DE L'ALLIANCE.

Nous te saluons, plénitude du temps...

« Quand est venue la plénitude du temps,
Dieu a envoyé son Fils... » (Ga 4,4).

Nous te saluons, plénitude du temps,
que le Fils éternel de Dieu a amenée et a réalisée
dans l'histoire de la création en devenant homme.

Nous te saluons, plénitude du temps,
de laquelle provient aujourd'hui, selon la mesure
du passage humain, l'année nouvelle.

Nous te saluons, *année du Seigneur 1987*,
au seuil de tes jours, de tes semaines et de tes mois.
L'Église te salue, l'Église du Verbe incarné
au milieu de la grande famille des nations et des peuples.

L'Église te salue, en prononçant sur toi
la bénédiction du Dieu de l'Alliance :
« Que le Seigneur te bénisse et te protège. Que le Seigneur
fasse briller sa face sur toi et qu'il te soit propice.
Que le Seigneur tourne vers toi son visage
et qu'il t'accorde la paix » (Nb 24 - 26).

« *Quand est venue la plénitude du temps,*
Dieu a envoyé son Fils... »
Nous te saluons, année nouvelle,
au cœur même du mystère de l'Incarnation

par lequel nous adorons le Fils de Dieu
qui s'est fait homme pour nous.

Nous te saluons, Fils de la même substance que le Père éternel, toi qui es venu chez nous dans la plénitude du temps «*pour que nous recevions l'adoption en tant que fils*» (Ga 4,5).

Nous te saluons dans ton humanité, Fils de Dieu, né d'une femme, comme nous tous, fils d'hommes, sommes nés d'une femme.

Nous te saluons dans l'humanité de tout homme,
dans toute la richesse et la variété des tribus, des nations et des races, des langues, des cultures et des religions.
En toi, Fils de Marie, en toi, Fils de l'Homme,
nous sommes fils de Dieu.

Ce premier jour de la nouvelle année, nous voulons le célébrer
comme l'octave de Noël et en même temps
comme *la solennité universelle des hommes*
dans la plénitude de leur dignité humaine.

Nous voulons célébrer ce jour, grâce à ton œuvre,
comme *fils dans le Fils.* Tu es venu «pour rassembler
les fils de Dieu qui étaient dispersés» (cf. Jn 11,52).
Tu es notre Frère et notre Paix.
«Quand est venue la plénitude du temps,
Dieu a envoyé dans nos cœurs *l'Esprit de son Fils*
qui crie : Abba, Père !» (cf. Ga 4,6).
Ce fut toi qui crias ainsi, toi, le Fils.
Tu as dit cela dans les moments de ferveur
comme dans les moments de dépouillement.
Et toi, le Fils de la même substance que le Père,

tu nous as enseigné à dire de même; tu nous as encouragés
à dire ensemble avec toi : « Notre Père ».

Et même si nous n'en trouvons pas la justification
dans notre humanité, tu nous as donné, dans l'unité
avec le Père, ton Esprit « qui est Seigneur et qui donne la vie »
(Dominum et vivificantem) afin que nous puissions dire :
« Abba, Père » avec toute la vérité intime de nos cœurs.
Car l'Esprit du Fils a été envoyé dans nos cœurs.
L'Esprit du Fils *nous a modelés à nouveau,*
à partir de la racine même de notre humanité,
de notre nature, comme « fils dans le Fils ».

Nous sommes donc *des fils, et non pas des esclaves.*
Nous sommes *héritiers par volonté de Dieu.*
Aujourd'hui, au début de la nouvelle année,
nous voulons *reconfirmer cet héritage universel*
de tous les fils et les filles de cette terre.

Tous sont appelés à la liberté. Dans le contexte de l'époque
où nous vivons, l'Église a confirmé, une nouvelle fois,
la vérité sur « *la liberté chrétienne et la libération* »,
comme fondement de la justice et de la paix.
L'Esprit du Fils que le Père envoie sans cesse dans nos cœurs
crie constamment : « Tu n'es plus esclave mais fils ;
et si tu es fils, tu es aussi héritier par volonté de Dieu » (Ga 4,7).

« Quand vint la plénitude du temps,
Dieu envoya son Fils, né d'une femme. »
Au cours de l'octave de Noël, et plus particulièrement aujourd'hui,
le cœur de l'Église bat d'une manière particulière pour elle,
pour la *Mère du Fils de Dieu.* Pour la Mère de Dieu.

Nous célébrons aujourd'hui sa solennité principale.
Elle, la femme, rend le premier témoignage *maternel*
à la dignité humaine du Fils de Dieu.
Il est né d'elle. *Elle est sa mère.*
Nous la voyons aujourd'hui à Bethléem,
alors qu'elle accueille les bergers.

Le huitième jour après la naissance, accomplissant
le rite vétéro-testamentaire de la circoncision,
elle *donne son nom à l'Enfant.* Et ce nom est : Jésus,
un nom qui parle du salut accompli par Dieu.
Ce salut est apporté par son Fils.
Jésus veut dire : « Sauveur ». Ainsi a été appelé le Fils de Marie
au jour de l'Annonciation, le jour où il a été conçu dans son sein.
Et c'est ainsi qu'il est maintenant appelé par elle
devant les hommes.

La dignité humaine du Fils de Dieu s'exprime par ce nom.
Comme homme, il est le Sauveur du monde.
Sa mère est *Mère du Sauveur.*

DANS L'HOMÉLIE PRONONCÉE EN LA CATHÉDRALE DE LIVERPOOL (GRANDE-BRETAGNE), LE 30 MAI 1982, JEAN-PAUL II PRIE LE SAINT-ESPRIT AFIN QU'IL RENOUVELLE LES CŒURS.

Envoie ton souffle !

« Envoie ton souffle et renouvelle la face de la terre » (Ps 104,30).
Ces mots du psalmiste sont notre prière ardente aujourd'hui,
tandis que nous prions le Dieu tout-puissant
de renouveler la face de la terre
par le pouvoir régénérateur de l'Esprit.
Envoie ton Esprit, ô Seigneur, renouvelle nos cœurs
et nos esprits par les dons de lumière et de vérité.
Renouvelle nos cités et nos pays dans la vraie justice
et la paix qui demeure.
Renouvelle ton Église sur la terre
par les dons de pénitence et de réconciliation,
par l'unité dans la foi et l'amour.
Envoie ton Esprit, ô Seigneur,
et renouvelle la face de la terre !

AU COURS DE L'HOMÉLIE DE LA MESSE CÉLÉBRÉE LE 23 AOÛT 1997 EN L'ÉGLISE SAINT-ÉTIENNE-DU-MONT AVEC LES PARTICIPANTS DU FORUM INTERNATIONAL DES JEUNES, AUX XIIes JOURNÉES MONDIALES DE LA JEUNESSE À PARIS, JEAN-PAUL II INVOQUE LE SAINT-ESPRIT.

Esprit de Dieu, éclaire-nous !

Conscients des timidités de l'âme humaine
pour accueillir la Parole de Dieu,
adressons à l'Esprit cette ardente prière liturgique :

Veni, Creator Spiritus ; mentes tuorum visita,
imple superna gratia quæ tu creasti pectora.
(Viens en nous, Esprit Créateur ; visite les âmes des tiens ;
remplis de la grâce d'en haut les cœurs de tes créatures !)
Par cette prière, nous ouvrons nos cœurs,
en suppliant l'Esprit de les remplir de lumière et de vie.

Esprit de Dieu, rends-nous disponibles à ta visite,
fais grandir en nous la foi en la Parole qui sauve.
Sois la source vive de l'espérance qui germe en nos vies.
Sois en nous le souffle d'amour qui nous transforme
et le feu de charité qui nous pousse à nous donner
nous-mêmes à travers le service de nos frères.

Toi que le Père nous a envoyé, enseigne-nous toute chose
et fais-nous saisir la richesse de la parole du Christ.
Affermis en nous l'homme intérieur,
fais-nous passer de la crainte à la confiance,
afin que jaillisse en nous la louange de ta gloire.

Sois la lumière qui vient remplir le cœur des hommes
et leur donner le courage de te chercher sans relâche.

Toi, l'Esprit de vérité, introduis-nous dans la Vérité
tout entière pour que nous proclamions avec fermeté
le mystère du Dieu vivant qui agit dans notre histoire.
Éclaire-nous sur le sens ultime de cette histoire.

Éloigne de nous les infidélités qui nous séparent de toi,
écarte de nous le ressentiment et la division,
fais grandir en nous un esprit de fraternité et d'unité
pour que nous sachions bâtir la cité des hommes
dans la paix et la solidarité qui nous viennent de Dieu.

Fais-nous découvrir que l'amour est au plus intime
de la vie divine et que nous sommes appelés à y participer.
Apprends-nous à nous aimer les uns les autres
comme le Père nous a aimés en nous donnant son Fils
(cf. Jn 3,16).

Que tous les peuples te connaissent, toi Dieu,
le Père de tous les hommes que ton Fils Jésus
est venu nous révéler,
toi qui nous as envoyé ton Esprit
pour nous communiquer les fruits de la Rédemption !

LE 11 OCTOBRE 1982, À L'OCCASION DU VINGTIÈME ANNIVERSAIRE DE L'OUVERTURE DU CONCILE VATICAN II, JEAN-PAUL II SE REND À LA CRYPTE DE LA BASILIQUE SAINT-PIERRE DE ROME POUR SE RECUEILLIR SUR LE TOMBEAU DE L'APÔTRE PIERRE, TOUT PRÈS DES LIEUX OÙ REPOSENT LES DEUX PAPES DU CONCILE, JEAN XXIII ET PAUL VI. AU COURS DE LA LITURGIE DE LA PAROLE QU'IL Y PRÉSIDE, IL PRIE AINSI.

Que l'œuvre du concile s'accomplisse !

Esprit saint de Dieu, nous venons aujourd'hui pour une action de grâces.

Voici vingt ans, en ce même jour du 11 octobre, s'ouvrait le concile Vatican II, dans la basilique de Saint-Pierre.

Aujourd'hui, vingt ans après, nous voudrions rendre grâce parce que ce concile commença et parce qu'il a pu mener ses travaux à leur terme au cours des années 1962-1965, jusqu'au 8 décembre 1965, où il fut solennellement conclu.

Nous te remercions, Esprit saint de Dieu : *pour avoir inspiré à ton serviteur Jean XXIII* l'idée de convoquer le concile ; pour l'avoir aidé à le préparer et à l'inaugurer le 11 octobre 1962, en ce jour qui, selon le calendrier liturgique alors en vigueur, était dédié à la maternité de la Bienheureuse Vierge Marie.

Nous te rendons grâce, ensuite, parce que tu as donné à Paul VI d'assumer l'œuvre du concile après la mort de son prédécesseur, et de la porter à son terme.

Nous te rendons grâce, Esprit-Lumière des cœurs, car à travers ce concile tu as été particulièrement proche, et tu as *parlé à l'Église*, à travers le service de la parole et de la pensée, à travers le service de la volonté et du témoignage de tous les évêques réunis par lui. Nous te rendons grâce pour cette grande expérience de foi confessée et enseignée. Nous te rendons grâce pour cette particulière manifestation de sollicitude pastorale pour toute l'Église, pour l'Église et le monde contemporain. Nous te rendons grâce pour tous les efforts liés à tout cela et pour toutes les joies procurées par ce service.

Nous te rendons grâce, Esprit d'amour et de vérité, parce que, de façon si particulière, tu nous as permis de constituer une communauté fraternelle, parce que tu nous as permis d'extraire du trésor commun « des choses nouvelles et des choses anciennes » (Mt 13,52), au service de la tradition de l'Église et de son renouveau.

Nous rappelons tous ceux qui ont fait, jour après jour, cette œuvre du concile, avant tout les frères dans l'épiscopat et les Pères conciliaires, et aussi tous les collaborateurs de notre ministère, prêtres, religieux, religieuses et théologiens, laïcs, experts en divers domaines, jusqu'à ceux qui ont assuré les services les plus simples.

Nous nous réjouissons aujourd'hui avec ceux auxquels il est encore donné de participer à cet anniversaire. Nous recommandons à la bonté du Père ceux qui nous ont déjà laissés. Le mérite des uns et des autres est d'avoir diligemment prêté l'oreille à la voix de l'Esprit, qui ouvrait devant l'Église les sources de l'Évangile et, en même temps, parlait à travers les « signes des temps ». Cela, c'est le mérite et c'est la joie de tous.

Nous te remercions pour le concile, tel qu'il est issu du grand atelier de ces années et tel qu'il a commencé *à vivre avec le contenu de toutes ses énonciations :* constitutions, décrets et déclarations. Nous te remercions pour la richesse du contenu, qui a illuminé l'Église dans la seconde moitié du XXe siècle, et nous te remercions pour les orientations indiquées dans tant de questions importantes.

Nous remercions pour la vérité ecclésiologique et œcuménique, nous remercions pour l'ouverture envers tous, pour l'amour du « monde » dans l'esprit de l'Évangile.

Nous remercions pour la nouvelle maturité de la foi et la disponibilité au dialogue.

Aujourd'hui, vingt ans après, tandis que nous te remercions, Esprit de Notre-Seigneur, envoyé pour nous enseigner sans cesse « toute chose », *nous venons en même temps pour t'implorer.* Nous te supplions pour que l'œuvre du concile, commencée et achevée au cours de cette période, s'accomplisse constamment ; pour qu'elle devienne continuellement une réalité, d'année en année, de jour en jour ; pour que tous relisent son enseignement, dans toute son identité et sa profondeur spécifiques, et, en conformité avec celles-ci, qu'il continue à se réaliser – et à aider l'Église dans l'accomplissement de sa mission. Afin qu'à travers tout cela le monde connaisse que tu l'as envoyée – afin qu'il croie et se convertisse.

Afin que, par la médiation de l'Église qui se renouvelle constamment, par la lumière et la puissance de l'Esprit du Christ, s'accomplisse le service du salut du monde, pour le temps que le Père s'est proposé dans son amour. Et afin que soient adorés pour l'éternité le Père, le Fils et le Saint-Esprit, en qui se trouvent le principe et la fin de toute la création.
Amen.

Prières à Marie

LES PRIÈRES DE JEAN-PAUL II ADRESSÉES À LA VIERGE MARIE SONT TRÈS NOMBREUSES. ON EN TROUVERA ICI UNE SÉLECTION, D'AUTRES SE TROUVENT SOUS DIFFÉRENTS THÈMES DE CE LIVRE.
LE 3 AVRIL 1988, LE MESSAGE DE PÂQUES *URBI ET ORBI* EST UNE MÉDITATION MARIALE SUR LE *REGINA CAELI*.

Réjouis-toi, Mère du Christ !

Regina caeli laetare ! Reine du ciel, réjouis-toi !
Oui, aujourd'hui, en ce premier jour après le sabbat,
les femmes se rendirent au sépulcre où avait été déposé
le corps de ton Fils, descendu de la croix,
et elles trouvèrent la pierre enlevée et le tombeau vide.
De l'intérieur du tombeau, elles entendirent une voix :
« N'ayez pas peur ! Vous cherchez Jésus de Nazareth,
le Crucifié ! *Il est ressuscité : il n'est pas ici* » (Mc 16,6).
Réjouis-toi, Reine du ciel ! Réjouis-toi, Mère du Christ !
Regina caeli laetare !

« Allez dire à ses disciples et à Pierre ! » (Mc 16,7).
Alors, *Marie de Magdala* courut annoncer aux apôtres :
« On a enlevé le Seigneur de son tombeau,
et nous ne savons pas où on l'a mis ! » (Jn 20,2).
Pierre et Jean allèrent sur place aussitôt et trouvèrent
les choses comme les femmes l'avaient dit.
Il n'est pas ici.
Il n'est pas ici, au lieu où ils l'ont déposé, au sépulcre.
Il n'est pas ici, il est ressuscité.
Réjouis-toi, Reine du ciel !
Regina caeli laetare !

Regina caeli laetare, quia quem meruisti portare,
resurrexit sicut dixit, alleluia !

Ce que proclament maintenant les voix des premiers témoins,
il l'avait lui-même annoncé.
« Détruisez ce temple, et en trois jours je le relèverai...
Le temple dont il parlait, c'était *son corps* » (Jn 2,19-21).
Son corps flagellé, torturé, crucifié ;
sa tête blessée par les épines ;
son côté transpercé par la lance.
Il n'est pas ici...
Regina caeli laetare, quia quem meruisti portare,
resurrexit sicut dixit.

Réjouis-toi, Marie, *réjouis-toi, mère* !
Tu as porté son corps dans ton sein virginal,
tu as porté en toi l'Homme-Dieu.
Puis tu l'as mis au monde dans la nuit de Bethléem.
Tu l'as porté, enfant, dans tes bras.
Tu l'as porté au temple, le jour de sa présentation.
Tes yeux – plus que les yeux de quiconque –
ont vu le Verbe incarné.
Tes oreilles l'ont écouté dès ses toutes premières paroles.
Tes mains ont touché le Verbe de vie (cf. 1 Jn 1,1).
Regina caeli laetare !

« Celui que tu as porté est ressuscité. »
Tu l'as porté, *dans ton cœur, plus encore que dans tes bras*,
surtout en cette dernière heure, lorsqu'il t'a fallu rester debout
près de la croix, aux pieds du divin condamné.
Ton cœur a été transpercé *par un glaive de douleur*,
selon les paroles du vieillard Syméon.
Et tu as partagé sa souffrance,
associée d'un cœur maternel au sacrifice de ton Fils.
Ô Mère, tu as donné ton consentement à l'immolation

de la victime que tu as engendrée (cf. *Lumen gentium*, 58).
Tu as donné le consentement de ton amour,
de l'amour qu'il a gravé dans ton cœur.
Cet amour qui est plus fort que la mort et plus puissant
que le péché, dans toute l'histoire de l'homme sur la terre.

Puis, *quand il eut expiré* et qu'ils l'eurent descendu de la croix,
il reposa une fois encore entre tes bras
comme il y avait reposé tant de fois lorsqu'il était enfant...
Ils l'ont déposé dans le sépulcre.
Ils l'ont pris des bras de sa Mère, et ils l'ont rendu à la terre ;
ils ont fermé le sépulcre d'une pierre...
Et maintenant la pierre a été roulée, le tombeau est vide...
Le Christ que tu as porté est ressuscité, Alléluia !
Regina caeli laetare !
Voici le jour de la joie pascale de l'Église.
Ô Mère, nous participons tous à ta gloire...
Tous, toute l'Église de ton Fils, toute l'Église du Verbe incarné !
Le Christ que tu as porté est ressuscité !
Prie pour nous, toi qui es *présente dans le mystère du Christ*
de la manière la plus profonde.
Aujourd'hui, l'Église entière se tourne vers toi, ô Marie !
Même si nous ne te voyons pas parmi les personnes dont parlent
les récits du jour de Pâques, nous nous tournons tous vers toi.
Nous nous tournons *vers ton cœur*.
Quelle chronique aurait pu relater le moment
de la résurrection du Fils
vécu dans le cœur de sa Mère ?

Pourtant, nous portons notre regard vers toi.
Toute l'Église participe à ta joie pascale,
toute l'Église sait qu'en ce jour qu'a fait le Seigneur

tu *« nous précèdes »* d'une manière unique
sur le chemin où avance le pèlerinage,
dans la foi au mystère pascal. Prie pour nous !
En cette année qui t'a été particulièrement consacrée,
en cette année mariale, *sois présente dans l'Église*
*d'une manière spécial*e, sois présente sur tous les chemins
du peuple de Dieu, illuminés par la lumière du Christ !
Que jamais ne s'éloigne de personne cette Lumière
de la *Vie* nouvelle *qui est le Ressuscité* lui-même !

Prie pour nous. Dans notre joie pascale, nous insistons
et avec insistance nous répétons : prie pour nous.
Prie pour le monde entier, pour toute l'humanité,
pour tous les peuples, à qui nous voulons à présent
adresser des vœux pascals
dans leurs différentes langues.
Prie pour la paix du monde, la justice.
Prie pour les différents droits de l'homme,
spécialement pour la liberté religieuse pour chaque homme,
pour chaque chrétien et non-chrétien,
dans tous les endroits.

Prie pour nous. Prie pour la solidarité des peuples
de tous les mondes, le premier et le troisième,
le second et le quatrième monde, pour tous les mondes.

Voici, dans ta joie et notre joie pascale
nous portons de nouveau ce poids de l'humanité,
oh ! ce poids de tant de cœurs humains,
nos frères, nos sœurs.
Et nous répétons : prie pour nous. *Regina caeli laetare !*

LE 16 JUIN 1999, LORS D'UN VOYAGE EN POLOGNE, JEAN-PAUL II SE REND À WADOWICE, « LA VILLE DE [SON] ENFANCE ». À LA FIN DE SON ALLOCUTION À LA POPULATION, SE RAPPELANT DE NOMBREUX SOUVENIRS, LE PAPE CONFIE LA VILLE, L'ÉGLISE DE CRACOVIE ET LA POLOGNE À MARIE.

De tous dangers, délivre-nous

« Sub tuum praesidium... »
Sous l'abri de ta miséricorde, Marie, nous nous réfugions.
Nous confions à ta protection l'histoire de cette ville,
de l'Église de Cracovie et de toute la patrie.
À ton amour maternel, nous confions la destinée de chacun
d'entre nous, de nos familles et de toute la société.
Ne méprise pas nos prières quand nous sommes
dans l'épreuve, mais de tous les dangers,
délivre-nous toujours.

Marie, obtiens-nous la grâce de la foi, de l'espérance
et de la charité, afin que, à ton exemple et sous ta conduite,
nous portions dans le nouveau millénaire
le témoignage de l'amour du Père,
de la mort rédemptrice et de la résurrection du Fils,
de l'action sanctificatrice de l'Esprit saint.

Sois avec nous en tout temps ! Notre-Dame,
notre avocate, notre médiatrice, notre consolatrice.
Notre Mère ! Amen.

L'ENCYCLIQUE *EVANGELIUM VITAE* SUR LA VALEUR ET L'INVIOLABILITÉ DE LA VIE HUMAINE, PUBLIÉE LE 25 MARS 1995, EST L'OCCASION POUR LE PAPE DE CONFIER À MARIE LA CAUSE DE LA VIE.

Ô Mère des vivants !

Ô Marie,
aurore du monde nouveau,
Mère des vivants,
nous te confions *la cause de la vie :*
regarde, ô Mère, le nombre immense
des enfants que l'on empêche de naître,
des pauvres pour qui la vie est rendue difficile,
des hommes et des femmes victimes d'une violence
inhumaine, des vieillards et des malades tués
par l'indifférence ou par une pitié fallacieuse.

Fais que ceux qui croient en ton Fils
sachent annoncer aux hommes de notre temps
avec fermeté et avec amour
l'*Évangile de la vie*.

Obtiens-leur la grâce de l'*accueillir*
comme un don toujours nouveau,
la joie de le *célébrer* avec reconnaissance
dans toute leur existence
et le courage d'en *témoigner*
avec une ténacité active, afin de construire,
avec tous les hommes de bonne volonté,
la civilisation de la vérité et de l'amour,
à la louange et à la gloire de Dieu Créateur
qui aime la vie.

L'ENCYCLIQUE *VERITATIS SPLENDOR* (6 AOÛT 1993) SUR QUELQUES QUESTIONS FONDAMENTALES DE L'ENSEIGNEMENT MORAL DE L'ÉGLISE, S'ACHÈVE PAR UNE PRIÈRE À MARIE, MÈRE DE MISÉRICORDE.

Que la Croix du Christ ne soit pas rendue vaine !

Ô Marie,
Mère de miséricorde,
veille sur tous,
afin que la croix du Christ ne soit pas rendue vaine,
que l'homme ne s'égare pas hors du sentier du bien,
qu'il ne perde pas la conscience du péché,
qu'il grandisse dans l'espérance en Dieu,
« riche en miséricorde » (Ep 2,4),
qu'il accomplisse librement les œuvres bonnes
préparées d'avance par Dieu (cf. Ep 2,10)
et qu'il soit ainsi, par toute sa vie,
« à la louange de sa gloire » (Ep 1,12).

AU TERME DE L'EXHORTATION APOSTOLIQUE POSTSYNODALE *CHRISTIFIDELES LAICI* SUR LA VOCATION ET LA MISSION DES LAÏCS DANS L'ÉGLISE ET DANS LE MONDE, PUBLIÉE LE 30 DÉCEMBRE 1988, JEAN-PAUL II CONFIE À MARIE « LE SUCCÈS SPIRITUEL DES FRUITS DU SYNODE ».

Ouvre nos cœurs aux immenses perspectives

Ô Vierge très sainte, Mère du Christ et Mère de l'Église,
avec joie et admiration, nous nous unissons à ton Magnificat,
à ton chant d'amour reconnaissant.

Avec toi, nous rendons grâce à Dieu, dont « l'amour s'étend
d'âge en âge », pour la splendide vocation et pour la mission
multiforme des fidèles laïcs, appelés par Dieu, chacun
personnellement, à vivre en communion d'amour
et de sainteté avec lui et à être unis fraternellement
dans la grande famille des enfants de Dieu, envoyés aussi
pour rayonner la lumière du Christ et communiquer
le feu de l'Esprit par leur vie évangélique
dans tous les secteurs de la vie du monde.

Vierge du Magnificat, remplis leurs cœurs de reconnaissance
et d'enthousiasme pour cette vocation et cette mission.

Toi qui as été, avec humilité et magnanimité,
« la servante du Seigneur », donne-nous la totale disponibilité
qui fut la tienne pour le service de Dieu et le salut du monde.

Ouvre nos cœurs aux immenses perspectives
du règne de Dieu et de l'annonce de l'Évangile
à toutes les créatures.

Ton cœur de Mère se préoccupe sans cesse
des nombreux dangers, des maux innombrables
qui écrasent les hommes et les femmes de notre temps.
Mais il est attentif aussi aux nombreuses initiatives
prises en vue du bien, aux grandes aspirations vers les valeurs,
aux progrès accomplis qui produisent
des fruits abondants de salut.

Vierge courageuse, inspire-nous la force d'âme
et la confiance en Dieu, qui nous permettront de surmonter
tous les obstacles que nous rencontrons
dans l'accomplissement de notre mission.
Enseigne-nous à traiter les réalités du monde
avec un sens très vif de responsabilité chrétienne
et dans la joyeuse espérance de la venue du règne de Dieu,
de nouveaux cieux et d'une terre nouvelle.

Toi qui, avec les apôtres en prière, te trouvais au cénacle
dans l'attente de la venue de l'Esprit de Pentecôte,
demande qu'il se répande de nouveau sur tous les fidèles laïcs,
hommes et femmes, pour qu'ils répondent pleinement
à leur vocation et à leur mission,
comme sarments de la vraie vigne,
appelés à porter beaucoup de fruits pour la vie du monde.

Vierge Mère, guide-nous et soutiens-nous
pour que nous vivions toujours comme de véritables fils et filles
de l'Église de ton Fils, et que nous puissions contribuer
à établir sur la terre la civilisation de la vérité et de l'amour,
selon le désir de Dieu et pour sa gloire. Amen.

LE 6 JUIN 1987, À L'OCCASION DE L'ANNÉE MARIALE, JEAN-PAUL II, À LA VEILLE DU TROISIÈME MILLÉNAIRE, CONFIE À MARIE L'ÉGLISE AINSI QUE L'HUMANITÉ TOUT ENTIÈRE « AVEC SES PEURS ET SES ESPOIRS ».

Fais que tous rencontrent le Christ !

Mère du Rédempteur, en cette année qui t'est consacrée,
dans la joie nous te proclamons bienheureuse.
Dieu le Père t'a choisie avant la création du monde
pour réaliser son projet providentiel de salut.
Tu as cru à son amour et obéi à sa parole.
Le Fils de Dieu t'a voulue pour mère
lorsqu'il se fit homme pour sauver le monde.
Tu l'as accueilli dans une prompte obéissance
et un cœur sans partage.
L'Esprit saint t'a aimée comme son épouse mystique
et t'a comblée de dons exceptionnels.

Docilement, tu t'es laissé façonner
par son action secrète et puissante.

À la veille du troisième millénaire chrétien,
à toi nous confions l'Église,
qui te reconnaît et t'invoque comme Mère.

Toi qui, sur la terre, as précédé l'Église
dans le cheminement de la foi,
réconforte-la dans les difficultés et les épreuves,
et fais que, dans le monde, elle soit toujours davantage
signe et instrument de l'union intime avec Dieu
et de l'unité de tout le genre humain.

À toi, Mère des chrétiens, nous confions spécialement
les peuples qui célèbrent au cours de cette année mariale
le sixième centenaire ou le millénaire
de leur adhésion à l'Évangile.
Leur longue histoire est profondément marquée
par leur dévotion envers toi.
Tourne vers eux ton regard plein d'amour;
donne la force à tous ceux qui souffrent pour la foi.

À toi, Mère des hommes et des nations, nous confions
l'humanité tout entière avec ses peurs et ses espoirs.
Ne la laisse pas manquer de la lumière de la vraie sagesse.
Guide-la dans la recherche de la liberté et de la justice pour tous.
Oriente ses pas sur les voies de la paix.

Fais que tous rencontrent le Christ, voie, vérité et vie.
Soutiens, ô Vierge Marie, notre cheminement dans la foi
et obtiens-nous la grâce du salut éternel.
Ô clémente, ô compatissante, ô douce Vierge Marie!

À LA FIN DE LA MESSE DE CLÔTURE DE L'ANNÉE MARIALE, LE 15 AOÛT 1988, EN LA SOLENNITÉ DE L'ASSOMPTION, LE SAINT-PÈRE PRIE MARIE, « NOTRE GUIDE VERS LE TROISIÈME MILLÉNAIRE ».

Accompagne nos pas vers les frontières...

Ô Sainte Marie, Vierge des commencements,
nous t'invoquons avec confiance
sur le seuil incertain du troisième millénaire
de vie de la sainte Église du Christ.
Tu es toi-même déjà Église, humble tente du Verbe,
mue seulement par le souffle de l'Esprit.
Pleine de miséricorde, accompagne nos pas
vers les frontières de l'humanité sauvée et pacifiée,
réjouis et affermis notre cœur dans la certitude
que le dragon n'est pas plus fort
que ta beauté, femme fragile et éternelle,
la première des sauvés et amie de toute créature
qui, en ce monde, gémit encore et espère.
Amen.

AU COURS DE SA PREMIÈRE VISITE EN FRANCE EN 1980, JEAN-PAUL II SE REND LE 31 MAI EN PÈLERINAGE À LA CHAPELLE DE LA MÉDAILLE MIRACULEUSE, RUE DU BAC, À PARIS. IL CONFIE À MARIE L'ŒUVRE DE RÉNOVATION SPIRITUELLE À LAQUELLE L'ÉGLISE EST APPELÉE.

Je viens en pèlerin !

Je vous salue, Marie,
pleine de grâce,
le Seigneur est avec vous,
vous êtes bénie entre toutes les femmes,
et Jésus, le fruit de vos entrailles, est béni.
Sainte Marie, Mère de Dieu,
priez pour nous, pauvres pécheurs,
maintenant et à l'heure de notre mort.
Amen.
Ô Marie, conçue sans péché,
priez pour nous qui avons recours à vous.

Telle est la prière que tu as inspirée, ô Marie,
à sainte Catherine Labouré, en ce lieu même,
voilà cent cinquante ans ;
et cette invocation, désormais gravée sur la médaille,
est maintenant portée et prononcée par tant de fidèles
dans le monde entier !

En ce jour où l'Église célèbre la visite que tu fis à Élisabeth
alors que le Fils de Dieu avait déjà pris chair en ton sein,
notre première prière sera pour te louer et te bénir.
Tu es bénie entre toutes les femmes !
Bienheureuse, toi qui as cru !
Le Puissant fit pour toi des merveilles !
La merveille de ta maternité divine !

Et en vue d'elle, la merveille de ton Immaculée Conception !
La merveille de ton *fiat* !
Tu as été associée si intimement
à toute l'œuvre de notre rédemption,
associée à la croix de notre Sauveur ;
ton cœur en a été transpercé, à côté de son cœur.
Et maintenant, dans la gloire de ton Fils,
tu ne cesses d'intercéder pour nous, pauvres pécheurs.
Tu veilles sur l'Église dont tu es la Mère.
Tu veilles sur chacun de tes enfants.
Tu obtiens de Dieu, pour nous, toutes ces grâces
que symbolisent les rayons de lumière
qui irradient de tes mains ouvertes.
À la seule condition que nous osions te les demander,
que nous nous approchions de toi avec la confiance,
la hardiesse, la simplicité d'un enfant.
Et c'est ainsi que tu nous mènes sans cesse vers ton divin Fils.

En ce lieu béni, j'aime te redire moi-même, aujourd'hui,
la confiance, l'attachement très profond
dont tu m'as toujours fait la grâce. « *Totus tuus.* »
Je viens en pèlerin, après tous ceux qui sont venus
dans cette chapelle depuis cent cinquante ans,
comme tout le peuple chrétien qui se presse ici,
chaque jour, pour te dire sa joie, sa confiance, sa supplication.
Je viens comme le bienheureux Maximilien Kolbe :
avant son voyage missionnaire au Japon,
voilà juste cinquante ans, il était venu ici
chercher ton soutien particulier pour propager
ce qu'il appela ensuite « la milice de l'Immaculée »
et entreprendre son œuvre prodigieuse de rénovation
spirituelle, sous ton patronage, avant de donner sa vie

pour ses frères. Le Christ demande aujourd'hui à son Église
une grande œuvre de rénovation spirituelle.
Et moi, humble successeur de Pierre,
c'est cette grande œuvre que je viens te confier,
comme je l'ai fait à Jasna Gora, à Notre-Dame de Guadalupe,
à Knoch, à Pompéi, à Éphèse,
comme je le ferai l'an prochain à Lourdes.
Nous te consacrons nos forces et notre disponibilité
pour servir le dessein du salut opéré par ton Fils.
Nous te prions pour que, grâce à l'Esprit saint,
la foi s'approfondisse et s'affermisse
dans tout le peuple chrétien, pour que la communion
l'emporte sur tous les germes de division,
pour que l'espérance soit ravivée
chez ceux qui se découragent.
Nous te prions spécialement pour ce peuple de France,
pour l'Église qui est en France, pour ses pasteurs,
pour les âmes consacrées, pour les pères et mères de famille,
pour les enfants et les jeunes,
pour les hommes et les femmes du troisième âge.
Nous te prions pour ceux qui souffrent
d'une détresse particulière, physique ou morale,
qui connaissent la tentation d'infidélité,
qui sont ébranlés par le doute dans un climat d'incroyance,
pour ceux aussi qui subissent la persécution
à cause de leur foi.
Nous te confions l'apostolat des laïcs, le ministère des prêtres,
le témoignage des religieuses.
Nous te prions pour que l'appel de la vocation
sacerdotale et religieuse soit largement entendu et suivi,

pour la gloire de Dieu et la vitalité de l'Église
en ce pays, et celle des pays qui attendent
toujours une entraide missionnaire.

Nous te recommandons particulièrement
la multitude des Filles de la Charité,
dont la maison mère est établie en ce lieu,
et qui, dans l'esprit de leur fondateur, saint Vincent de Paul,
et de sainte Louise de Marillac,
sont si promptes à servir l'Église et les pauvres
dans tous les milieux et dans tous les pays.
Nous te prions pour celles qui habitent cette maison
et qui accueillent au cœur de cette capitale fiévreuse
tous les pèlerins qui savent le prix du silence et de la prière.

Je vous salue, Marie,
pleine de grâce,
le Seigneur est avec vous,
vous êtes bénie entre toutes les femmes,
et Jésus, le fruit de vos entrailles, est béni.
Sainte Marie, Mère de Dieu,
priez pour nous, pauvres pécheurs,
maintenant et à l'heure de notre mort.
Amen.

LE 5 OCTOBRE 1986, JEAN-PAUL II BÉNIT LA VILLE DE LYON DEPUIS L'ESPLANADE DE FOURVIÈRE. À LA FIN DE SON ALLOCUTION, IL PRIE NOTRE-DAME DE FOURVIÈRE.

Notre-Dame de Fourvière, veille sur tes enfants...

Notre-Dame de Fourvière, veille sur tous tes enfants
qui te vénèrent sur cette colline !
Humble servante du Seigneur et Mère admirable,
allège les fardeaux trop lourds
et montre-nous le chemin où ton Fils nous appelle
à la vie plus forte que la mort,
au rassemblement de l'humanité renouvelée et sauvée !
Que Dieu bénisse les enfants de Notre-Dame de Fourvière !

LE 6 JUIN 1979, ALORS QU'IL ACCOMPLIT SA PREMIÈRE VISITE DANS SON PAYS NATAL, JEAN-PAUL II SE REND AU SANCTUAIRE DE NOTRE-DAME DE JASNA GORA AVANT DE PARTIR POUR CRACOVIE. LE PAPE DEMANDE À MARIE LA BÉNÉDICTION POUR SON VOYAGE.

Te remercier par le silence de nos cœurs

Notre-Dame de Jasna Gora !

C'est l'usage – un bel usage – que les pèlerins
auxquels tu as donné l'hospitalité
auprès de toi à Jasna Gora
viennent prendre congé de toi avant de s'en aller.
Je me souviens de tant de ces visites d'adieu,
de ces audiences particulières
que toi, ô Mère de Jasna Gora, tu m'as accordées
quand j'étais encore lycéen et que j'arrivais ici
avec mon père ou avec le pèlerinage
de toute ma paroisse natale de Wadowice.
Je me rappelle l'audience que tu as accordée à moi-même
et à mes compagnons lorsque nous sommes venus ici
clandestinement, comme représentants de la jeunesse
universitaire de Cracovie, durant la terrible occupation,
pour ne pas interrompre la continuité des pèlerinages
universitaires à Jasna Gora, commencés en la mémorable
année 1936. Je me rappelle tant d'autres *adieux*,
tant d'autres séparations,
lorsque je venais ici comme aumônier des jeunes,
et plus tard comme évêque conduisant des pèlerinages
de prêtres de l'archidiocèse de Cracovie.

Aujourd'hui je suis venu à toi, Notre-Dame de Jasna Gora,
avec le vénérable primat de Pologne,

avec l'archevêque de Cracovie, avec l'évêque de Czestochowa,
et avec tout l'épiscopat de ma patrie
pour prendre congé encore une fois
et pour te demander ta bénédiction pour mon voyage.
Je viens ici après ces journées passées avec eux
– et avec tant d'autres pèlerins – comme premier serviteur
de ton Fils et successeur de saint Pierre sur la chaire de Rome.
La signification de ce pèlerinage est vraiment *ineffable.*
Je n'essaierai même par de chercher des mots
capables d'exprimer ce qu'il a été pour moi et pour nous tous,
et ce qu'il ne cessera d'être.
Pardonne-nous donc Mère de l'Église et Reine de la Pologne,
de te remercier seulement par le silence de nos cœurs,
et de te chanter en silence notre « préface » d'adieu !

Je voudrais seulement remercier encore en ta présence
mes frères très chers dans l'épiscopat : le *cardinal primat,*
les archevêques et les évêques de l'Église en Pologne,
du milieu desquels j'ai été appelé,
avec lesquels j'ai été depuis le début,
et je continue à être, profondément lié.
Voici ceux qui, devenant selon les paroles de saint Pierre
les modèles du troupeau (*forma gregis,* cf. 1 P 5,3),
servent de tout leur cœur l'Église et la patrie,
sans épargner leurs forces.
Je désire vous remercier tous,
vénérables frères, et toi en particulier,
éminentissime et bien-aimé primat de Pologne,
en répétant encore une fois (même sans paroles)
ce que j'ai déjà dit à Rome
le 22 et le 23 octobre de l'année dernière.
Je répète les mêmes choses aujourd'hui

– par la pensée et par le cœur –
ici, en présence de Notre-Dame de Jasna Gora.
Je remercie cordialement tous ceux qui ces jours-ci
se sont faits pèlerins ici avec moi
– en particulier ceux qui sont chargés du sanctuaire,
les Pères Paulins, avec leur supérieur général
et gardien de Jasna Gora.
Ô Mère de l'Église !
Encore une fois *je me consacre à toi*
« dans ton maternel esclavage d'amour » :
« Totus tuus » ! Je suis tout à toi !
Je te consacre toute l'Église, où qu'elle se trouve,
jusqu'aux extrémités de la terre !
Je te consacre l'humanité ;
je te consacre tous les hommes, mes frères.
Tous les peuples et toutes les nations.
Je te consacre l'Europe et tous les continents.
Je te consacre Rome et la Pologne unies,
à travers ton serviteur, par un lien nouveau d'amour.
Mère, accepte !
Mère, ne nous abandonne pas !
Mère, guide-nous !

LE 19 JUIN 1983, JEAN-PAUL II, À JASNA GORA (POLOGNE), CÉLÈBRE LE 600e ANNIVERSAIRE DE LA PRÉSENCE DE L'ICÔNE DE LA VIERGE. À LA FIN DE SON HOMÉLIE, IL SE TOURNE VERS MARIE.

Jasna Gora, notre Cana de Galilée polonais...

Embrassons du regard et avec notre cœur tout ce sanctuaire :
Jasna Gora, notre *Cana de Galilée polonais.*
Pensons à notre avenir. Et l'avenir commence aujourd'hui.
Aujourd'hui, nous sommes réunis ici en l'an du Seigneur 1983.

Aujourd'hui, nous te regardons dans les yeux, ô Mère !
Ô Marie, toi qui as vu à Cana de Galilée
qu'« ils n'avaient plus de vin » (cf. Jn 2,3)...
Ô Marie ! Et pourtant tu sais tout ce qui nous manque !
Tout ce qui nous fait souffrir.
Tu connais nos souffrances et nos aspirations.
Tu sais ce qui travaille les cœurs de la nation
qui t'est consacrée pour le millénaire
« dans l'esclavage maternel de l'amour pour la liberté »...
Parle à ton Fils !

Parle à ton Fils de notre « aujourd'hui » difficile.
Parle de notre « aujourd'hui » difficile à ce Christ
que nous sommes venus inviter pour tout notre avenir.
Cet avenir commence « aujourd'hui »
– et il dépend de ce que sera notre « aujourd'hui ».

À Cana, en Galilée, lorsque le vin a manqué,
tu as dit aux serviteurs, en montrant le Christ :
« Faites tout ce qu'il vous dira » (Jn 2,5).
Prononce ces paroles pour nous aussi !

Prononce-les toujours ! Prononce-les inlassablement !
Ô Mère de ce Christ qui est le Seigneur du siècle à venir !

Et fais qu'en notre difficile « aujourd'hui »
nous écoutions ton Fils. Que nous l'écoutions jour après jour
et dans chacune de nos actions. Que nous l'écoutions aussi
quand il dit *des choses difficiles et exigeantes.*
À qui irions-nous ?
Il a les paroles de la vie éternelle (cf. Jn 6,68) !

L'Évangile est la joie de l'effort laborieux
– et en même temps l'effort laborieux du salut.
Ô Mère ! Aide-nous à passer, avec l'Évangile dans le cœur,
à travers notre difficile « aujourd'hui »,
vers l'avenir dans lequel nous avons invité le Christ.

Embrassons encore une fois du regard et avec notre cœur
notre sanctuaire de Jasna Gora.
Tendons l'oreille aux paroles du psaume
de la liturgie de ce jour :

« Longez les remparts de Sion, comptez ses tours...
Et vous direz aux âges qui viendront :
« *Ce Dieu est notre Dieu,* pour toujours et à jamais »
(Ps 48 [47], 13-15).

LE 19 AOÛT 2002, JEAN-PAUL II VISITE KALWARIA ZEBRZYDOWSKA, POUR LE 400ᵉ ANNIVERSAIRE DE LA CONSÉCRATION DU SANCTUAIRE, SECOND LIEU DE PÈLERINAGE EN POLOGNE APRÈS CZESTOCHOWA. À LA FIN DE L'HOMÉLIE, LE SAINT-PÈRE PRIE MARIE, « MÈRE DE KALWARIA ».

En toi j'ai confiance !

Ainsi, s'il te plaît ! Toi qui es notre avocate, porte sur nous tes yeux miséricordieux.
Et après cet exil, montre-nous Jésus, le fruit béni de tes entrailles.

« Ô clémente, ô pieuse, ô douce Vierge Marie ! »
Porte, ô Notre-Dame des Grâces, ton regard vers ce peuple qui, depuis des siècles, est resté fidèle à toi et à ton Fils.
Tourne ton regard vers cette nation, qui a toujours répondu à l'espérance de ton amour de Mère.
Tourne vers nous ton regard, tes yeux miséricordieux, obtiens-nous ce dont tes fils ont le plus besoin.

Ouvre les cœurs des riches aux besoins des pauvres et des personnes qui souffrent.
Aux chômeurs, fais rencontrer un employeur.
Aide ceux qui sont réduits à l'indigence à trouver une maison.
Aux familles, apporte l'amour qui fait surmonter toutes les difficultés.
Aux jeunes, indique la route et des perspectives pour l'avenir.
Enveloppe les enfants dans le manteau de ta protection, pour qu'ils ne soient pas offensés.

Anime les communautés religieuses de la grâce de la foi, de l'espérance et de la charité.
Fais que les prêtres marchent sur les traces de ton Fils en offrant chaque jour leur vie pour leurs brebis.

Aux évêques, obtiens la lumière de l'Esprit saint, afin qu'ils guident l'Église qui est sur ces terres vers le Royaume de ton Fils sur une voie unique et droite.

Très Sainte Mère, Notre-Dame de Kalwaria, obtiens pour moi les forces du corps et de l'esprit, afin que je puisse accomplir jusqu'à son terme la mission que m'a confiée le Ressuscité. À toi, je remets tous les fruits de ma vie et de mon ministère ; à toi, je confie le sort de l'Église ; à toi, je confie ma nation ; en toi, j'ai confiance et à toi encore une fois je déclare :
Totus Tuus, Maria !

Totus Tuus. Amen.

LE 1er JANVIER 1987, SOLENNITÉ DE MARIE MÈRE DE DIEU ET XXe JOURNÉE MONDIALE DE LA PAIX, JEAN-PAUL II, AU COURS DE LA MESSE CÉLÉBRÉE EN LA BASILIQUE SAINT-PIERRE DE ROME, ANNONCE LA CÉLÉBRATION D'UNE ANNÉE MARIALE, ÉTAPE DE FOI VERS L'AN 2000, ET UNE ENCYCLIQUE CONSACRÉE À LA VIERGE MARIE (*REDEMPTORIS MATER*, 25 MARS 1987). DANS L'HOMÉLIE, LE PAPE S'ADRESSE À MARIE, MODÈLE DE L'ÉGLISE.

L'Église fixe son regard sur toi !

« *Je te salue*, pleine de grâce, le Seigneur est avec toi... » (Lc 1,28).

Heureuse es-tu, toi qui as cru... (cf. Lc 1,45).
Tu as cru au moment de l'Annonciation.
Tu as cru dans la nuit de Bethléem.
Tu as cru sur le Calvaire.
Tu as progressé dans le pèlerinage de la foi
et tu as gardé fidèlement ton union avec le Fils,
Rédempteur du monde (cf. *Lumen gentium*, 58).
Ainsi t'ont vue les générations du Peuple de Dieu
sur toute la terre.
C'est ainsi que t'a montrée, Vierge bienheureuse,
le Concile de notre siècle.

L'Église fixe son regard sur toi comme sur *son modèle.*
Elle le fixe en particulier en ce moment
où elle se prépare à célébrer l'avènement
du troisième millénaire de l'ère chrétienne.
Pour mieux se préparer à cette échéance,
l'Église tourne les yeux vers toi
qui as été l'instrument providentiel dont le Fils de Dieu
s'est servi pour devenir Fils de l'homme
et donner leur commencement aux temps nouveaux.
Dans cette intention, elle veut célébrer une année spéciale

qui te soit consacrée, *une année mariale*
qui, commençant à la Pentecôte prochaine, se terminera,
l'année suivante, avec la grande fête
de ton Assomption au ciel. Une année que chaque diocèse
célébrera par des initiatives particulières, destinées
à approfondir ton mystère et à favoriser la dévotion
à ton égard dans un effort renouvelé d'adhésion à la volonté
de Dieu, selon l'exemple que tu as donné,
toi la servante du Seigneur.

Ces initiatives pourront s'insérer avec fruit
dans le tissu de l'année liturgique
et dans la « géographie » des sanctuaires que la piété
des fidèles t'a élevés, Vierge Marie, partout sur la terre.

Nous désirons, Mère, que tu resplendisses sur l'horizon
de l'avènement de nos temps, alors que nous nous approchons
de l'étape du troisième millénaire après le Christ.
Nous désirons approfondir *la conscience de ta présence*
dans le mystère du Christ et de l'Église, comme nous l'a enseigné
le concile. À cette fin, le successeur de Pierre, qui te confie
son ministère, a l'intention de s'adresser prochainement
à ses frères dans la foi par une *Lettre encyclique*
qui te sera consacrée, Vierge Marie,
don inestimable de Dieu à l'humanité.

LE 30 SEPTEMBRE 1979, EN PÈLERINAGE AU SANCTUAIRE IRLANDAIS DE KNOCK, LE PAPE S'ADRESSE À « MARIE REINE D'IRLANDE », PRONONÇANT DES PAROLES DE CONFIANCE ET DE CONSÉCRATION.

Aide la terre d'Irlande...

Mère, dans ce sanctuaire, tu accueilles le peuple de Dieu
de toute l'Irlande et constamment tu lui montres le Christ
dans l'eucharistie et dans l'Église. En cet instant solennel,
nous écoutons tes paroles avec une particulière attention :
« Faites tout ce qu'il vous dira. » *Nous désirons* répondre
à tes paroles de tout notre cœur. Nous désirons faire
ce que ton Fils nous dit, ce qu'il nous commande
parce qu'il a les paroles de la vie éternelle.
Nous désirons accomplir effectivement tout ce qui vient
de Lui, tout ce qui est contenu dans la Bonne Nouvelle,
comme nos ancêtres l'ont fait durant de nombreux siècles.
Leur fidélité au Christ et à son Église,
de même que leur attachement héroïque au Siège apostolique,
ont, d'une certaine manière, imprimé en nous tous un signe
commun et indélébile. Cette fidélité, tout au long des siècles,
a porté des fruits d'héroïsme chrétien et de vertueuse tradition
de vie en conformité avec la loi de Dieu, spécialement
avec le plus saint commandement de l'Évangile,
celui de l'amour. Nous avons reçu ce splendide héritage
de leurs mains au début d'une époque nouvelle, au moment
où nous approchons de la fin du second millénaire
qui s'est écoulé depuis que le Fils de Dieu a été engendré
par toi, notre *Alma Mater*, et nous voulons transmettre
cet héritage demain avec la même fidélité
dont nos pères ont témoigné.

Aujourd'hui donc, à l'occasion de la première visite d'un pape
en Irlande, nous te confions et nous te consacrons, Mère
du Christ et Mère de l'Église, nos cœurs, nos consciences
et nos travaux afin qu'ils puissent nous aider
à maintenir la foi que nous professons. Nous te confions
et nous te consacrons tous ceux qui constituent
à la fois la communauté du peuple irlandais
et la communauté du peuple de Dieu qui vit dans ce pays.

Nous te confions et nous te consacrons les évêques d'Irlande,
le clergé, les religieux et les religieuses,
les moines et les moniales, les séminaristes, les novices.
Nous te confions et nous te consacrons les pères et les mères,
les jeunes, les enfants.
Nous te confions et nous te consacrons
les enseignants, les catéchistes,
les étudiants, les écrivains, les poètes,
les auteurs, les artistes,
les travailleurs et leurs chefs, les patrons et les dirigeants,
ceux des professions libérales,
ceux qui sont engagés dans la politique et dans la vie publique,
ceux qui forment l'opinion publique.
Nous te confions et nous te consacrons les époux
et ceux qui se préparent au mariage,
ceux qui sont appelés à te servir,
toi et leur prochain, dans le célibat ;
les infirmes, les personnes âgées, les malades mentaux,
les handicapés et tous ceux qui les assistent
et sont à leur service.
Nous te confions et nous te consacrons
les prisonniers et ceux qui se sentent rejetés, les exilés,
ceux qui ont la nostalgie de leur foyer et ceux qui sont seuls.

Nous confions à ton soin maternel la terre d'Irlande
où tu as été et où tu es si aimée.
Aide cette terre à rester toujours fidèle à toi et à ton Fils.
Que la prospérité ne conduise jamais les hommes
et les femmes
d'Irlande à oublier Dieu et à abandonner leur foi.
Dans la prospérité, garde-les fidèles à la foi
qu'ils n'ont jamais abandonnée dans la pauvreté
et dans la persécution.
Épargne-leur la cupidité, l'envie, la recherche
de l'intérêt égoïste et catégoriel.
Aide-les à travailler ensemble dans un idéal chrétien
et pour un but chrétien commun, à construire une société
juste, pacifique et fondée sur l'amour,
dans laquelle les pauvres ne sont jamais rejetés et où les droits
de tous, spécialement des faibles, sont respectés.
Reine de l'Irlande, Marie, Mère de l'Église du ciel
et de la terre, *Mathair Dé*, garde l'Irlande fidèle à sa tradition
spirituelle et à son héritage chrétien.
Aide-la à répondre à sa mission historique
de porter la lumière du Christ aux nations,
et d'avoir ainsi l'honneur de travailler à la gloire de Dieu.

Ô Mère, pouvons-nous demeurer silencieux
sur ce qui nous est le plus pénible,
sur ce qui, tant de fois, nous décourage ?
Nous te confions d'une façon toute spéciale
cette grande blessure dont souffre aujourd'hui
notre peuple, en espérant que tes mains seront capables
de la soigner et de la guérir.
Nous sommes tous grandement préoccupés
par ces jeunes âmes qui ont été entraînées

à des actes sanglants de vengeance et de haine.
Mère, n'abandonne pas ces jeunes cœurs.
Mère, reste avec eux dans leurs moments les plus sombres,
lorsque nous ne pouvons ni les conseiller ni les assister.
Mère, garde-nous tous, et spécialement la jeunesse irlandaise,
de l'inimitié et de la haine qui risquent
de nous submerger. Enseigne-nous à distinguer clairement
ce qui procède de l'amour pour notre pays
de ce qui porte la marque de la destruction et le signe
de Caïn. Fais-nous comprendre que les mauvais moyens
ne peuvent jamais conduire à de bonnes fins,
que chaque vie humaine est sacrée, que l'assassinat
est un assassinat,
quel qu'en soit le motif ou le but.
Sauve d'un autre danger ceux qui assistent
à ces terribles événements : le danger de vivre sans idéaux
chrétiens ou en conflit avec les principes de la morale.

Puissent nos oreilles toujours écouter en toute clarté ta voix
maternelle : « Faites tout ce que mon Fils vous dira. »
Aide-nous à *persévérer avec le Christ* ; aide-nous, ô Mère
de l'Église, à *construire son Corps mystique*, en vivant
de cette vie que lui seul peut nous accorder en plénitude,
de cette vie à la fois divine et humaine.

EN PÈLERINAGE À LA BASILIQUE D'APARECIDA, AU BRÉSIL, EN 1980, JEAN-PAUL II EN CONSACRE L'AUTEL LE 4 JUILLET ET AU COURS DE L'HOMÉLIE DEMANDE À LA VIERGE DE BÉNIR LE BRÉSIL ET TOUS SES ENFANTS.

Bénissez ce peuple qui prie et chante !

Notre-Dame d'Aparecida, un de vos fils,
qui vous appartient sans réserve - *totus tuus !* -,
appelé par un mystérieux dessein de la Providence à être le vicaire de votre Fils sur la terre,
veut s'adresser à vous, en ce moment.
Il évoque avec émotion, en raison de la couleur brune
de votre image, une autre représentation de vous,
la Vierge noire de Jasna Gora.
Mère de Dieu et notre Mère, protégez l'Église, le pape,
les évêques, les prêtres, et tout le peuple fidèle ;
accueillez sous votre manteau protecteur
les religieux, les religieuses, les familles, les enfants,
les jeunes gens et leurs éducateurs !
Santé des malades et miroir de justice,
obtenez pour le monde la paix,
faites que le Brésil jouisse d'une paix durable,
que les hommes vivent toujours ensemble comme des frères,
comme des enfants de Dieu !
Notre-Dame d'Aparecida,
bénissez votre sanctuaire et ceux qui y travaillent,
bénissez ce peuple qui prie et chante ici,
bénissez tous vos enfants, bénissez le Brésil. Amen.+

EN JANVIER 1979, JEAN-PAUL II ACCOMPLIT SON PREMIER VOYAGE AU MEXIQUE, POUR LA TROISIÈME ASSEMBLÉE GÉNÉRALE DE LA CONFÉRENCE DES ÉVÊQUES D'AMÉRIQUE LATINE (CELAM). IL INVOQUE LA MÈRE DES AMÉRIQUES, NOTRE-DAME DE GUADALUPE (MEXICO).

Donne à nos peuples la paix, la justice et la prospérité...

Ô Vierge immaculée, Mère du vrai Dieu et Mère de l'Église,
toi qui en ce lieu manifestes ta clémence et ta compassion
à tous ceux qui font appel à toi, écoute la prière
que nous t'adressons avec une filiale confiance
et présente-la à ton Fils Jésus, notre unique Rédempteur.

Mère de miséricorde, qui connais le sacrifice caché et silencieux,
à toi qui viens à notre rencontre,
pécheurs que nous sommes, nous nous consacrons aujourd'hui
avec tout notre être et notre amour.
Nous te consacrons aussi notre vie, nos travaux,
nos joies, nos infirmités et nos souffrances.

Donne à nos peuples la paix, la justice et la prospérité,
Notre-Dame et notre Mère,
toi sous la protection de qui nous mettons
tout ce que nous avons, tout ce que nous sommes.

Nous voulons être tout à toi et marcher avec toi sur le chemin
d'une fidélité totale à Jésus Christ dans son Église.
Ne nous retire pas ta main et ton amour.

Notre-Dame de Guadalupe, Mère des Amériques,
nous te prions pour tous les évêques, afin qu'ils conduisent
leurs fidèles par les voies d'une vie chrétienne intense,

de l'amour et de l'humble service de Dieu et des âmes.
Contemple cette immense moisson et intercède
auprès du Seigneur pour que tout le peuple de Dieu,
ait faim de sainteté pour qu'il donne d'abondantes vocations
de prêtres et de religieux, forts dans la foi,
qui dispenseront généreusement les mystères de Dieu.

Donne à nos foyers la grâce d'aimer et de respecter la vie
qui commence, dans le même amour avec lequel tu as conçu
dans ton sein la vie du Fils de Dieu.
Sainte Marie, Mère du bel amour,
protège nos familles afin qu'elles soient toujours unies,
et bénis l'éducation de nos enfants.

Toi qui es notre espérance, pose avec compassion ton regard
sur nous ; enseigne-nous à aller continuellement à Jésus
et si nous tombons, aide-nous à nous relever, à revenir à lui
en confessant nos fautes et nos péchés dans le sacrement
de pénitence qui donne la paix de l'âme. Nous t'en prions,
donne-nous un très grand amour de tous les sacrements,
qui sont comme les traces que ton Fils nous a laissées sur la terre.

Ainsi, Mère très sainte,
avec la paix de Dieu dans nos consciences,
avec des cœurs libérés de tout mal et de toute haine,
nous pourrons apporter à tous la vraie joie
et la vraie paix qui viennent de ton Fils, Notre Seigneur
Jésus Christ qui, avec Dieu le Père et l'Esprit saint,
vit et règne pour les siècles des siècles. Amen.

ACHEVANT SON HOMÉLIE À NOTRE-DAME DE GUADALUPE (MEXICO), POUR L'INAUGURATION DE LA IIIe CONFÉRENCE DE L'ÉPISCOPAT LATINO-AMÉRICAIN, LE 27 JANVIER 1979, JEAN-PAUL II CONFIE À LA VIERGE MARIE LA MISSION DE L'ÉGLISE AU MEXIQUE ET DANS TOUT LE CONTINENT AMÉRICAIN.

En tes mains, tout notre avenir !

Permets donc qu'en cet instant solennel moi, Jean-Paul II,
évêque de Rome et pape, avec mes frères dans l'épiscopat
qui représentent l'Église du Mexique, et de toute l'Amérique
latine, nous te confiions et t'offrions, ô servante
du Seigneur, tout le patrimoine de l'Évangile, de la Croix,
de la Résurrection, dont nous sommes tous témoins,
apôtres, maîtres et évêques.

Ô Mère, aide-nous à être de fidèles dispensateurs
des grands mystères de Dieu ! Aide-nous à enseigner la vérité
que ton Fils a annoncée et à étendre l'amour
qui est le principal commandement
et le premier fruit de l'Esprit saint !
Aide-nous à confirmer nos frères dans la foi,
aide-nous à éveiller l'espérance en la vie éternelle !
Aide-nous à conserver les grands trésors enfermés
dans les âmes du peuple de Dieu qui nous a été confié !

Nous t'offrons tout ce peuple de Dieu. Nous t'offrons l'Église
qui est au Mexique et dans tout le continent.
Nous te l'offrons comme étant à toi.
Toi qui as touché si profondément le cœur des fidèles
par le signe de ta présence qu'est ton image
dans le sanctuaire de Guadalupe, fais de ces cœurs ta demeure,
maintenant et toujours ! Sois chez toi dans nos familles,

dans nos paroisses, nos missions, nos diocèses,
dans tous les peuples !

Sois-le au moyen de la sainte Église qui, en t'imitant,
désire elle aussi être une bonne mère,
assister les âmes dans tous leurs besoins,
en annonçant l'Évangile, administrant les sacrements,
sauvegardant la vie des familles par le sacrement de mariage,
réunissant tous ses fils dans la communauté eucharistique
par le Saint Sacrement de l'autel, les accompagnant
avec amour depuis le berceau jusqu'à leur entrée dans l'éternité.

Ô Mère, suscite chez les jeunes générations
la disponibilité au service exclusif de Dieu !
Obtiens-nous sur place d'abondantes vocations
au sacerdoce et à la vie consacrée !

Ô Mère, affermis la foi de tous nos frères et sœurs du laïcat,
afin que dans tous les domaines de la vie sociale, professionnelle,
culturelle et politique, ils agissent en accord avec la vérité
et la loi que ton Fils a apportées à l'humanité, pour conduire
tous les hommes au salut éternel et, en même temps,
pour rendre la vie sur terre plus humaine, plus digne de l'homme.

L'Église, qui exerce son activité parmi les nations américaines,
l'Église au Mexique, veut servir cette cause sublime
de toutes ses forces, avec un esprit missionnaire renouvelé.
Ô Mère, fais que nous sachions la servir dans la vérité
et la justice ! Fais que nous suivions nous-mêmes ce chemin
et que nous y conduisions les autres, sans jamais dévier
ni entraîner les autres vers des chemins tortueux.

Nous t'offrons et nous te confions tous ceux qui sont
et tout ce qui est objet de notre responsabilité pastorale,
certains que tu seras avec nous et que tu nous aideras
à réaliser ce que ton Fils nous a commandé (cf. Jn 2,5).
Avec une confiance illimitée, moi, Jean-Paul II,
avec tous mes frères dans l'épiscopat du Mexique
et de l'Amérique latine, nous voulons t'associer
d'une manière plus étroite encore à notre ministère,
à l'Église et à la vie de nos pays.
Nous désirons mettre en tes mains tout notre avenir,
l'avenir de l'évangélisation en Amérique latine.

Reine des apôtres, accepte notre empressement à servir
sans réserve la cause de ton Fils, la cause de l'Évangile
et la cause de la paix fondée sur la justice et l'amour
entre les hommes et entre les peuples !

Reine de la paix, préserve les nations et les peuples
de tout le continent – qui ont tant confiance en toi –,
des guerres, de la haine et de la subversion

Fais que tous, gouvernants et citoyens, apprennent à vivre
en paix, s'éduquent à la paix, agissent selon les exigences
de la justice et le respect des droits de tout homme,
afin que se consolide la paix !

Accepte cet abandon confiant de notre part,
ô servante du Seigneur !
Que ta présence maternelle dans le mystère du Christ
et de l'Église devienne source de joie et de liberté
pour tous et chacun, source de cette liberté
par laquelle « le Christ nous a libérés » (Ga 5,1),

source, enfin, de cette paix que le monde ne peut donner,
mais qui nous vient de Lui seul, le Christ (cf. Jn 14,27).

Enfin, ô Mère, reprenant et confirmant
le geste de mes prédécesseurs Benoît XIV et Pie X,
qui te proclamèrent patronne du Mexique
et de toute l'Amérique latine, je te présente une couronne
au nom de tous tes fils mexicains et latino-américains,
afin que tu les tiennes sous ta protection, que tu les gardes unis
dans la foi et fidèles au Christ ton Fils. Amen.

Actes de consécration et d'offrande à Marie

PREMIER VOYAGE EN POLOGNE, EN 1979. JEAN-PAUL II SE REND LE 4 JUIN AU SANCTUAIRE MARIAL DE CZESTOCHOWA ET PRONONCE UN « ACTE DE CONSÉCRATION À NOTRE-DAME DE JASNA GORA ».

Avec une immense confiance !

« Mère très grande, Mère de Dieu fait homme,
Vierge très sainte, Notre-Dame de Jasna Gora... »

C'est avec ces paroles que les évêques polonais
s'adressèrent à toi tant de fois à Jasna Gora,
en portant dans leur cœur les expériences et les peines,
les joies et les douleurs, et par-dessus tout la foi,
l'espérance et la charité de leurs compatriotes.

Qu'il me soit permis de commencer aujourd'hui
par les mêmes paroles
le nouvel acte de consécration à Notre-Dame de Jasna Gora :
il naît dc la même foi, de la même espérance
et de la même charité,
il naît de la tradition de notre peuple,
à laquelle j'ai eu part durant tant d'années,
et cet acte naît en même temps des nouveaux devoirs
qui, grâce à toi, ô Marie, m'ont été confiés,
à moi homme indigne et en même temps ton fils adoptif.

C'est bien ce que me disaient toujours les paroles que ton Fils,
ce Fils né de toi, Jésus Christ, Rédempteur de l'homme,
a adressées du haut de la croix à Jean, apôtre et évangéliste :
« Femme, voici ton fils » (Jn 19,26).
Dans ces paroles, je trouvais toujours la place
de tout homme et ma propre place.
Aujourd'hui présent ici selon les desseins mystérieux

de la divine Providence, je désire, en ce sanctuaire
de Jasna Gora dans ma patrie terrestre, la Pologne,
confirmer avant tout les actes de consécration et de confiance
qui, à divers moments - bien des fois et sous des formes
variées - ont été prononcés par le cardinal primat
et par l'épiscopat polonais. D'une façon tout à fait particulière
je désire confirmer et renouveler l'acte de consécration
prononcé à Jasna Gora le *3 mai 1966*,
à l'occasion du millénaire de la Pologne ; par cet acte
les évêques polonais, en se donnant à toi, Mère de Dieu,
« dans ta maternelle servitude d'amour », voulaient servir
la grande cause de *la liberté de l'Église*, non seulement
dans leur propre patrie mais dans le monde entier.
Quelques années après, le 7 juin 1976,
ils t'ont consacré *toute l'humanité*,
toutes les nations et tous les peuples du monde contemporain,
leurs frères proches par la foi, par la langue
et par le destin commun de l'histoire,
en étendant cet acte de confiance jusqu'aux frontières
les plus lointaines de l'amour comme l'exige ton cœur :
cœur de la Mère qui embrasse chacun et tous partout et toujours.
Je désire aujourd'hui, en arrivant à Jasna Gora comme premier
pape pèlerin, renouveler tout ce patrimoine de confiance,
de consécration et d'espérance, qui, avec tant de magnanimité,
a été accumulé par mes frères dans l'épiscopat
et mes compatriotes.

Et c'est pourquoi je Te confie, ô Mère de l'Église,
tous les problèmes de cette Église, toute sa mission,
tout son service, tandis que s'achève le second millénaire
de l'histoire du christianisme sur la terre.

Épouse de l'Esprit saint et Trône de la Sagesse !
À ton intercession, nous devons la magnifique *vision*
et le *programme* du renouveau de l'Église à notre époque
exprimé dans l'enseignement du concile Vatican II.
Fais que nous fassions de cette vision et de ce programme
l'objet de notre action, de notre service,
de notre enseignement, de notre pastorale,
de notre apostolat dans la vérité, la simplicité et la force
avec laquelle l'Esprit saint nous les a fait découvrir
dans notre humble service

Fais que l'Église entière se régénère à cette nouvelle source
de connaissance de sa nature et de sa mission,
et non pas à d'autres « citernes » étrangères ou empoisonnées
(cf. Jr 8,14).

Aide-nous dans le grand effort que nous allons faire
pour *rencontrer de manière toujours plus mûre nos frères*
dans la foi, auxquels nous unissent tant de choses
bien qu'il y en ait qui nous divisent.
Fais que, à travers tous les moyens de la connaissance,
du respect réciproque, de l'amour, de la collaboration
dans les divers domaines,
nous puissions découvrir progressivement
le dessein divin de cette unité
dans laquelle nous devons entrer nous-mêmes
et introduire tous les hommes
afin que l'unique bercail du Christ reconnaisse
et vive son unité sur la terre.
Ô Mère de l'unité, enseigne-nous toujours
les chemins qui conduisent à elle.

Permets-nous d'aller dans l'avenir *à la rencontre*
de tous les hommes et de tous les peuples qui cherchent Dieu
sur les chemins de *diverses religions* et qui veulent le servir.
Aide-nous tous à annoncer le Christ
et à révéler « la force et la sagesse divine » (1 Co 1,24)
cachées dans sa croix. Toi qui l'as révélée
d'abord à Bethléem non seulement aux bergers
simples et fidèles, mais aussi aux sages des pays lointains !

Mère du Bon Conseil ! Indique-nous toujours
comment nous devons servir l'homme,
l'humanité, dans toutes les nations,
comment le conduire sur les chemins du salut.
Comment protéger la justice et la paix dans le monde
continuellement menacé de divers côtés.
Comme je désire vivement,
à l'occasion de la rencontre d'aujourd'hui,
te confier tous *les difficiles problèmes*
des sociétés, des systèmes, et des États,
problèmes qui ne peuvent être résolus par la haine,
la guerre et l'autodestruction mais seulement par la paix,
la justice, le respect des droits des hommes et des nations.
Ô Mère de l'Église ! Fais que l'Église jouisse de la liberté
et de la paix dans l'accomplissement de sa mission de salut
et qu'elle jouisse à cette fin d'une *nouvelle maturité* de foi
et d'unité intérieure !
Aide-nous à vaincre les oppositions et les difficultés !
Aide-nous à découvrir toute la simplicité
et la dignité de la vocation chrétienne !
Fais que les ouvriers ne manquent jamais
à la vigne du Seigneur. Sanctifie les familles !
Veille sur l'âme des jeunes et sur le cœur des enfants !

Aide à surmonter les grandes menaces morales
qui atteignent les fondements de la vie et de l'amour.
Obtiens pour nous la grâce de nous renouveler continuellement
par toute la beauté du témoignage rendu à la croix
et à la résurrection de ton Fils.
Il y a tant de problèmes que j'aurais dû, ô Mère,
te les présenter en cette rencontre,
en les nommant l'un après l'autre.
Je te les confie tous, car tu les connais mieux
et tu prends soin de tous.

Je le fais dans le lieu du grand acte de consécration
d'où l'on voit non seulement la Pologne, mais toute l'Église,
à travers les pays et les continents :
toute l'Église *dans ton cœur maternel.*

L'Église entière, dont je suis le premier serviteur,
je te l'offre et je te la confie ici, ô Mère,
avec une immense confiance. Amen.

À ROME, LE 8 DÉCEMBRE 1981, EN LA BASILIQUE SAINTE-MARIE-MAJEURE, DEVANT L'IMAGE DE LA VIERGE « SALUS POPULI ROMANI », LE PAPE PRONONCE UN ACTE DE CONSÉCRATION À MARIE.

Ô Mère des hommes et des peuples

Ô toi qui, plus qu'aucun être humain,
as été confiée au Saint-Esprit,
aide l'Église de ton Fils à persévérer
dans cette même confiance,
pour qu'elle puisse répandre sur tous les hommes
les ineffables dons de la rédemption et de la sanctification
afin que la création tout entière soit libérée (cf. Rm 8,12).

Ô toi qui as été avec l'Église au début de sa mission
intercède pour elle afin qu'elle aille jusqu'au bout du monde
pour enseigner les nations
et annoncer l'Évangile à toute créature.
Que la parole de vérité divine et l'esprit d'amour
trouvent l'accès des cœurs, car les hommes,
sans cette vérité et sans cet amour,
ne peuvent vraiment pas vivre leur vie pleinement.

Ô toi qui as connu en plénitude la force de l'Esprit saint
lorsqu'il t'a été donné de concevoir dans ton sein virginal
et de mettre au monde le Verbe éternel, obtiens à l'Église
qu'elle puisse faire renaître sans cesse de l'eau et de l'Esprit saint
les fils et les filles de toute la famille humaine,
sans distinction de langue, de race, de culture
et qu'elle leur donne ainsi
le « pouvoir de devenir enfants de Dieu » (Jn 1,12).
Ô toi qui es liée si profondément et si maternellement à l'Église,
toi qui précèdes sur les voies de la foi,

de l'espérance et de la charité tout le peuple de Dieu,
entoure tous les hommes encore en chemin,
pèlerins dans le temps vers leur éternel destin,
de cet amour que le Rédempteur divin, ton Fils,
a déversé dans ton cœur du haut de la croix.
Sois la Mère de nos vies terrestres à tous même lorsqu'elles
se font tortueuses,
pour qu'à la fin nous nous retrouvions tous
dans cette grande communauté que ton Fils a appelée
le bercail et pour laquelle, tel un bon pasteur,
il a offert sa vie.

Ô toi qui es la première servante de l'unité du corps du Christ,
aide-nous, aide tous les fidèles qui sentent si douloureusement
le drame des divisions historiques du christianisme
à rechercher avec persévérance le chemin de l'unité parfaite
du corps du Christ, à travers une fidélité inconditionnelle
à l'Esprit de vérité et d'amour qui leur a été donné
au prix de la croix et de la mort de ton Fils.

Ô toi qui as toujours voulu servir ! Toi qui te fais la servante,
comme Mère de toute la famille des enfants de Dieu,
obtiens à l'Église, comblée par l'Esprit saint
de la plénitude des dons hiérarchiques et charismatiques,
d'avancer avec constance vers l'avenir dans la voie
de ce renouveau qui vient de ce que dit l'Esprit saint
et qui a trouvé une nouvelle expression
dans l'enseignement de Vatican II ;
que dans ce travail de renouvellement,
l'Église assume tout ce qui est vrai et bon,
sans se laisser entraîner dans une autre direction,

mais qu'elle discerne avec soin parmi les signes des temps
ce qui est utile à l'avènement du royaume de Dieu.

Ô Mère des hommes et des peuples,
tu connais toutes leurs souffrances et leurs espoirs,
tu perçois, en vraie mère, toutes les luttes
entre le bien et le mal, entre la lumière et les ténèbres
qui agitent le monde, accueille le cri que nous adressons
directement à ton cœur, dans l'Esprit saint,
et embrasse de tout ton amour de mère
et de servante du Seigneur les peuples
qui attendent le plus ce baiser ainsi que les peuples
dont tu attends plus particulièrement qu'en toi ils se confient.
Prends sous ta maternelle protection la famille humaine
tout entière que, dans un élan d'amour, ô Mère,
nous te confions.
Que vienne pour tous le temps de la paix et de la liberté,
le temps de la vérité, de la justice et de l'espérance.

Ô toi qui, en raison du mystère de ta singulière sainteté
qui as été exempte de toute tâche
dès le moment de ta conception, ressens de façon
particulièrement profonde
combien « toute la création souffre et gémit...
dans les douleurs de l'enfantement » (Rm 8,22),
« soumise qu'elle est au pouvoir du néant »,
tout en « nourrissant l'espoir d'être, elle aussi,
libérée de l'esclavage de la corruption » (Rm 8,20-21),
nous te demandons de coopérer sans relâche
à la « révélation des fils de Dieu »
que « la création elle-même attend avec impatience » (Rm 8,19),
pour entrer, elle aussi, dans la liberté de leur joie (cf. Rm 8,21).

Ô Mère de Jésus, glorifiée maintenant au ciel
dans ton corps et dans ton âme,
toi, l'image et l'origine de l'Église qui trouvera
son accomplissement dans le siècle à venir,
ne cesse pas de briller sur cette terre,
jusqu'à ce que vienne le jour du Seigneur (cf. 2 P 3,10),
comme un signe d'espérance
pour le peuple de Dieu en marche (cf. *Lumen gentium*, 68).

Esprit saint qui es Dieu et qui, avec le Père et le Fils,
es adoré et glorifié ! Reçois ces paroles d'humble confiance
que nous t'adressons dans le cœur de Marie de Nazareth,
ton épouse, et la Mère du Rédempteur,
elle que l'Église aussi nomme sa Mère,
parce que depuis le cénacle, au jour de la Pentecôte,
c'est d'elle qu'elle a appris sa propre vocation de Mère !
Reçois ces paroles de l'Église en marche,
ces mots de fatigue et de joie, de peur et d'espérance,
ces mots qui sont l'expression de notre confiance
humble mais assurée, ces mots par lesquels l'Église
qui t'a été confiée à toi, Esprit du Père et du Fils,
au cénacle, au jour de la Pentecôte et pour toujours,
ne cesse de répéter avec toi,
en s'adressant à son époux divin : viens !

« L'Esprit et l'épouse disent au Seigneur Jésus, viens »
(Cf. Ap 22,17). « Ainsi l'Église universelle apparaît
comme un peuple uni de l'unité du Père et du Fils
et de l'Esprit saint » (*Lumen gentium*, 4).
Ainsi répétons-nous aujourd'hui : « Viens »,
en nous confiant à ta maternelle intercession,
ô clémente, ô aimante, ô douce Vierge Marie.

LE 13 MAI 1982, JEAN-PAUL II EST À FATIMA (PORTUGAL) POUR LE PREMIER ANNIVERSAIRE DE L'ATTENTAT DONT IL A ÉTÉ VICTIME SUR LA PLACE SAINT-PIERRE À ROME. À CETTE OCCASION, IL PRONONCE UN ACTE D'OFFRANDE ET DE CONSÉCRATION À MARIE. CE TEXTE SERA REPRIS PAR LE PAPE À PLUSIEURS OCCASIONS, NOTAMMENT, AVEC DE LÉGÈRES MODIFICATIONS, AU COURS DE L'ANNÉE SAINTE DE LA RÉDEMPTION DE 1983.

Toute la famille humaine

« Sous l'abri de ta miséricorde, nous nous réfugions,
sainte Mère de Dieu ! » (« *Sub tuum praesidium confugimus,*
sancta Dei Genetrix ! ») En prononçant les paroles
de cette antienne avec laquelle l'Église du Christ prie
depuis des siècles, je me trouve aujourd'hui en ce lieu
choisi par toi, et par toi, ô Mère, particulièrement aimé.

Je suis ici, en union avec tous les pasteurs de l'Église par ce lien
particulier qui fait que nous constituons un corps et un collège,
de la même manière que, selon la volonté du Christ,
les apôtres étaient unis à Pierre.

C'est dans le lien de cette unité que je prononce les paroles
du présent acte, dans lequel je désire rassembler
encore une fois les espoirs et les angoisses de l'Église
dans le monde de ce temps.

Il y a quarante ans – puis à nouveau dix ans plus tard –,
ton serviteur le pape Pie XII, ayant devant les yeux
les douloureuses expériences de la famille humaine,
a *confié et consacré à ton cœur immaculé*
le monde entier, et spécialement les peuples
qui étaient, d'une manière particulière,
l'objet de ton amour et de ta sollicitude.
Ce *monde des hommes et des nations,*

je l'ai moi aussi devant les yeux aujourd'hui,
au moment où je désire renouveler l'offrande
et la consécration accomplies par mon prédécesseur
sur le siège de Pierre : le monde du second millénaire
qui va se terminer, le monde contemporain,
notre monde actuel !

Se souvenant des paroles du Seigneur :
« Allez... de toutes les nations faites des disciples...
Et moi, je suis avec vous tous les jours
jusqu'à la fin du monde » (Mt 28,19-20),
l'Église a renouvelé, au concile Vatican II,
la conscience de *sa mission en ce monde.*

C'est pourquoi, *ô Mère des hommes et des peuples*,
toi qui « connais toutes leurs souffrances et leurs espoirs »,
toi qui ressens d'une façon maternelle toutes les luttes
entre le bien et le mal, entre la lumière et les ténèbres,
qui secouent le monde contemporain,
reçois l'appel que, comme mus par l'Esprit saint,
nous adressons directement à ton cœur,
et avec ton *amour* de Mère et de Servante,
embrasse notre monde humain que nous t'offrons
et te consacrons, pleins d'inquiétude pour le sort terrestre
et éternel des hommes et des peuples.

Nous t'offrons et te consacrons d'une manière spéciale
les hommes et *les nations*
qui ont particulièrement besoin de cette offrande
et de cette consécration.

« Sous l'abri de ta miséricorde, nous nous réfugions,

Sainte Mère de Dieu ! » *Ne rejette pas nos prières*
alors que nous sommes dans l'épreuve !
Ne les rejette pas !
Accepte notre humble confiance – et notre offrande !
« Dieu a tant aimé le monde qu'il a donné son Fils unique :
ainsi tout homme qui croit en lui ne périra pas,
mais il obtiendra la vie éternelle » (Jn 3,16).

C'est précisément cet amour qui a fait que le Fils de Dieu
s'est consacré lui-même pour tous les hommes :
« Pour eux je me consacre moi-même, afin qu'ils soient,
eux aussi, consacrés dans la vérité » (Jn 17,19).

En vertu de cette consécration, les disciples
de tous les temps sont appelés à se dépenser
pour le salut du monde, à ajouter quelque chose
aux souffrances du Christ en faveur de son Corps
qui est l'Église (cf. 2 Co 12,15 ; Col 1,24).

Devant toi, Mère du Christ, devant ton cœur immaculé,
je veux aujourd'hui, avec toute l'Église, m'unir
à notre Rédempteur en sa consécration pour le monde
et pour les hommes, car c'est seulement dans son cœur divin
qu'elle a le pouvoir d'obtenir le pardon
et de procurer la réparation.

La puissance de cette consécration
dure dans tous les temps, elle embrasse tous les hommes,
peuples et nations,
elle surpasse tout mal que l'esprit des ténèbres est capable
de réveiller dans le cœur de l'homme et dans son histoire,
et que, de fait, il a réveillé à notre époque.

À cette consécration de notre Rédempteur s'unit l'Église,
Corps mystique du Christ,
par le service du successeur de Pierre.

Combien profondément nous sentons le besoin
de consécration pour l'humanité et pour le monde,
pour notre monde contemporain,
dans l'unité du Christ lui-même !
À l'œuvre rédemptrice du Christ, en effet,
doit participer le monde par l'intermédiaire de l'Église.

Alors, quel mal nous fait tout ce qui, dans l'Église
et en chacun de nous, s'oppose à la sainteté
et à la consécration !
et quel mal suscite en nous le fait que l'invitation
à la pénitence, à la conversion, à la prière,
n'ait pas rencontré l'accueil qu'elle aurait dû !

Quel mal nous procure le fait que beaucoup participent
si froidement à l'œuvre de la Rédemption du Christ !
Et que d'une manière si insuffisante
se complète en notre chair
« ce qu'il reste à souffrir des épreuves du Christ » (Col 1,24) !

Bénies soient donc toutes les âmes qui obéissent à l'appel
de l'amour éternel ! Bénis soient ceux qui, jour après jour,
avec une inépuisable générosité, accueillent ton invitation,
ô Mère, à faire ce que dit ton Jésus (cf. Jn 2,5), et donnent
à l'Église et au monde un témoignage serein
de vie inspirée par l'Évangile !
Bénie sois-tu par-dessus tout, toi, la servante du Seigneur
qui obéis de la manière la plus pleine à ce divin appel !

Sois saluée, toi qui t'es *entièrement unie*
à la consécration rédemptrice de ton Fils !

Mère de l'Église ! Enseigne au peuple de Dieu les chemins
de la foi, de l'espérance, et de la charité !
Aide-nous à vivre avec toute la vérité
de la consécration du Christ pour toute la famille humaine
du monde contemporain !

En te confiant, ô Mère, le monde, tous les hommes
et tous les peuples, *nous te confions* aussi
la consécration même pour le monde
et nous la mettons dans ton cœur maternel.

Ô cœur immaculé ! Aide-nous à vaincre la menace du mal
qui s'enracine si facilement dans le cœur des hommes
d'aujourd'hui et qui, avec ses effets incommensurables,
pèse sur notre époque
et semble fermer les voies vers l'avenir !

De la faim et de la guerre, délivre-nous !
De la guerre nucléaire, d'une autodestruction incalculable,
de toutes les sortes de guerre, *délivre-nous !*

Des péchés contre la vie de l'homme
depuis ses premiers moments, *délivre-nous !*

De la haine et de la dégradation
de la dignité des fils de Dieu,
délivre-nous !

De tous les genres d'injustice dans la vie sociale,
nationale et internationale, *délivre-nous !*

De la facilité avec laquelle on piétine
les commandements de Dieu, *délivre-nous !*

De la tentative d'enterrer dans les cœurs humains
la vérité même de Dieu, *délivre-nous !*

Des péchés contre l'Esprit saint, *délivre-nous ! Délivre-nous !*

Accueille, ô Mère du Christ,
ce cri chargé de la souffrance de tous les hommes !
Chargé de la souffrance de sociétés entières !

Que se révèle encore une fois dans l'histoire du monde
la puissance infinie *de l'amour miséricordieux !*
Qu'il arrête le mal ! Qu'il transforme les consciences !
Que dans ton cœur immaculé se manifeste pour tous
la *lumière de l'Espérance !*

LE 13 MAI 1983, SUR LE PARVIS DE LA PLACE SAINT-PIERRE À ROME, ENTOURÉ DES PÈRES DU SYNODE DES ÉVÊQUES, LE PAPE RENOUVELLE LA CONSÉCRATION FAITE À FATIMA LE 13 MAI 1982.

Délivre-nous, libère-nous

« Sous ta protection, nous cherchons refuge,
sainte Mère de Dieu ! »
Ô Mère des hommes et des peuples, toi
qui « connais toutes leurs souffrances et leurs espérances »,
toi qui ressens maternellement toutes les luttes
entre le bien et le mal, entre la lumière et les ténèbres,
qui ébranlent le monde contemporain,
accueille le cri que nous adressons directement à ton cœur,
comme mus par l'Esprit saint, et embrasse,
avec l'amour de la mère et de la servante, notre monde humain
que nous te confions et te consacrons, pleins d'anxiété
pour la destinée terrestre et éternelle des hommes et des peuples.

Tout spécialement, nous te confions et te consacrons
ces hommes et ces nations qui ont un besoin particulier
d'être ainsi confiés et consacrés.

« Sous ta protection nous cherchons refuge,
sainte Mère de Dieu ! »

Ne méprise pas nos supplications dans l'épreuve
où nous sommes. Ne méprise pas !
Accueille notre humble confiance, notre remise entre tes mains !

« Dieu a tant aimé le monde, jusqu'à donner son Fils unique
pour que quiconque croit en lui ne meure pas,
mais qu'il ait la vie éternelle » (Jn 3,16).

C'est précisément cet amour qui a fait que le Fils de Dieu
se soit consacré lui-même :
« Pour eux je me consacre moi-même,
afin qu'ils soient eux aussi consacrés dans la vérité »
(Jn 17,19).

En vertu de cette consécration, les disciples de tous les temps
sont appelés à s'engager pour le salut du monde,
à ajouter quelque chose aux souffrances du Christ
pour son corps qui est l'Église (cf. 2 Co 12,15 ; Col 1,24).

Devant toi, Mère du Christ, devant ton cœur immaculé,
je désire aujourd'hui, en union avec toute l'Église,
m'unir à notre Rédempteur dans sa consécration
pour le monde et les hommes,
qui seule dans son cœur divin a la puissance
capable d'obtenir le pardon et d'assurer la réparation.

La puissance de cette consécration
dure à travers tous les temps et embrasse tous les hommes,
les peuples et les nations,
et domine tout le mal que l'esprit des ténèbres est capable
de répandre dans le cœur de l'homme
et que, de fait, il a répandu dans notre temps.

À cette consécration de notre Rédempteur,
par le service du successeur de Pierre,
s'unit l'Église, corps mystique du Christ.
Oh ! combien nous ressentons profondément le besoin
de consécration pour l'humanité et pour le monde :
pour le monde contemporain, dans l'unité
avec le Christ lui-même ! L'œuvre rédemptrice du Christ,

en effet, doit être communiquée au monde
par le moyen de l'Église. Oh ! comme nous souffrons,
par conséquent, de tout ce qui, dans l'Église
et en chacun de nous, s'oppose à la sainteté
et à la consécration ! Combien nous souffrons
de ce que l'invitation à la pénitence, à la conversion,
à la prière n'ait pas trouvé l'accueil qu'elle méritait !

Combien nous souffrons de ce que beaucoup participent
si froidement à l'œuvre rédemptrice du Christ
et que se complète si peu dans notre chair
« ce qui manque aux souffrances du Christ » !

Que soient donc bénies toutes les âmes qui obéissent
à l'appel de l'amour éternel ! Que soient bénis
ceux qui, jour après jour, avec une inépuisable générosité
accueillent ton invitation, ô Mère, à faire
ce que dit ton Jésus et donnent à l'Église et au monde
le témoignage serein d'une vie inspirée par l'Évangile.

Sois bénie par-dessus toutes choses, toi, servante du Seigneur,
qui as obéi de la façon la plus pleine à l'appel divin !

Sois saluée, toi qui es *entièrement unie*
à la consécration rédemptrice de ton Fils !
Mère de l'Église ! Éclaire le Peuple de Dieu sur les chemins
de la foi, de l'espérance et de la charité ! Aide-nous à vivre
dans toute la vérité de la consécration du Christ
pour l'entière famille humaine du monde contemporain.

En te confiant, ô Mère, le monde, tous les hommes, tous
les peuples, nous te confions aussi la consécration elle-même

pour le monde, nous la plaçons dans ton cœur maternel.
Ô cœur immaculé ! Aide-nous à vaincre la menace du mal,
qui si facilement s'enracine dans les cœurs des hommes
d'aujourd'hui, et dont les effets incommensurables
pèsent déjà sur notre génération
et semblent fermer les voies de l'avenir !

De la faim et de la guerre, libère-nous !
De la guerre nucléaire, d'une autodestruction incalculable,
de toute sorte de guerre, libère-nous !
Des péchés contre la vie de l'homme dès son aube, libère-nous !

De la haine et de l'avilissement de la dignité des fils de Dieu,
libère-nous !
De toute sorte d'injustice nationale et internationale,
libère-nous !
De la facilité avec laquelle sont foulés aux pieds
les commandements de Dieu, libère-nous !

Des péchés contre le Saint-Esprit, libère-nous !
Libère-nous !

Accueille, ô Mère du Christ,
ce cri chargé de la souffrance de tous les hommes !
Chargé de la souffrance de sociétés entières !

Que se révèle encore une fois dans l'histoire du monde
l'infinie puissance de l'amour miséricordieux !
Qu'il arrête le mal ! Qu'il transforme les consciences !
Que dans ton cœur immaculé s'éveille pour tous
la lumière de l'espérance !

VOYAGE AU PORTUGAL, EN 1991. LE PAPE VIENT UNE NOUVELLE FOIS À FATIMA LE 13 MAI, DATE DU DIXIÈME ANNIVERSAIRE DE L'ATTENTAT DE LA PLACE SAINT-PIERRE. À CETTE OCCASION, IL PRONONCE UN « ACTE DE CONSÉCRATION À LA VIERGE ».

Mère de l'espérance, chemine avec nous !

« *Sainte Mère du Rédempteur,*
Porte du ciel, étoile de la mer,
Secours ton peuple qui aspire à se redresser ! »
Une fois de plus, nous nous adressons à toi,
Mère du Christ et Mère de l'Église,
agenouillés à tes pieds ici, à Cova da Iria,
pour te remercier de tout ce que tu as fait
en ces années difficiles
pour l'Église, pour chacun d'entre nous
et pour l'humanité tout entière.

« *Monstra te esse matrem !* »
Combien de fois t'avons-nous invoquée,
et aujourd'hui nous sommes là pour te remercier.
Car, toujours, tu nous as écoutés.
Tu as montré que tu es notre Mère :
Mère de l'Église, missionnaire à travers les routes
de la terre qui se prépare au troisième millénaire chrétien ;
Mère des hommes, pour la constante protection
qui nous a délivrés de tragédies
et de destructions irréparables et a favorisé le progrès
et les conquêtes sociales de notre temps.
Mère des nations, en raison des changements inattendus
qui ont rendu la confiance aux peuples
longuement opprimés et humiliés ;
Mère de la vie, à cause des multiples signes

avec lesquels tu nous as accompagnés en nous protégeant
contre le mal et le pouvoir de la mort ;
Ma tendre mère de toujours,
mais tout particulièrement en ce 13 mai 1981,
où j'ai senti près de moi ta présence salvatrice,
Mère de tout homme en lutte pour la vie
qui ne meurt pas,
Mère de l'humanité rachetée par le sang du Christ,
Mère de l'amour parfait, de l'espérance et de la paix,
Sainte Mère du Rédempteur.

« Monstra te esse matrem ! »
Oui, continue à te montrer mère pour tous,
car le monde a besoin de toi.
Les situations nouvelles des peuples et de l'Église
sont encore précaires et instables.
Le danger existe de remplacer le marxisme
par une autre forme d'athéisme,
qui, adulant la liberté, tend à détruire les racines
de la morale humaine et chrétienne.
Mère de l'espérance, chemine avec nous !
Chemine avec l'homme de cette fin de siècle,
avec l'homme de toutes races et cultures,
de tout âge et condition.
Chemine avec les peuples vers la solidarité et l'amour,
Chemine avec les jeunes,
protagonistes d'un avenir de paix.
Elles ont besoin de toi, les nations
qui viennent de recouvrer leur espace vital de liberté
et sont aujourd'hui engagées dans la construction
de leur avenir. Elle a besoin de toi, l'Europe
qui, de l'est à l'ouest, ne peut retrouver

sa véritable identité sans redécouvrir
ses communes racines chrétiennes.
Il a besoin de toi, le monde, pour résoudre les nombreux
et violents conflits qui le menacent encore.

« Monstra te esse matrem ! »
Montre que tu es la mère des pauvres,
de ceux qui meurent de faim et sans aide dans la maladie,
de ceux qui souffrent des injustices et des affronts,
de ceux qui ne trouvent ni travail, ni maison, ni abri,
de ceux qui sont opprimés et exploités,
de ceux qui désespèrent ou cherchent en vain
le repos loin de Dieu.
Aide-nous à défendre la vie, reflet de l'amour divin,
aide-nous à la défendre toujours,
depuis son aurore jusqu'à son couchant naturel.
Montre-toi la *mère de l'unité et de la paix.*
Que cessent partout la violence et l'injustice,
que croissent dans les familles la concorde et le dialogue,
que règnent sur la terre la paix, la vraie paix !
Vierge Marie, donne au monde le Christ, notre paix !
Que les peuples ne creusent pas de nouveaux fossés
de haine et de vengeance ;
que le monde ne cède pas à l'illusion d'un faux bien-être
qui avilit la dignité de la personne et compromet à jamais
les ressources de la création.
Montre-toi la *mère de l'espérance.*
Veille sur le chemin qui nous attend encore.
Veille sur les hommes et sur les nouvelles situations
des peuples encore menacés par les risques de guerre.
Veille sur les responsables des nations
et sur tous ceux qui dirigent les destins de l'humanité.

Veille sur l'Église toujours tentée par l'esprit du monde.
Veille en particulier sur la prochaine assemblée spéciale
du synode des évêques, importante étape sur le chemin
de la nouvelle évangélisation en Europe.
Veille sur le ministère de Pierre,
au service de l'Évangile et de l'homme,
en marche vers les nouveaux objectifs
de l'action missionnaire de l'Église.
Totus tuus !

Dans une unité collégiale avec les pasteurs,
en communion avec le peuple de Dieu
tout entier répandu aux quatre coins de la terre,
aujourd'hui encore je te renouvelle
la consécration filiale du genre humain.
À toi, avec confiance, nous nous consacrons tous.
Avec toi, nous voulons suivre le Christ,
Rédempteur de l'homme :
Que la fatigue ne nous abatte pas,
que la lassitude ne nous décourage pas,
que les difficultés n'éteignent pas le courage,
ni la tristesse la joie du cœur.
Ô Marie, Mère du Rédempteur, continue à montrer
que tu es mère pour tous, veille sur notre chemin,
fais que nous voyions, pleins de joie,
ton Fils dans le ciel. Amen.

SUR LA PLACE SAINT-PIERRE DE ROME, LE 8 OCTOBRE 2000, LE SAINT-PÈRE PRONONCE UN « ACTE DE CONFIANCE EN LA SAINTE VIERGE MARIE » À L'OCCASION DU JUBILÉ DES ÉVÊQUES DEVANT LA STATUE DE NOTRE-DAME DE FATIMA, AMENÉE AU VATICAN POUR L'OCCASION.

À toi, nous confions notre marche...

« Femme, voici ton fils ! » (Jn 19,26).
Tandis qu'arrive à son terme l'année jubilaire,
au cours de laquelle toi, ô Mère, tu nous as offert
à nouveau Jésus, le fruit béni de ton sein très pur,
le Verbe fait chair, le Rédempteur du monde,
ces paroles : « Femme, voici ton fils ! »
se font pour nous particulièrement douces,
paroles qui nous renvoient à toi,
te constituant notre mère.
En te confiant l'apôtre Jean,
et avec lui les fils de l'Église, et même tous les hommes,
le Christ, loin d'atténuer son rôle exclusif de sauveur
du monde, le confirmait. Tu es la splendeur
qui n'ôte rien à la lumière du Christ,
car tu existes en lui et par lui.
En toi, tout est « *fiat* » : tu es l'Immaculée,
tu es transparence et plénitude de grâce.
Voici donc tes enfants rassemblés autour de toi,
à l'aube du nouveau millénaire.
Aujourd'hui, par la voix du successeur de Pierre,
à laquelle s'unit celle de nombreux pasteurs
rassemblés ici de toutes les parties du monde,
l'Église cherche à se réfugier sous ta protection
maternelle et implore avec confiance
ton intercession face aux défis de l'avenir.

En cette année de grâce, de nombreuses personnes
ont vécu, et vivent actuellement,
la joie surabondante de la miséricorde
que le Père nous a donnée dans le Christ.
Dans les Églises particulières répandues
à travers le monde, et plus encore ici au centre
de la chrétienté, les catégories les plus diverses
de personnes ont accueilli ce don. Ici même,
l'enthousiasme des jeunes a retenti, ici même s'est élevé
le cri implorant des malades. Ici même sont venus
des prêtres et des religieux, des artistes et des journalistes,
des travailleurs et des hommes de science, des enfants
et des adultes, et tous ont reconnu dans ton Fils bien-aimé
le Verbe de Dieu, fait chair en ton sein.
Obtiens pour nous, ô Mère, par ton intercession,
que les fruits de cette année ne soient pas perdus,
et que les germes de grâce se développent
jusqu'à la pleine mesure de la sainteté,
à laquelle nous sommes tous appelés.

Aujourd'hui, nous voulons te confier l'avenir
qui nous attend, te demandant de nous accompagner
sur le chemin. Nous sommes les hommes et les femmes
d'une époque extraordinaire, aussi exaltante que riche
de contradictions. Aujourd'hui, l'humanité possède des moyens
de puissance inouïe : elle peut faire de ce monde
un jardin, ou le réduire à un amas de cendres.
Elle a acquis des capacités extraordinaires d'intervention
sur les sources mêmes de la vie : elle peut en user
pour le bien, dans le cadre de la loi morale,
ou bien céder à l'orgueil aveugle d'une science
qui n'accepte pas de limites, au point de bafouer

le respect dû à tout être humain.
Aujourd'hui plus que jamais,
l'humanité est à une croisée de chemins.
Et, une fois encore, le salut est entièrement et seulement,
ô Vierge sainte, dans ton Fils Jésus.

C'est pourquoi, ô Mère, comme l'apôtre Jean,
nous voulons te recevoir chez nous (cf. Jn 19,27),
pour que tu nous apprennes à nous conformer à ton Fils.
« Femme, voici tes fils ! » Nous sommes ici,
devant toi, pour confier à tes soins maternels
nous-mêmes, l'Église, le monde entier.
Implore pour nous ton Fils bien-aimé,
afin qu'il nous donne en abondance l'Esprit saint,
l'Esprit de vérité qui est source de vie.
Accueille-le pour nous et avec nous,
comme au temps de la première communauté de Jérusalem,
rassemblée autour de toi le jour de la Pentecôte (cf. Ac 1,14).
Que l'Esprit ouvre les cœurs à la justice et à l'amour,
qu'il conduise les personnes et les nations
à la compréhension réciproque
et à une ferme volonté de paix.
Nous te confions tous les hommes, à commencer
par les plus faibles : les enfants non encore venus au jour
et ceux qui sont nés dans des conditions
de pauvreté et de souffrance,
les jeunes à la recherche de sens,
les personnes privées de travail
et celles qui sont éprouvées par la faim et la maladie.
Nous te confions les familles désagrégées,
les personnes âgées privées d'assistance
et tous ceux qui sont seuls et sans espérance.

Ô Mère, Toi qui connais les souffrances et les espérances
de l'Église et du monde, assiste tes enfants
dans les épreuves quotidiennes que la vie réserve à chacun
et fais que, grâce aux efforts de tous,
les ténèbres ne l'emportent pas sur la lumière.
À toi, aurore du salut, nous confions notre marche
dans le nouveau millénaire, afin que, sous ta conduite,
tous les hommes découvrent le Christ,
lumière du monde et unique sauveur,
qui règne avec le Père et l'Esprit saint
pour les siècles des siècles. Amen.

Prières avec les saints et les bienheureux

DU 19 AU 21 AOÛT 1989, JEAN-PAUL II EST EN ESPAGNE POUR LES IVes JOURNÉES MONDIALES DE LA JEUNESSE. À LA FIN DE SON DISCOURS LE PREMIER JOUR DEVANT LA CATHÉDRALE DE SAINT-JACQUES DE COMPOSTELLE, IL ADRESSE UNE PRIÈRE À « MONSIEUR SAINT JACQUES ».

Avec toi, saint Jacques, apôtre et pèlerin

(à saint Jacques)

Ô saint Jacques !
Me voici à nouveau auprès de ton tombeau,
dont je m'approche aujourd'hui, en pèlerin
de tous les chemins du monde
pour honorer ta mémoire et implorer ta protection.
Je viens de la Rome lumineuse et éternelle,
jusqu'à toi qui te fis pèlerin sur les traces du Christ
et proclamas son nom et sa parole
aux frontières de l'univers.
Je viens de l'entourage de Pierre,
et, comme son successeur, je t'apporte,
à toi qui es, avec lui, une colonne de l'Église,
le baiser fraternel qui vient des siècles
et le chant qui résonne, ferme et apostolique,
dans la catholicité.

Monsieur saint Jacques,
une marée de jeunes m'accompagne,
née des sources de tous les pays de la terre.
La voici maintenant, unie et dans la paix devant toi,
avide de rafraîchir sa foi à l'exemple vibrant de ta vie.
Nous sommes venus jusqu'à ces portes bénies
en un courageux pèlerinage,
nous sommes venus, immergés dans cette immense foule
qui depuis le fond des siècles

a conduit les fidèles jusqu'à Compostelle,
dont tu es le pèlerin et l'hôte, l'apôtre et le patron.
Et nous venons à toi aujourd'hui
pour faire ensemble le chemin.
Nous marchons vers la fin d'un millénaire
que nous voulons marquer au sceau du Christ.
Nous marchons plus loin,
jusqu'au début d'un nouveau millénaire
que nous voulons inaugurer au nom de Dieu ;
Monsieur saint Jacques,
nous avons besoin pour notre pèlerinage
de ton ardeur et de ton intrépidité.
Nous sommes venus pour te les demander
jusqu'à « cette fin des terres ».
De tes voyages apostoliques,
enseigne-nous, apôtre et ami du Seigneur,
le CHEMIN qui mène à lui.
Ouvre-nous, prédicateur des Espagnes,
à la VÉRITÉ apprise de la bouche du Maître.
Donne-nous, témoin de l'Évangile,
la force de toujours aimer la VIE.
Patron des pèlerins, prends la tête
de notre pèlerinage de jeunes chrétiens.
Et tout comme les peuples sont venus autrefois
jusqu'à toi, viens avec nous marcher
à la rencontre de tous les peuples.
Avec toi, saint Jacques, apôtre et pèlerin,
nous voulons enseigner
aux peuples d'Europe et du monde
que le Christ est – aujourd'hui et pour toujours –
le CHEMIN, la VÉRITÉ et la VIE.

DANS L'HOMÉLIE DE LA MESSE DU JUBILÉ DES TRAVAILLEURS, CÉLÉBRÉ À ROME LE 1er MAI 2000, JEAN-PAUL II CONFIE CES DERNIERS À L'INTERCESSION DE SAINT JOSEPH LEUR PATRON ET À LA VIERGE MARIE.

Bénis, Seigneur, le travail de l'homme...

(à saint Joseph)

À saint Joseph, travailleur et homme juste,
et à sa très sainte épouse, Marie,
je confie votre jubilé, vous tous et toutes vos familles.

« Bénis, Seigneur, l'ouvrage de nos mains ! »
Bénis, Seigneur des siècles et des millénaires,
le travail quotidien par lequel l'homme et la femme
gagnent leur pain pour eux-mêmes
et ceux qui leur sont chers.
À tes mains paternelles, nous offrons aussi
les fatigues et les sacrifices liés au travail,
en union avec ton Fils Jésus, qui a racheté
le travail humain du joug du péché
et l'a ramené à sa dignité originelle.
À toi la louange et la gloire, aujourd'hui et à jamais.
Amen.

LE 31 DÉCEMBRE 1980, JEAN-PAUL II PROCLAME LES SAINTS CYRILLE ET MÉTHODE PATRONS DE L'EUROPE, AUX CÔTÉS DE SAINT BENOÎT. LE 14 FÉVRIER 1981, LE PAPE PÉNÈTRE DANS LA BASILIQUE SAINT-CLÉMENT, À ROME, OÙ, SELON LA TRADITION, SAINT CYRILLE A ÉTÉ ENSEVELI. LÀ, IL INVOQUE LES DEUX FRÈRES PATRONS DE L'EUROPE.

Ô vous qui avez rapproché des peuples...

(à saint Cyrille et saint Méthode)

Ô saints Cyrille et Méthode,
qui, avec un admirable dévouement,
avez apporté la foi aux peuples assoiffés de vérité
et de lumière : faites que l'Église tout entière
proclame toujours le Christ crucifié et ressuscité,
Rédempteur de l'homme !

Ô saints Cyrille et Méthode,
qui, dans votre dur et difficile apostolat missionnaire,
êtes toujours restés profondément attachés
à l'Église de Constantinople et au Siège romain de Pierre :
faites que les deux Églises sœurs, l'Église catholique
et l'Église orthodoxe, ayant surmonté dans la charité
et la vérité les éléments de division,
puissent bientôt atteindre la pleine union souhaitée !

Ô saints Cyrille et Méthode,
qui, dans un sincère esprit de fraternité,
avez rapproché les peuples différents pour porter à tous
le message d'amour universel prêché par le Christ :
faites que les peuples du continent européen,
conscients de leur commun patrimoine chrétien,
vivent dans le respect réciproque des justes droits

et dans la solidarité, et soient des artisans de paix
parmi toutes les nations du monde !

Ô saints Cyrille et Méthode,
qui, poussés par l'amour du Christ,
avez tout quitté pour servir l'Évangile,
protégez l'Église de Dieu :
moi-même, successeur de Pierre sur le Siège romain,
les évêques, les prêtres, les religieux, les religieuses,
les missionnaires, hommes et femmes, les pères, les mères,
les jeunes, les enfants, les pauvres, les malades, les souffrants ;
que chacun de nous, là où la Providence divine l'a placé,
soit un digne « ouvrier » de la moisson du Seigneur.

QUELQUES JOURS APRÈS SON ÉLECTION, LE SAINT-PÈRE DÉSIRE VÉNÉRER LES DEUX PATRONS DE L'ITALIE, SAINT FRANÇOIS D'ASSISE ET SAINTE CATHERINE DE SIENNE. LE 5 NOVEMBRE 1978, IL SE REND À ASSISE. DANS SON DISCOURS PRONONCÉ DEPUIS LA LOGGIA DU COUVENT DES FRANCISCAINS, IL S'ADRESSE À SAINT FRANÇOIS.

Aide-nous à rapprocher le Christ de notre temps !

(à saint François d'Assise)

Toi qui as si bien rapproché le Christ de ton époque,
aide-nous à rapprocher le Christ de notre époque,
de notre temps difficile et critique ! Aide-nous !
Notre temps a soif du Christ, bien que beaucoup,
actuellement, ne s'en rendent pas compte.
Nous arrivons bientôt à l'an deux mille après le Christ.
Est-ce que ce ne sera pas un temps qui nous préparera
à une renaissance du Christ, à un nouvel Avent ?
Chaque jour, dans la prière eucharistique,
nous exprimons notre attente, tournée vers lui seul,
notre Rédempteur et Sauveur,
vers lui qui est l'accomplissement
de l'histoire de l'homme et du monde.

Aide-nous, saint François d'Assise,
à rapprocher le Christ de l'Église
et du monde d'aujourd'hui !

Toi qui as porté dans ton cœur les vicissitudes
de tes contemporains, aide-nous à embrasser,
avec un cœur tout proche du cœur du Rédempteur,
les soucis des hommes de notre époque :
les difficiles problèmes sociaux, économiques,

politiques, les problèmes de la culture et de la civilisation
contemporaines, toutes les souffrances de l'homme
d'aujourd'hui, ses doutes, ses négations, ses déviations,
ses tensions, ses complexes, ses inquiétudes...
Aide-nous à traduire tout cela en un langage évangélique
simple et porteur de fruits. Aide-nous à tout résoudre
en référence à l'Évangile, afin que le Christ lui-même
puisse être « le Chemin, la Vérité, la Vie »
pour l'homme de notre temps.

Voilà ce que te demande,
ô saint fils de l'Église, ô fils de la terre italienne,
le pape Jean Paul II, fils de la terre polonaise.
Il espère que tu ne le lui refuseras pas, mais que tu l'aideras,
toi qui as toujours été bon et t'es toujours empressé
d'aider tous ceux qui se sont adressés à toi.

LE 19 OCTOBRE 1997, AU COURS D'UNE MESSE SUR LA PLACE SAINT-PIERRE, JEAN-PAUL II PROCLAME SAINTE THÉRÈSE DE L'ENFANT-JÉSUS DOCTEUR DE L'ÉGLISE. À LA FIN DE L'HOMÉLIE, IL A PRONONCÉ CETTE PRIÈRE D'ACTION DE GRÂCE.

Nous te rendons grâce pour la sagesse donnée...

(à sainte Thérèse de l'Enfant-Jésus)

Oui, ô Père, nous te bénissons avec Jésus (cf. Mt 11,25),
car tu as caché tes secrets « aux sages et aux savants »,
et tu les as révélés à cette « petite »,
que tu proposes aujourd'hui à nouveau
à notre attention et comme un exemple à imiter.

Nous te rendons grâce pour la sagesse que tu lui as donnée,
en faisant d'elle un témoin particulier
et une maîtresse de vie pour toute l'Église !

Nous te rendons grâce pour l'amour
que tu as répandu en elle,
et qui continue à éclairer et à réchauffer les cœurs,
en les menant vers la sainteté !

Le désir que Thérèse exprima de « passer son Ciel à faire
du bien sur la terre » (*Œuvres complètes*, p. 1050)
continue à s'accomplir de façon merveilleuse.

Nous te rendons grâce, ô Père, car aujourd'hui,
à un nouveau titre, tu la rends proche de nous,
pour la louange et la gloire de ton nom,
pour les siècles des siècles. Amen !

LE 16 JUIN 2002 A LIEU SUR LA PLACE SAINT-PIERRE DE ROME, DEVANT UNE FOULE IMPOSANTE, LA CANONISATION DE PIO DE PIETRELCINA (PADRE PIO). LE SAINT-PÈRE TERMINE SON HOMÉLIE EN ADRESSANT AU NOUVEAU SAINT CETTE PRIÈRE.

Humble et bien-aimé Padre Pio...

« Je te bénis, Père, Seigneur du ciel et de la terre...
de l'avoir révélé aux tout-petits » (Mt 11,25).
Comme ces paroles de Jésus apparaissent appropriées lorsqu'on les applique à ta personne, humble et bien-aimé Padre Pio.

Nous te prions de nous enseigner à nous aussi l'humilité du cœur, afin de pouvoir être comptés au nombre des tout-petits de l'Évangile, auxquels le Père a promis de révéler les mystères de son Royaume.

Aide-nous à prier sans jamais nous lasser, assurés que Dieu connaît ce dont nous avons besoin, avant encore que nous le demandions.

Obtiens pour nous d'avoir un regard de foi capable de reconnaître immédiatement chez les pauvres et les personnes qui souffrent le visage même de Jésus.

Soutiens-nous à l'heure du combat et de l'épreuve et, si nous chutons, fais en sorte que nous fassions l'expérience de la joie du sacrement du pardon.

Communique-nous ta tendre dévotion à l'égard de Marie, Mère de Jésus et notre Mère.

Accompagne-nous dans le pèlerinage terrestre vers la patrie bienheureuse, où nous espérons parvenir nous aussi afin de contempler pour l'éternité la Gloire du Père, du Fils et de l'Esprit saint, Amen !

À LA SUITE DES JOURNÉES MONDIALES DE LA JEUNESSE DE TORONTO (2002), JEAN-PAUL II PART POUR LE MEXIQUE. DANS LA BASILIQUE NOTRE-DAME DE GUADALUPE À MEXICO, IL PRÉSIDE LE 31 JUILLET LA MESSE DE CANONISATION DE JUAN DIEGO, LE VOYANT DE LA VIERGE DE GUADALUPE. À LA FIN DE L'HOMÉLIE, IL CONFIE LE PEUPLE MEXICAIN À L'INTERCESSION DU NOUVEAU SAINT, « SIMPLE ET HUMBLE INDIEN QUI CONTEMPLA LE VISAGE DOUX ET SEREIN DE LA VIERGE DE TEPEYAC ».

Heureux Juan Diego, homme fidèle et authentique !

Béni soit Juan Diego, Indien bon et chrétien, que le peuple simple a toujours considéré comme un vrai saint ! Nous te demandons d'accompagner l'Église en pèlerinage au Mexique, afin qu'elle soit chaque jour, et toujours plus, évangélisatrice et missionnaire. Encourage les évêques, soutiens les prêtres, suscite de nouvelles et saintes vocations, aide tous ceux qui offrent leur vie pour la cause du Christ et pour la diffusion de son Royaume.

Heureux Juan Diego, homme fidèle et authentique ! Nous te confions nos frères et sœurs laïcs, afin que, se sentant appelés à la sainteté, ils diffusent l'esprit évangélique dans tous les domaines de la vie sociale. Bénis les familles, soutiens les époux dans leur mariage, encourage les efforts des parents en vue d'éduquer leurs enfants de façon chrétienne.
Regarde avec bienveillance la douleur de tous ceux qui souffrent dans leur corps et dans l'esprit, de tous ceux qui souffrent de la pauvreté, de la solitude, de la marginalisation ou de l'ignorance. Que tous, gouvernants et gouvernés, agissent toujours selon les exigences de la justice et le respect de la dignité de tout homme, afin que se consolide la véritable paix.

Bien-aimé Juan Diego, « l'aigle qui parle » ! Enseigne-nous le chemin qui conduit à la Virgen Morena de Tepeyac, afin qu'elle nous accueille dans l'intimité de son cœur, car elle est la mère amoureuse et pleine de compassion qui conduit jusqu'au vrai Dieu. Amen !

AU COURS DE SON VOYAGE AU CANADA EN 1984, JEAN-PAUL II SE RECUEILLE LE 10 SEPTEMBRE À L'ORATOIRE SAINT-JOSEPH, DE MONTRÉAL. SUR LA TOMBE DU BIENHEUREUX FRÈRE ANDRÉ BESSETTE, FONDATEUR DU SANCTUAIRE, IL ADRESSE CES PAROLES À SAINT JOSEPH ET AU FRÈRE ANDRÉ.

Apprenez-nous la confiance dans la prière...

(à saint Joseph et au bienheureux frère André)

Saint Joseph, avec toi, pour toi,
nous bénissons le Seigneur.

Il t'a choisi entre tous les hommes pour être le chaste
époux de Marie, celui qui se tient au seuil du mystère
de sa maternité divine et qui, après elle, l'accueille
dans la foi comme l'œuvre du Saint-Esprit.

Tu as donné à Jésus une paternité légale
en lien avec la lignée de David.

Tu as constamment veillé sur la Mère et l'Enfant,
avec une sollicitude affectueuse, pour assurer leur vie
et leur permettre d'accomplir leur destinée.

Le Sauveur Jésus a daigné se soumettre à toi,
comme à un père, durant son enfance et son adolescence,
et recevoir de toi l'apprentissage de la vie humaine,
pendant que tu partageais sa vie
dans l'adoration de son mystère.

Tu demeures auprès de lui.
Protège spécialement ce peuple canadien
qui s'est placé sous ton patronage.
Aide-le à s'approcher à son tour du mystère du Christ
dans les dispositions de foi, de soumission et d'amour
qui ont été les tiennes.

Regarde les besoins spirituels et matériels
de tous ceux qui recourent à ton intercession,
en particulier des familles et des pauvres
de toutes pauvretés : par toi, ils sont sûrs de rejoindre
le regard maternel de Marie
et la main de Jésus qui les secourt.

Et toi, bienheureux frère André Bessette,
portier du collège et gardien de cet oratoire,
ouvre à l'Espérance tous ceux qui continuent
à solliciter ton aide.

Apprends-leur la confiance dans la vertu de la prière
et, avec elle, le chemin de la conversion et des sacrements.

Que par toi et par saint Joseph, Dieu continue à répandre
ses bienfaits sur la congrégation de Sainte-Croix,
sur tous ceux qui fréquentent cet oratoire,
sur la cité de Montréal, sur le peuple du Québec,
sur tout le peuple canadien et sur l'Église entière.

AU COURS D'UNE CÉLÉBRATION À SAINT-PIERRE DE ROME LE 4 OCTOBRE 1981, JEAN-PAUL II PROCÈDE À CINQ BÉATIFICATIONS. PARMI LES NOUVEAUX BIENHEUREUX, DEUX FRANÇAIS, ALAIN DE SOLMINIHAC, QUI FUT ÉVÊQUE DE CAHORS, ET CLAUDINE THÉVENET, FONDATRICE DE LA CONGRÉGATION DE JÉSUS-MARIE. LE PAPE DANS SON HOMÉLIE INVOQUE LES BIENHEUREUX.

Priez pour tous les peuples...

Ô bienheureux Alain de Solminihac,
Ô bienheureux Luigi Scrosoppi,
Ô bienheureux Riccardo Pampuri,
Ô bienheureuse Claudine Thévenet,
Ô bienheureuse Maria Repetto,
priez la très Sainte Trinité pour vos patries terrestres
pour qu'elles vivent en sereine concorde !
Priez pour vos familles religieuses,
pour qu'elles donnent à la société d'aujourd'hui
un joyeux témoignage de leur consécration à Dieu !
Priez pour l'Église qui chemine sur la terre,
pour qu'elle soit toujours le signe et l'instrument
de l'union intime avec Dieu
et de l'unité de tout le genre humain !
Priez pour tous les peuples, pour qu'ils aient entre eux
des rapports de justice et de paix.
Ô nouveaux bienheureux et bienheureuses, priez pour nous.
Amen.

LE 4 JUIN 1995, À BRUXELLES (BELGIQUE), JEAN-PAUL II BÉATIFIE LE PÈRE DAMIEN DE VEUSTER, APÔTRE DES LÉPREUX DANS LES ÎLES DU PACIFIQUE. AU COURS DE L'HOMÉLIE, LE PAPE S'ADRESSE À LUI.

Tu t'es laissé conduire...

(au bienheureux Damien)

Bienheureux Damien,
tu t'es laissé conduire par l'Esprit saint,
en fils obéissant à la volonté du Père.
Par ta vie et par ton œuvre missionnaire,
tu manifestes la tendresse et la miséricorde du Christ
pour tout homme, lui dévoilant la beauté de son être
intérieur, qu'*aucune maladie, qu'aucune difformité*
ni que nulle faiblesse ne peuvent totalement défigurer.
Par ton action et par ta prédication,
tu rappelles que Jésus a pris sur lui la pauvreté
et la souffrance des hommes,
et qu'il en a révélé la valeur mystérieuse.

Intercède auprès du Christ, médecin des corps et des âmes,
pour nos frères et sœurs, afin que, dans les angoisses
et les douleurs, ils ne se sentent pas abandonnés,
mais, unis au Seigneur ressuscité et à son Église,
qu'ils découvrent que l'Esprit saint vient les visiter,
et qu'ils obtiennent ainsi la consolation
promise aux affligés.

LA VENUE DU PAPE À PARIS EN 1997, POUR LES JOURNÉES MONDIALES DE LA JEUNESSE, EST L'OCCASION POUR LUI DE PROCÉDER LE 22 AOÛT À NOTRE-DAME DE PARIS À LA BÉATIFICATION DE FRÉDÉRIC OZANAM, COFONDATEUR DES CONFÉRENCES DE SAINT-VINCENT DE PAUL. JEAN-PAUL II, APRÈS AVOIR RAPPELÉ QUE « MOI-MÊME COMME ÉTUDIANT, AVANT LA DEUXIÈME GUERRE MONDIALE, JE FAISAIS PARTIE DE L'UNE D'ENTRE ELLES », ADRESSE AU NOUVEAU BIENHEUREUX UNE PRIÈRE TRÈS PERSONNELLE.

Voilà ma route !

(au bienheureux Frédéric Ozanam)

L'Église confirme aujourd'hui
le choix de vie chrétienne fait par Ozanam
ainsi que le chemin qu'il a emprunté. Elle lui dit :

Frédéric, ta route a été vraiment
la route de la sainteté. Plus de cent ans ont passé,
et voici le moment opportun pour redécouvrir ce chemin.
Il faut que tous ces jeunes, presque de ton âge,
qui sont rassemblés si nombreux à Paris,
venant de tous les pays d'Europe et du monde,
reconnaissent que cette route est aussi la leur. Il faut
qu'ils comprennent que, s'ils veulent être des chrétiens
authentiques, ils doivent prendre ce même chemin.
Qu'ils ouvrent mieux les yeux de leur âme
aux besoins si nombreux des hommes d'aujourd'hui.
Qu'ils comprennent ces besoins comme des défis.
Que le Christ les appelle, chacun par son nom,
afin que chacun puisse dire : voilà ma route !
Dans les choix qu'ils feront, ta sainteté, Frédéric,
sera particulièrement confirmée. Et ta joie sera grande.
Toi qui vois déjà de tes yeux celui qui est amour,
sois aussi un guide sur tous les chemins
que ces jeunes choisiront, en suivant aujourd'hui ton exemple !

EN JUIN 1988, JEAN-PAUL II EST EN AUTRICHE. PENDANT CE VOYAGE, IL SE RECUEILLE À MAUTHAUSEN (LE 24 JUIN), ET ÉVOQUE LES BIENHEUREUX MARTYRS DES CAMPS NAZIS.

Christ de tant de souffrances

(aux martyrs des camps nazis)

Christ ! *Christ de tant de souffrances,*
d'humiliations et de destructions humaines.
Christ crucifié et ressuscité.
En un lieu – un parmi tant d'autres –
qui ne peuvent être effacés de l'histoire de notre siècle,
moi, l'évêque de Rome et successeur de ton apôtre Pierre,
je t'implore : demeure parmi nous.
Demeure et continue de vivre parmi nous
dans les temps à venir.
Demeure et continue de vivre parmi nous !
Où irions-nous ? Tu as des paroles de vie
que la mort n'a pas assombries, n'a pas détruites...
Tu as les paroles de la vie éternelle (cf. Jn 6,68).
Bienheureux *Marcel Callo,* martyr de Mauthausen,
Bienheureuse sœur *Thérèse Bénédicte de la Croix,* Édith Stein,
et saint *Maximilien Kolbe,*
vous martyrs loués et vénérés d'Auschwitz,
priez pour tous ceux qui ont été torturés et maltraités
dans ces lieux de la mort !
Priez pour toutes les victimes d'une injuste violence,
hier et aujourd'hui – priez aussi pour leurs bourreaux !
Jésus Christ, Agneau de Dieu, prends pitié d'eux tous,
prends pitié de nous tous.

Prières pour
les prêtres
et les personnes
consacrées

CHAQUE ANNÉE, DEPUIS LE DÉBUT DE SON MINISTÈRE PONTIFICAL, LE SAINT-PÈRE ADRESSE UNE LETTRE AUX PRÊTRES POUR MANIFESTER SA COMMUNION SPIRITUELLE AVEC EUX. EN 1982, IL VEUT QUE CETTE LETTRE, PUBLIÉE LE JEUDI SAINT (25 MARS), SOIT ENTIÈREMENT UNE PRIÈRE « DICTÉE PAR LA FOI ET NÉE AU FOND DE [SON] CŒUR ». DANS SON INTRODUCTION, LE PAPE ÉCRIT : « PUISSE CHACUN DE VOUS "RAVIVER EN LUI LE DON DE DIEU REÇU PAR L'IMPOSITION DES MAINS" (CF. 2 TM 1,6) ET ÉPROUVER AVEC UNE INTENSITÉ RENOUVELÉE LA JOIE D'ÊTRE TOTALEMENT DONNÉ AU CHRIST ! ».

Nous sommes nés, ô Christ, au cours de la dernière cène !

Nous nous tournons vers toi, Christ du cénacle et du Calvaire, en ce jour qui est la fête de notre sacerdoce. Nous nous tournons vers toi, nous tous évêques et prêtres, réunis dans les assemblées sacerdotales de nos Églises et tous associés en même temps dans l'unité universelle de l'Église sainte et apostolique.

Le Jeudi saint est *le jour où est né notre sacerdoce.*
C'est en ce jour que tous nous sommes nés.
Comme un fils naît du sein de sa mère,
ainsi nous sommes nés, ô Christ,
de ton sacerdoce unique et éternel.
Nous sommes nés dans la grâce et dans la force
de l'Alliance nouvelle et éternelle, nous sommes nés du corps
et du sang de ton sacrifice rédempteur :
du corps qui est « donné pour nous » (cf. Lc 22,19)
et du sang qui est « répandu pour nous tous » (cf. Mt 26,28).

Nous sommes nés au cours de la dernière cène
et, en même temps, au pied de la croix sur le Calvaire :
là où se trouve la *source* de la vie nouvelle
et de tous les sacrements de l'Église,
là aussi se trouve l'origine de notre sacerdoce.

Et, par ailleurs, nous sommes nés,
en même temps que tout le peuple de Dieu
de la nouvelle Alliance, dont toi, le bien-aimé du Père
(cf. Col 1,13), tu as fait « un royaume
et des prêtres pour Dieu ton Père » (cf. Ap 1,6).

Nous avons été appelés comme *serviteurs* de ce peuple
qui, devant les tabernacles éternels du Dieu trois fois saint,
présente ses « sacrifices spirituels » (1 P 2,5).

Le sacrifice eucharistique est « la source et le sommet
de toute la vie chrétienne » (*Lumen gentium*, 11).
C'est un sacrifice unique qui comprend tout.
C'est le bien le plus grand de l'Église. C'est sa vie.

Nous te rendons grâce, ô Christ,
- Parce que tu nous as choisis toi-même,
nous associant d'une manière spéciale à ton sacerdoce
et nous marquant d'un caractère indélébile
qui rend chacun d'entre nous capable d'offrir ton sacrifice
comme le sacrifice de tout le peuple :
un sacrifice de réconciliation dans lequel tu t'offres
toi-même de façon incessante au Père,
offrant aussi en toi l'homme et le monde ;
- Parce que tu nous as faits ministres de l'eucharistie
et de ton pardon, participant à ta mission évangélisatrice,
serviteurs du peuple de Nouvelle Alliance.

Seigneur Jésus Christ !
Lorsque, le Jeudi saint, tu as dû te séparer
de ceux que tu avais « aimés jusqu'au bout » (cf. Jn 13,1),
tu leur as promis l'esprit de vérité.

Tu as dit : « C'est votre intérêt que je m'en aille,
car si je ne m'en vais pas, le défenseur ne viendra pas
à vous ; mais si je pars, je vous l'enverrai » (Jn 16,7).

Tu es parti par la croix,
en te faisant « obéissant jusqu'à la mort » (Ph 2,8)
et « en te dépouillant toi-même » (Ph 2,7)
à cause de l'amour dont tu nous as aimés jusqu'au bout ;
ainsi, après ta résurrection, *l'Esprit saint a été donné
à l'Église*, lui qui est venu « habiter »
en elle « pour toujours » (cf. Jn 14,16).

C'est l'Esprit saint qui, « par la vertu de l'Évangile,
rajeunit l'Église et la renouvelle sans cesse,
l'acheminant à l'union parfaite » avec toi
(cf. *Lumen gentium*, 4).

Consciens, comme nous le sommes tous,
d'avoir reçu par l'Esprit saint –
agissant en vertu de ta croix et de ta résurrection –
le sacerdoce ministériel pour servir la cause
du salut des hommes dans ton Église,
– Nous implorons aujourd'hui, en ce jour si saint pour nous,
le renouveau continuel de ton sacerdoce dans l'Église,
grâce précisément à ton Esprit qui doit « rajeunir »,
à chaque époque de l'histoire, ton Épouse si chère ;
– Nous demandons que chacun de nous retrouve en son cœur
et confirme sans cesse par sa vie le sens authentique
que comporte sa vocation sacerdotale personnelle
pour lui-même comme pour tous les hommes,
– Afin que, d'une façon toujours plus mûre,
il voie avec les yeux de la foi

la véritable dimension et la beauté du sacerdoce,
– Afin qu'il continue à remercier pour le don de la vocation
comme pour une grâce non méritée,
– Afin que, dans une continuelle action de grâce,
il s'affermisse dans la fidélité à ce saint don
qui oblige d'autant plus qu'il est totalement gratuit.

Nous te remercions de nous avoir modelés sur toi
comme ministres de ton sacerdoce, en nous appelant à édifier
ton corps, l'Église, non seulement par l'administration
des sacrements, mais aussi, et tout d'abord, par *l'annonce
de ton « Message de salut »* (Ac 13,26), en nous faisant
participer à ta responsabilité de pasteur.

Nous te remercions d'avoir eu confiance en nous
malgré notre faiblesse et notre fragilité humaines,
en déposant au fond de nous-mêmes par le baptême
l'appel à la perfection qu'il faut acquérir jour après jour
et la grâce qui y correspond.

Nous demandons de savoir toujours
accomplir nos engagements sacrés
comme l'exigent le cœur pur et la conscience droite.
*Que « jusqu'au bout » nous soyons fidèles à toi
qui nous as aimés « jusqu'au bout »* (cf. Jn 13,1) !

Que jamais ne trouvent accès en nos âmes les courants
de pensée qui diminuent l'importance du sacerdoce ministériel,
les opinions et les tendances qui atteignent la nature même
de la sainte vocation et du service auquel toi, ô Christ,
tu nous appelles dans ton Église.

Lorsque, le Jeudi saint, en instituant l'eucharistie et le sacerdoce,
tu as quitté ceux que tu avais aimés jusqu'au bout,
tu leur as promis le nouveau « défenseur » (Jn 14,16).
Fais que ce défenseur – « l'Esprit de vérité » (Jn 14,17) –
soit avec nous en nous apportant ses dons !
Que soient avec nous la sagesse et l'intelligence, la science
et le conseil, la force, la pitié et la crainte de Dieu,
afin que nous sachions toujours discerner
ce qui vient de toi, et le distinguer
de ce qui provient de « l'esprit du monde » (1 Co 2,12),
ou même du « prince de ce monde » (Jn 16,11) !

Empêche-nous de *« contrister » ton Esprit* (cf. Ep 4,30) ;
– Par notre peu de foi et notre manque de disponibilité
à témoigner de ton Évangile
« en actes et en vérité » (1 Jn 3,18) ;
– Par le « sécularisme » et le désir « de nous conformer
à tout prix à la mentalité du monde présent » (Rm 12,2) ;
– Par le manque, finalement, de la charité
qui « est patiente et serviable », qui « ne se vante pas »
et « ne cherche pas son intérêt », qui « supporte tout,
fait confiance en tout, espère tout, endure tout »,
de la charité « qui trouve sa joie dans ce qui est vrai »,
et seulement dans ce qui est vrai (1 Co 13,4-7).

Empêche-nous de « contrister » ton Esprit,
– Par tout ce qui apporte tristesse intérieure
et qui fait trébucher l'âme :
– Par ce qui fait naître les complexes
et cause les ruptures avec les autres,
– Par ce qui fait de nous un terrain préparé
pour toute tentation,

– Par ce qui se manifeste comme une volonté de cacher
son sacerdoce aux yeux des hommes
et d'en éviter tout signe extérieur,
– Par ce qui, finalement, peut entraîner la tentation de fuite
sous le prétexte du « droit à la liberté ».

Oh ! Fais que nous n'appauvrissions pas la plénitude
et la richesse de notre liberté
que nous avons ennoblie et réalisée en nous donnant à toi
et en acceptant le don du sacerdoce !

Fais que nous ne détachions pas notre liberté de toi
à qui nous devons le don de cette grâce ineffable !

Empêche-nous de « contrister » ton Esprit !
Accorde-nous d'aimer de l'amour dont ton Père
a « aimé le monde », lorsqu'il a donné « son Fils unique
afin que tout homme qui croit en lui ne périsse pas
mais obtienne la vie éternelle » (Jn 3,16).

Aujourd'hui, en ce jour où tu as toi-même promis
à ton Église l'Esprit de vérité et d'amour, nous tous,
en union avec ceux qui, durant la dernière cène,
ont, les premiers, reçu de toi la consigne
de célébrer l'eucharistie, nous crions :
« Envoie ton Esprit... et renouvelle la face de la terre »
(Ps 103 [104], 30), y compris de cette terre sacerdotale
que tu as rendue fertile par le sacrifice du corps et du sang
que chaque jour tu renouvelles par nos mains sur les autels,
dans la vigne de ton Église.

Aujourd'hui, tout nous parle de l'amour
dont « tu as aimé l'Église pour laquelle tu t'es livré,
afin de la rendre sainte » (cf. Ep 5,25-26).

Par l'amour rédempteur de ta donation définitive,
tu as fait de l'Église ton Épouse, en la conduisant
sur les chemins de ses expériences terrestres,
pour la préparer aux « noces éternelles de l'Agneau »
(cf. Ap 19,7) « dans la maison du Père » (cf. Jn 14,2).

Cet amour nuptial du Rédempteur, cet amour sauveur
de l'Époux, rend fructueux tous les « dons hiérarchiques
et charismatiques » dont l'Esprit saint munit l'Église
et par lesquels il la dirige (cf. *Lumen gentium*, 4).

Nous est-il permis, Seigneur, de douter de cet amour ?

Celui qui se laisse guider par une foi vive
dans le fondateur de l'Église peut-il douter de cet amour,
auquel l'Église doit toute sa vitalité spirituelle ?

Est-il permis de douter :
– Que tu peux et désires donner à ton Église
de vrais « intendants des mystères de Dieu » (cf. 1 Co 4,1),
et surtout de véritables ministres de l'eucharistie ?
– Que tu peux et désires réveiller dans les âmes
des hommes, spécialement des jeunes,
le charisme du service sacerdotal, tel qu'il a été accueilli
et réalisé dans la tradition de l'Église ?
– Que tu peux et désires réveiller dans ces âmes,
en même temps que l'aspiration au sacerdoce,
la disponibilité au don du célibat pour le Royaume des cieux,

comme des générations entières de prêtres
dans l'Église catholique en ont donné la preuve
dans le passé, et aujourd'hui encore ?

Est-il convenable, contrairement à ce qu'ont dit le récent
concile œcuménique et le synode des évêques,
de continuer à proclamer que l'Église devrait renoncer
à cette tradition et à cet héritage ?

N'est-il pas au contraire de notre devoir, à nous prêtres,
de vivre notre engagement avec générosité et dans la joie,
en contribuant, par notre témoignage et notre action,
à la diffusion de cet idéal ? N'est-ce pas notre tâche
de faire croître le nombre des futurs prêtres
au service du peuple de Dieu, en nous employant
de toutes nos forces à réveiller les vocations
et en soutenant l'action irremplaçable des séminaires,
où ceux qui sont appelés au sacerdoce ministériel
puissent se préparer de façon adéquate
au don total de soi au Christ ?

En cette méditation du Jeudi saint,
j'ose poser à mes frères de telles questions
– et elles vont très loin ! –
justement parce que ce jour sacré semble exiger de nous
une *sincérité totale et absolue en face de toi*,
prêtre éternel et bon pasteur de nos âmes !

Certes, nous sommes attristés de voir
que les années de l'après-concile, indubitablement riches
en ferments de bien, abondantes en initiatives édifiantes,
fécondes pour le renouveau spirituel de tous les membres

et secteurs de l'Église, ont vu, par ailleurs, naître
une crise et se manifester de nombreuses fissures.
Mais... pouvons-nous, quelle que soit la crise,
douter de ton amour, de cet amour dont tu as aimé l'Église
en te livrant pour elle ? (Cf. Ep 5,25).

Cet amour et la puissance de l'Esprit de vérité
ne sont-ils pas plus forts que toute faiblesse humaine,
même si cette faiblesse semblait l'emporter,
en allant jusqu'à prendre l'apparence de « progrès » ?

L'amour que tu donnes à l'Église
est toujours destiné à l'homme faible
et exposé aux conséquences de sa faiblesse.
Et pourtant, *tu ne renonces jamais à cet amour*
qui relève l'homme et l'Église, en imposant à l'un et à l'autre
des exigences précises.

Pouvons-nous « amoindrir » cet amour ?
Ne le réduisons-nous pas
toutes les fois que, à cause de la faiblesse de l'homme,
nous décrétons qu'il faut renoncer aux exigences qu'il impose ?

« Priez donc le maître de la moisson d'envoyer
des ouvriers pour la moisson... » (Mt 9,38).

Le Jeudi saint, jour où est né le sacerdoce de chacun de nous,
nous voyons avec les yeux de la foi toute l'immensité
de cet amour qui, dans le mystère pascal, t'a commandé
de devenir « obéissant jusqu'à mourir » ; et dans cette lumière
nous voyons mieux aussi notre indignité.

Nous éprouvons le besoin de dire, aujourd'hui plus que jamais :
« Seigneur, je ne suis pas digne. »

Vraiment, « nous sommes des *serviteurs inutiles* » (Lc 17,10).

Efforçons-nous toutefois de voir notre indignité
et notre « inutilité » avec une simplicité qui fasse de nous
des *hommes de grande espérance.*
« Et l'espérance ne déçoit pas,
puisque l'amour de Dieu a été répandu dans nos cœurs
par l'Esprit saint qui nous a été donné » (Rm 5,5).

Ce don est le fruit propre de ton amour.
Il est le fruit du cénacle et du Calvaire.

La foi, l'espérance et la charité : telle doit être la mesure
sur laquelle reposent nos jugements et nos initiatives.

Aujourd'hui, jour de l'institution de l'eucharistie,
nous te demandons, avec la plus grande humilité
et avec toute la ferveur dont nous sommes capables,
qu'elle soit célébrée sur toute la terre par les ministres
qui ont été appelés afin que ce saint sacrifice
et cet aliment spirituel *ne manquent à aucune communauté*
de tes disciples, de ceux qui proclament leur foi en toi.

L'eucharistie est surtout le don fait à l'Église, un don
ineffable. Le sacerdoce aussi est un don fait à l'Église,
en vue de l'eucharistie.

Aujourd'hui, lorsque l'on dit : la communauté a droit
à l'eucharistie, il faut rappeler d'une manière particulière

que tu as recommandé à tes disciples
de « prier le maître de la moisson d'envoyer des ouvriers
pour sa moisson » (Mt 9,38).

Si l'on ne « prie » pas avec ferveur, si l'on ne s'emploie pas
de toutes ses forces à ce que le Seigneur envoie
aux communautés de bons ministres de l'eucharistie,
peut-on, alors, affirmer avec une conviction intime
que « la communauté a droit »... ?

Si elle y avait droit..., alors elle aurait droit au don !
Et un don ne peut être traité comme s'il n'était pas un don.
Il faut prier sans cesse pour avoir ce don.
Il faut le demander à genoux.

Il faut donc – puisque l'eucharistie est le plus grand don
du Seigneur à l'Église – *demander des prêtres*,
car le sacerdoce, lui aussi, est un don fait à l'Église.

En ce Jeudi saint, réunis dans nos assemblées sacerdotales
avec les évêques, nous te prions, Seigneur :
fais que nous soyons toujours pénétrés
de la grandeur du don qu'est le sacrement
de ton corps et de ton sang.
Fais qu'en parfaite conformité avec l'économie de la grâce
et avec la loi du don, nous priions continuellement
« le maître de la moisson », et que notre invocation jaillisse
d'un cœur pur, ayant ainsi la simplicité
et la sincérité des vrais disciples. Et alors, toi, *Seigneur,
tu ne repousseras pas* notre supplication.

Nous devons crier vers toi d'une voix puissante,
comme l'exigent la grandeur de la cause

et l'éloquence des nécessités du temps.
C'est bien ainsi que nous crions, en te suppliant.

Cependant, nous en sommes bien conscients :
« Nous ne savons que demander
pour prier comme il faut » (Rm 8,26).
N'en est-il pas ainsi dès que nous touchons
à un problème qui nous dépasse ?
Et pourtant, c'est bien notre problème.
Il n'y en a pas d'autre qui nous concerne
autant que celui-là.

Le jour du Jeudi saint est notre fête.
Nous pensons en même temps aux champs
« qui se dorent pour la moisson » (Jn 4,35).

Et c'est pourquoi nous avons conscience que *l'Esprit viendra « au secours de notre faiblesse »*, lui qui « intervient
pour nous par des cris inexprimables » (Rm 8,26).

Car c'est toujours l'Esprit qui « rajeunit l'Église, et il la renouvelle
sans cesse, l'acheminant à l'union parfaite
avec son Époux » (*Lumen gentium*, 4).

Il ne nous est pas dit si ta *Mère* se trouvait au cénacle
du Jeudi saint. Toutefois, nous te prions spécialement
par son intercession. Qu'est-ce qui peut lui être plus cher
que le corps et le sang de son Fils confiés aux apôtres
dans le mystère eucharistique, le corps et le sang
que nos mains sacerdotales offrent sans cesse en sacrifice
pour la « vie du monde » (Jn 6,51) ?

C'est donc *par son intermédiaire* qu'aujourd'hui spécialement nous te rendons grâce ;
Par son intermédiaire aussi, nous demandons :
- Que, dans la puissance de l'Esprit saint,
notre sacerdoce se renouvelle ;
- Que vibre constamment en lui l'humble mais forte certitude de la vocation et de la mission ;
- Que croisse l'empressement à servir.
Ô Christ du cénacle et du Calvaire, accueille-nous tous,
nous les prêtres de l'an du Seigneur 1982,
et, par le mystère du Jeudi saint,
sanctifie-nous à nouveau ! Amen.

À LA SUITE DU SYNODE DES ÉVÊQUES DE 1990, LE SAINT-PÈRE PUBLIE L'EXHORTATION APOSTOLIQUE *PASTORES DABO VOBIS* (25 MARS 1992) SUR LA FORMATION DES PRÊTRES DANS LES CIRCONSTANCES ACTUELLES. LE DOCUMENT SE TERMINE PAR UNE INVOCATION À MARIE POUR LES PRÊTRES.

Accueille les appelés du Seigneur !

Marie,
Mère de Jésus Christ et Mère des prêtres,
reçois ce titre que nous te donnons
pour célébrer ta maternité
et contempler près de toi le Sacerdoce
de ton Fils et de tes fils,
sainte Mère de Dieu !

Mère du Christ,
tu as donné au Messie Prêtre son corps de chair
par l'onction de l'Esprit saint
pour le salut des pauvres
et des hommes au cœur contrit,
garde les prêtres dans ton cœur et dans l'Église,
Mère du Sauveur !

Mère de la foi,
tu as accompagné au Temple le Fils de l'homme,
accomplissement des promesses faites à nos pères,
confie au Père, pour sa gloire,
les prêtres de ton Fils,
Arche de l'Alliance !
Mère de l'Église,
au cénacle, parmi les disciples,
tu priais l'Esprit
pour le peuple nouveau et ses pasteurs,

obtiens à l'ordre des prêtres
la plénitude des dons,
Reine des apôtres !

Mère de Jésus Christ,
tu étais avec Lui au début de sa vie et de sa mission,
tu l'as cherché, Maître parmi la foule,
tu l'as assisté, élevé de terre,
consommé pour le sacrifice unique éternel,
et tu avais près de toi Jean, ton fils.
Accueille les appelés du Seigneur,
lors de leurs premiers pas sur leur chemin,
protège leur croissance,
accompagne dans la vie et dans le ministère
ceux qui sont tes fils,
ô toi, Mère des prêtres !
Amen !

DANS LA LETTRE AUX PRÊTRES DU JEUDI SAINT DE 1996 (17 MARS), LE PAPE JEAN-PAUL II, EN L'ANNÉE JUBILAIRE DE SON ORDINATION SACERDOTALE, REND GRÂCE À DIEU POUR LE DON DU SACERDOCE.

Ô Dieu, merci pour le don du sacerdoce

« *Te Deum laudamus, Te Dominum confitemur.* »
Ô Dieu, nous te louons et nous te rendons grâce :
toute la terre t'adore.

Nous, tes ministres, avec les voix des prophètes
et avec le chant des apôtres,
nous te proclamons Père et Seigneur de la vie,
de toute forme de vie, qui de toi seul descend.

Nous te reconnaissons, ô Trinité très sainte,
source et commencement de notre vocation.

Toi, Père, de toute éternité tu nous as pensés,
voulus et aimés ; toi, Fils, tu nous as choisis et appelés
à participer à ton unique et éternel sacerdoce ;
Toi, Esprit saint, tu nous as comblés de tes dons
et tu nous as consacrés par ta sainte onction.

Toi, Seigneur du temps et de l'histoire,
tu nous as placés au seuil
du troisième millénaire chrétien,
pour être témoins du salut que tu as réalisé
pour toute l'humanité.

Nous, Église qui proclame ta gloire, nous t'implorons :
que jamais ne viennent à manquer de saints prêtres
au service de l'Évangile ; que résonne solennellement

en toute cathédrale et en tout coin du monde
l'hymne *Veni, Creator Spiritus* : Viens, Esprit Créateur !

Viens susciter de nouvelles générations de jeunes,
prêts à travailler dans la vigne du Seigneur,
pour répandre le Royaume de Dieu
jusqu'aux extrémités de la terre.

Et toi, Mère du Christ, qui sous la Croix nous a accueillis
comme tes fils préférés avec l'apôtre Jean,
continue à veiller sur notre vocation.
Nous te confions les années de ministère
que la Providence nous accordera encore de vivre.
Sois à nos côtés pour nous guider
sur les routes du monde, à la rencontre des hommes
et des femmes que ton Fils a rachetés de son sang.
Aide-nous à accomplir jusqu'au bout la volonté de Jésus,
né de toi pour le salut de l'homme.

Ô Christ, tu es notre espérance ! *In Te, Domine,
speravi, non confundar in aeternum.*

AU COURS DE SON PÈLERINAGE JUBILAIRE EN TERRE SAINTE, LE SAINT-PÈRE CÉLÈBRE L'EUCHARISTIE AU CÉNACLE À JÉRUSALEM. C'EST DE CE LIEU SYMBOLIQUE QU'IL A ADRESSÉ AUX PRÊTRES SA LETTRE POUR LE JEUDI SAINT (23 MARS) DE L'AN 2000. IL LA CONCLUT EN REPRENANT LES PAROLES DE LA *DIDACHÈ*.

Comme ce pain rompu...

Il me plaît de conclure cette réflexion,
que je confie avec affection à votre cœur,
par les paroles d'une prière ancienne :

« Nous te rendons grâce, notre Père,
pour la vie et la connaissance
que tu nous as fait découvrir par Jésus, ton serviteur.
À toi la gloire pour les siècles.
Comme ce pain rompu,
qui était dispersé sur les montagnes et les collines,
a été rassemblé pour ne plus faire qu'un,
ainsi, que ton Église soit rassemblée
des extrémités de la terre dans ton Royaume. [...]
C'est toi, Maître tout-puissant,
qui as créé l'univers pour la gloire de ton nom,
qui as donné aux hommes nourriture et boisson
pour qu'ils en jouissent, afin qu'ils te rendent grâce.
Mais nous, tu nous as gratifiés
d'une nourriture et d'une boisson spirituelles
et de la vie éternelle, par ton serviteur. [...]
À toi la gloire pour les siècles ! » (*Didachè* IX, 3-4 ; X, 3-4).

Du cénacle, chers frères dans le sacerdoce,
je vous embrasse tous spirituellement
et je vous bénis de grand cœur.

DANS SON MESSAGE ANNUEL POUR LA JOURNÉE MONDIALE DES VOCATIONS DE 1992 (DATÉ DU 1er NOVEMBRE 1991), LE SAINT-PÈRE A SOUHAITÉ CONFIER PARTICULIÈREMENT À MARIE « LA GRANDE CAUSE DE LA VIE CONSACRÉE ».

Tu connais les luttes, les obstacles

Ô Vierge Marie, nous te recommandons notre jeunesse,
spécialement les jeunes appelés à suivre de plus près ton Fils.
Tu connais toutes les difficultés qu'ils doivent affronter,
toutes les luttes, tous les obstacles.
Aide-les à prononcer eux aussi leur « oui » à l'appel divin,
comme tu as fait à l'invitation de l'ange.
Attire-les près de ton cœur,
pour qu'ils puissent comprendre avec toi
la beauté et la joie qui les attendent,
quand le Tout-Puissant les appellera à son intimité,
pour les constituer témoins de son amour et les rendre
capables de réjouir l'Église par leur consécration.
Ô Vierge Marie, obtiens-nous de pouvoir nous réjouir
avec toi, en voyant que l'amour de ton Fils suscite accueil,
acceptation profonde et réponse. Obtiens-nous de voir aussi
se réaliser chez nos jeunes les merveilles
de la mystérieuse action de l'Esprit saint.

AU COURS DE SON VOYAGE EN FRANCE EN 1986, LE PAPE RENCONTRE LES RELIGIEUX ET LES RELIGIEUSES À LYON (LE 5 OCTOBRE), EN LA BASILIQUE DE FOURVIÈRE. À LA FIN DU DISCOURS QU'IL LEUR ADRESSE, IL SE TOURNE VERS LE CHRIST POUR LUI CONFIER TOUTES LES PERSONNES CONSACRÉES.

Être des signes parlant de ton amour…

Seigneur notre Dieu, donne à la présence visible et courageuse
des religieux dans le monde d'être signe parlant de ton amour.
Permets que, chez les disciples que tu as choisis
et établis dans la vie religieuse, la clarté de leur message,
le don sans retour de leurs personnes,
le désintéressement de leurs services,
leur fidélité dans la prière soient perçus
par des jeunes comme des appels de ta grâce.
Accorde aux instituts qui ont tant apporté à ton Église
de voir des vocations nombreuses les rejoindre
afin que soit poursuivie leur irremplaçable mission.

Seigneur Jésus Christ, donne à ceux
que tu as bien voulu appeler tes amis
de connaître en plénitude la joie que tu as promise :
la joie de te louer, la joie de servir leurs frères,
la joie de demeurer en ton amour.
À tous tes fils religieux, clercs et laïcs,
à tes filles religieuses, aux membres des instituts séculiers,
accorde, Seigneur, l'appui de ta grâce
et l'abondance des tes bénédictions !

À LA FIN DE L'EXHORTATION APOSTOLIQUE *VITA CONSECRATA*, PUBLIÉE LE 25 MARS 1996 À LA SUITE DU SYNODE DES ÉVÊQUES DE 1994 QUI AVAIT POUR THÈME « LA VIE CONSACRÉE ET SA MISSION DANS L'ÉGLISE ET DANS LE MONDE », LE SAINT-PÈRE S'ADRESSE À LA TRINITÉ SAINTE (TEXTE CI-DESSOUS) ET À MARIE (TEXTE P. 168).

Trinité sainte, comble de bonheur tes fils et tes filles...

Trinité sainte, bienheureuse et qui rends bienheureux,
comble de bonheur tes fils et tes filles
que tu as appelés à confesser la grandeur de ton amour,
de ta bonté miséricordieuse et de ta beauté.

Père saint, sanctifie les fils et les filles qui se sont consacrés à toi,
pour la gloire de ton nom. Par ta puissance, soutiens-les
pour qu'ils puissent témoigner que tu es l'origine de tout,
l'unique source de l'amour et de la liberté. Nous te remercions
pour le don de la vie consacrée qui, dans la foi, te cherche
et, dans sa mission universelle, invite toute l'humanité
à avancer vers toi.

Jésus Sauveur, Verbe incarné,
de même que tu as donné ta forme de vie
à ceux que tu as appelés, continue d'attirer à toi
des personnes qui, pour l'humanité de notre temps,
soient dépositaires de la miséricorde,
précurseurs de ton retour,
signes vivants des biens de la résurrection à venir.
Qu'aucune épreuve ne les sépare de toi ni de ton amour !

Esprit saint, amour répandu dans nos cœurs,
toi qui donnes grâce et inspiration aux âmes,

source éternelle de vie qui achèves la mission du Christ
par de nombreux charismes, nous te prions
pour toutes les personnes consacrées.
Remplis leurs cœurs de la certitude intérieure
d'avoir été choisies pour aimer, louer et servir.
Fais-leur goûter ton amitié, remplis-les de ta joie
et de ton réconfort, aide-les à dépasser les moments
de difficulté et à se relever avec confiance après les chutes,
fais d'elles le miroir de la beauté divine. Donne-leur
le courage de répondre aux défis de notre temps
et la grâce d'apporter aux hommes la bonté et l'humanité
de notre sauveur Jésus Christ (cf. Tt 3,4).

PRIÈRE QUE JEAN-PAUL II ADRESSE À MARIE À LA FIN DE VITA CONSECRATA (VOIR PRÉSENTATION P. 166).

Toi, empressée, accueillante

Marie, figure de l'Église, épouse sans ride et sans tache,
qui, en t'imitant « conserve virginalement une foi entière,
une espérance ferme, une charité sincère »,
soutiens les personnes consacrées qui tendent
vers la béatitude unique et éternelle.

À toi, Vierge de la Visitation, nous les confions,
afin qu'elles sachent se hâter à la rencontre des hommes
dans la nécessité, pour apporter de l'aide,
mais surtout pour apporter Jésus.
Apprends-leur à proclamer les merveilles
que le Seigneur accomplit dans le monde,
afin que tous les peuples magnifient son nom.
Soutiens-les dans leur travail en faveur des pauvres,
des affamés, des désespérés, des humbles
et de tous ceux qui cherchent ton Fils d'un cœur sincère.

Ô Mère, qui veux le renouveau spirituel et apostolique
de tes fils et de tes filles, par une réponse d'amour
et d'offrande totale au Christ, nous t'adressons notre prière
avec confiance. Toi qui as fait la volonté du Père,
empressée dans l'obéissance, courageuse dans la pauvreté,
accueillante dans ta féconde virginité,
obtiens de ton divin Fils que ceux qui ont reçu le don
de le suivre dans la vie consacrée sachent
lui rendre témoignage par une existence transfigurée,
en avançant joyeusement, avec tous leurs autres frères
et sœurs, vers la patrie céleste
et la lumière sans crépuscule.

Nous te le demandons, pour qu'en tous et en tout soit glorifié,
béni et aimé le Seigneur suprême de toutes choses,
qui est Père, Fils et Esprit saint.

Prières pour les vocations

CHAQUE ANNÉE, DANS SON MESSAGE POUR LA JOURNÉE MONDIALE POUR LES VOCATIONS, LE SAINT-PÈRE INVITE LE PEUPLE DE DIEU À PRIER AVEC LUI.

Donne à tous l'abondance de ta vie

Seigneur Jésus, Bon Pasteur, toi qui as offert ta vie
pour que tous aient la vie, donne-nous,
donne à la communauté des croyants
répandue dans le monde entier, l'abondance
de ta vie, et fais que nous soyons capables
d'en rendre témoignage et de la transmettre aux autres.

Seigneur Jésus, donne l'abondance de ta vie
à toutes les personnes qui te sont consacrées,
pour le service de l'Église,
fais que leur don total soit pour elles source de joie,
rends-les infatigables dans leur ministère, généreuses
dans leur sacrifice ; et que leur exemple permette à d'autres
d'ouvrir leur cœur pour entendre ton appel et te suivre.

Seigneur Jésus, donne l'abondance de ta vie aux familles
chrétiennes, afin que, ferventes dans la foi et le service ecclésial,
elles favorisent ainsi l'éclosion et le développement
de nouvelles vocations de personnes consacrées.

Seigneur Jésus, donne à tous l'abondance de ta vie,
spécialement aux jeunes que tu appelles à ton service ;
éclaire leur choix ; aide-les dans les difficultés ;
maintiens-les dans la fidélité ; qu'ils soient prêts, à ta suite,
à offrir courageusement leur vie,
afin que d'autres aient la vie.

(2 février 1982)

Multiplie les appels à ton service !

Seigneur Jésus, en cette année sainte où nous revivons
l'événement et le mystère de ton sacrifice rédempteur
pour le salut de l'humanité, écoute notre prière :

– Par ton Esprit, renouvelle ton Église
afin qu'elle puisse offrir au monde,
avec une fécondité croissante,
les fruits de ta Rédemption ;

– Par ton Esprit, fortifie dans leurs bonnes dispositions
ceux qui ont consacré leur vie à ton Église dans le presbytérat,
dans le diaconat, dans la vie religieuse,
dans les instituts missionnaires,
dans les autres formes de vie consacrée ;
toi qui les a appelés à ton service,
fais-en des coopérateurs parfaits de ton œuvre de salut.

– Par ton Esprit, multiplie les appels à ton service :
tu lis dans les cœurs et tu sais que beaucoup
sont disposés à te suivre et à travailler pour toi,
donne à beaucoup de jeunes et de moins jeunes
la générosité nécessaire pour accueillir ton appel,
la force pour accepter les renoncements qu'il exige,
la joie de porter la croix qui est inséparable de leur choix,
comme toi, le premier, tu l'as portée,
dans la certitude de la résurrection.

Nous te prions, Seigneur Jésus,
en même temps que ta très sainte Mère Marie,

qui a été si proche de toi à l'heure de ton sacrifice rédempteur ; par son intercession, nous te prions de faire que beaucoup d'entre nous, aujourd'hui encore, aient le courage et l'humilité, la fidélité et l'amour qu'il faut pour répondre « oui », comme elle a répondu lorsqu'elle fut appelée à collaborer avec toi dans ta mission de salut universel. Ainsi soit-il !

(2 février 1983)

Multiplie les ouvriers de l'Évangile !

Ô Jésus, Bon Pasteur,
accueille notre louange et notre humble remerciement
pour toutes les vocations que, par ton Esprit,
tu donnes continuellement à ton Église.
Assiste les évêques, les prêtres, les missionnaires
et toutes les personnes consacrées : fais qu'ils donnent
l'exemple d'une vie vraiment évangélique.
Rends forts et persévérants dans leur résolution
ceux qui se préparent au ministère sacré
et à la vie consacrée.
Multiplie les ouvriers de l'Évangile pour annoncer ton nom
à toutes les nations. Garde tous les jeunes
de nos familles et de nos communautés :
accorde-leur promptitude et générosité pour te suivre.
Tourne aujourd'hui encore ton regard sur eux et appelle-les.
Donne à tous les appelés la force de tout laisser
pour ne choisir que toi qui es l'amour.
Pardonne les non-correspondances et les infidélités
de ceux que tu as choisis.

Écoute, ô Christ, nos invocations par l'intercession
de Marie très sainte, ta mère et la reine des apôtres.
Elle qui, ayant cru et répondu généreusement,
a été la cause de notre joie, qu'elle accompagne
de sa présence et avec son exemple
ceux que tu appelles au service total de ton règne. Amen !

(11 février 1984)

Ton appel toujours actuel et pressant !

Dieu notre Père, nous te confions
les jeunes gens et les jeunes filles du monde,
avec leurs problèmes, aspirations et espérances.
Arrête sur eux ton regard d'amour
et rends-les artisans de paix
et constructeurs de la civilisation de l'amour.

Appelle-les à suivre Jésus, ton Fils.
Fais-leur comprendre qu'il vaut la peine
de donner entièrement sa vie pour toi et pour l'humanité.
Accorde générosité et promptitude dans la réponse.

Accueille, Seigneur, notre louange et notre prière
également pour les jeunes qui, à l'exemple de Marie,
Mère de l'Église, ont cru en ta parole
et se préparent aux ordres sacrés,
à la profession des conseils évangéliques,
à l'engagement missionnaire.
Aide-les à comprendre que l'appel que tu leur as adressé
est toujours actuel et pressant. Amen ! »

(25 janvier 1985)

Aide-nous à répondre oui !

Seigneur Jésus, comme tu as appelé un jour
les premiers disciples pour en faire des pêcheurs d'hommes,
de même continue à faire résonner aujourd'hui encore
ta douce invitation : « Viens et suis-moi ! »
Donne aux jeunes hommes et aux jeunes femmes
de répondre promptement à ton appel !

Soutiens dans leurs fatigues apostoliques nos évêques,
les prêtres, les personnes consacrées.
Accorde la persévérance à nos séminaristes
ainsi qu'à tous ceux qui vivent un idéal
de vie totalement consacrée à ton service.

Réveille dans nos communautés l'engagement missionnaire.
Envoie, Seigneur, des ouvriers à ta moisson
et ne permets pas que l'humanité se perde
par défaut de pasteurs, de missionnaires, de personnes
vouées à la cause de l'Évangile.

Marie, Mère de l'Église, modèle de toute vocation,
aide-nous à répondre « oui » au Seigneur qui nous appelle
à collaborer au dessein divin du salut. Amen.

(11 février 1987)

Par ton *fiat*

Nous nous tournons vers toi, Mère de l'Église.
Vers toi qui, par ton fiat, as ouvert la porte
à la présence du Christ dans le monde,
dans l'histoire et dans les âmes,
en accueillant dans un humble silence
et une totale disponibilité l'appel du Très-Haut.

Fais que de nombreux hommes et femmes sachent entendre,
encore aujourd'hui, la voix insistante de ton Fils :
« Suis-moi ! » Fais qu'ils trouvent le courage
de quitter leurs familles, leurs occupations,
leurs espérances terrestres et suivent le Christ
sur la voie qu'il leur trace.

Étends ta main maternelle sur les missionnaires
dispersés dans le monde entier, les religieux et les religieuses
qui assistent les personnes âgées, les malades,
les handicapés, les orphelins,
sur ceux qui sont engagés dans l'enseignement,
sur les membres des instituts séculiers,
ferments silencieux de bonnes œuvres,
sur ceux qui, derrière leur clôture, vivent
de foi et d'amour et intercèdent pour le salut du monde.

(16 octobre 1987)

Rends nos cœurs libres...

Esprit de vérité, qui es venu à nous le jour de la Pentecôte pour nous former à l'école du Verbe divin, remplis en nous la mission pour laquelle le Fils t'a envoyé.

Remplis tous les cœurs et suscite chez de nombreux jeunes l'aspiration à ce qui est authentiquement grand et beau dans la vie, le désir de la perfection évangélique, la passion pour le salut des âmes.

Soutiens les « ouvriers de la moisson »
et donne la fécondité spirituelle à leurs efforts
pour accomplir le bien.

Rends nos cœurs parfaitement libres et purs,
et aide-nous à vivre en plénitude
la marche à la suite du Christ,
pour goûter comme le don ultime venant de toi
la joie qui n'aura pas de fin. Amen !

(14 octobre 1989)

Ô Marie, ton écoute docile

Ô Jésus, Bon Pasteur de l'Église,
nous te confions nos catéchistes ;
sous la conduite des évêques et des prêtres,
qu'ils sachent mener tous ceux qui leur sont confiés
à la découverte de l'authentique signification
de la vie chrétienne comme vocation,
afin que, ouverts et attentifs à ta voix,
ils te suivent généreusement.

Bénis nos paroisses, transforme-les en communautés
vivantes, où la prière et la vie liturgique, l'écoute attentive
et fidèle de ta parole, la charité généreuse et féconde,
deviennent le terrain favorable
pour la naissance et le développement
d'une abondante moisson de vocations.

Ô Marie, Reine des apôtres, bénis les jeunes,
rends-les participants de ton écoute docile
de la voix de Dieu et aide-les à prononcer, comme toi,
leur « oui » généreux et inconditionnel
au mystère d'amour et d'élection
auquel le Seigneur les appelle.

(4 octobre 1990)

Suscite le courage de la réponse...

Seigneur Jésus Christ, Bon Pasteur de nos âmes,
toi qui connais tes brebis et sais comment rejoindre
le cœur de l'homme, ouvre l'esprit et le cœur
de ces jeunes qui cherchent et attendent
une parole de vérité pour leur vie ;
fais-leur comprendre que c'est seulement
dans le mystère de ton incarnation qu'ils trouveront
la pleine lumière ; réveille le courage de ceux
qui savent où chercher la vérité, mais craignent
que ta demande ne soit trop exigeante ;
mets en mouvement l'âme de ces jeunes
qui voudraient te suivre, mais qui ensuite ne savent pas
surmonter les incertitudes et les peurs,
et finissent par suivre d'autres voix
et d'autres sentiers sans débouché.

Toi qui es la Parole du Père,
Parole qui crée et qui sauve,
Parole qui illumine et qui soutient les cœurs, triomphe
par ton Esprit des résistances et des atermoiements
des âmes indécises ; suscite chez ceux que tu appelles
le courage de la réponse d'amour :
« Me voici, envoie-moi ! » (Is 6,8).

Vierge Marie, jeune fille d'Israël, soutiens
de ton amour maternel ces jeunes
à qui le Père fait entendre sa Parole ;
soutiens ceux qui sont déjà consacrés.
Qu'ils répètent avec toi le oui d'un don de soi-même
joyeux et irrévocable. Amen.

(8 septembre 1992)

Le oui aussi grand que ta vie...

Ô Vierge de Nazareth,
le « oui » que tu prononças dans ta jeunesse
a marqué ton existence et est devenu aussi grand
que ta vie elle-même.

Ô Mère de Jésus,
dans ton « oui » libre et joyeux et dans ta foi agissante,
de nombreuses générations et de nombreux éducateurs
ont trouvé inspiration et force pour accueillir
la parole de Dieu et accomplir sa volonté.

Ô Maîtresse de vie,
apprends aux jeunes à prononcer le « oui »
qui donne sa signification à l'existence et fait découvrir
le « nom » caché par Dieu au cœur de toute personne.

Ô Reine des apôtres,
donne-nous des éducateurs sages,
qui sachent aimer les jeunes et les faire grandir,
en les conduisant à la rencontre de la Vérité
qui rend libre et heureux. Amen !

(18 octobre 1994)

Montre la vérité qui rend libre...

Seigneur, tu as voulu sauver les hommes
et tu as fondé l'Église comme une communion de frères,
réunis dans ton Amour. Continue à passer
au milieu de nous et appelle ceux que tu as choisis
à être la voix de ton Esprit saint,
le ferment d'une société plus juste et plus fraternelle.
Obtiens-nous du Père céleste les guides spirituels
dont nos communautés ont besoin : de vrais prêtres
du Dieu vivant qui, illuminés de ta parole,
sachent parler de toi
et enseigner à parler avec Toi.

Fais croître ton Église au moyen d'une floraison
de consacrés qui te livrent tout pour que tu puisses
les sauver tous. Que nos communautés célèbrent
dans le chant et la louange l'eucharistie, avec action
de grâces à ta gloire et à ta bonté, et qu'elles sachent
aller sur les chemins du monde communiquer
la joie et la paix, dons précieux de ton salut.

Tourne, Seigneur, ton regard vers l'humanité entière
et manifeste ta miséricorde aux hommes et aux femmes
qui, dans la prière et la rectitude de leur vie,
te cherchent sans t'avoir encore rencontré :
montre-leur comme voie qui conduit au Père, la vérité
qui rend libre, la vie qui n'a pas de fin.
Donne-nous, Seigneur, de vivre dans ton Église
dans un esprit de fidèle service et de totale offrande,
afin que notre témoignage soit crédible et fécond. Amen !

(15 août 1995)

Donne courage à ceux que tu appelles

Père saint et « provident », tu es le Maître de la vigne
et de la moisson et tu donnes à chacun le travail
et sa juste récompense. Dans ton dessein d'amour,
tu appelles les hommes à collaborer avec toi
pour le salut du monde.

Nous te remercions pour Jésus Christ,
ta Parole vivante, qui nous a rachetés de nos péchés
et qui se trouve au milieu de nous
pour nous secourir dans notre pauvreté.

Conduis le troupeau auquel tu as promis la possession
du Royaume. Envoie de nouveaux ouvriers à ta moisson
et mets au cœur des pasteurs la fidélité à ton projet de salut,
la persévérance dans leur vocation et la sainteté de vie.

Christ Jésus, toi qui, sur les bords du lac de Galilée,
as appelé les apôtres et les as constitués fondement
de l'Église et porteurs de ton Évangile, soutiens
ton peuple en chemin dans cet aujourd'hui de l'Histoire.
Donne courage à ceux que tu appelles à te suivre
sur la voie du sacerdoce et de la vie consacrée,
afin qu'ils puissent féconder le champ de Dieu
par la sagesse de ta parole. Fais d'eux des instruments dociles
de ton amour dans le service quotidien de leurs frères.

Esprit de sainteté, qui répands tes dons
sur tous les croyants et tout particulièrement sur ceux
qui sont appelés à être des ministres du Christ,
aide les jeunes à découvrir l'attrait de l'appel divin.
Enseigne-leur le chemin authentique de la prière,

qui se nourrit de la parole de Dieu.
Aide-les à scruter les signes des temps
pour qu'ils soient de fidèles interprètes de l'Évangile
et des porteurs de salut.

Marie, Vierge de l'écoute et du Verbe fait chair
en ton sein, aide-nous à être disponibles à la parole
du Seigneur afin que, accueillie et méditée,
elle croisse dans notre cœur. Aide-nous
à vivre comme toi la béatitude des croyants
et à nous consacrer, avec une infatigable charité,
à l'évangélisation de tous ceux qui cherchent ton Fils.
Donne-nous de servir tout homme,
de mettre en pratique la parole écoutée
afin que, demeurant fidèles, nous trouvions
notre bonheur dans cette pratique. Amen !

(28 octobre 1996)

C'est toi qui ouvres le cœur et l'esprit à l'appel...

Esprit d'amour éternel, qui procèdes du Père
et du Fils, nous te remercions pour toutes les vocations
d'apôtres et de saints qui ont fécondé l'Église.
Continue encore ton œuvre, nous t'en prions.
Souviens-toi de ce moment, à la Pentecôte,
où tu descendis sur les apôtres réunis en prière
avec Marie, la Mère de Jésus, et regarde ton Église
qui a aujourd'hui un besoin particulier de saints prêtres,
de témoins fidèles et autorisés de ta grâce ;
ton Église qui a besoin d'hommes et de femmes consacrés
qui rayonnent la joie celui qui ne vit
que pour le Père, de celui qui fait siennes
la mission et l'offrande du Christ, de celui
qui construit par la charité le monde nouveau.

Esprit saint, source éternelle de joie et de paix,
c'est toi qui ouvres le cœur et l'esprit à l'appel divin ;
c'est toi qui rends efficace tout élan vers le bien, vers la vérité,
vers la charité. Tes gémissements inexprimables
s'élèvent vers le Père du cœur de l'Église, qui souffre
et lutte pour l'Évangile. Ouvre le cœur et l'esprit
des jeunes gens et des jeunes filles, pour qu'une nouvelle
floraison de saintes vocations montre la fidélité
de ton amour, et que tous puissent connaître le Christ,
la vraie lumière venue dans le monde
pour donner à chaque être humain
la sûre espérance de la vie éternelle. Amen !

(24 septembre 1997)

Envoie des prêtres témoins

Père très bon, dans le Christ, ton Fils, tu nous révèles
ton amour, tu nous embrasses comme tes fils
et tu nous offres la possibilité de découvrir
dans ta volonté les traits de notre vrai visage.

Père saint, tu nous appelles à être saints
comme toi-même es saint.

Nous te prions de ne jamais cesser de donner
à ton Église des ministres et des apôtres saints
qui, par la parole et les sacrements, ouvrent le chemin
de la rencontre avec toi.

Père miséricordieux, donne à l'humanité égarée
des hommes et des femmes qui, par le témoignage
d'une vie transfigurée à l'image de ton Fils,
marchent joyeusement en compagnie
de tous leurs autres frères et sœurs
vers la patrie céleste.

Notre Père, avec la voix de ton Esprit saint,
confiants dans la maternelle intercession de Marie,
nous t'invoquons avec ardeur : envoie à ton Église
des prêtres qui soient des témoins courageux
de ton infinie bonté. Amen !

(1er octobre 1998)

Mère de tout appelé

Vierge Marie, humble fille du Très-Haut, en toi
s'est accompli de manière admirable le mystère
de l'appel divin. Tu es l'image de ce que Dieu accomplit
en celui qui a confiance en lui ; en toi, la liberté
du Créateur a exalté la liberté de la créature.
Celui qui est né de ton sein a uni par sa seule volonté
la liberté salvifique de Dieu
et l'obéissante adhésion de l'homme.

Grâce à toi, l'appel de Dieu est soudé
définitivement à la réponse de l'homme Dieu.
Toi, prémices d'une vie nouvelle,
garde en nous tous le « oui » généreux
de la joie et de l'amour.

Sainte Marie, Mère de tout appelé,
fais que les croyants aient la force de répondre
avec générosité et courage à l'appel divin,
et soient des témoins joyeux
de l'amour de Dieu et du prochain.

Jeune fille de Sion, étoile du matin qui guide les pas
de l'humanité à travers le grand jubilé vers l'avenir,
oriente la jeunesse du nouveau millénaire
vers celui qui est « la lumière véritable,
qui éclaire tout homme » (Jn 1,9). Amen !

(30 septembre 1999)

Que ton Église ne manque pas de prêtres saints...

Seigneur Jésus, qui durant ton pèlerinage sur les routes
de la Palestine, as choisi et appelé les apôtres
et leur as confié la tâche de prêcher l'Évangile,
de paître les fidèles, de célébrer le culte divin,
fais que, aujourd'hui aussi, ton Église ne manque pas
de prêtres saints, qui portent à tous les fruits
de ta mort et de ta résurrection.

Esprit saint, toi qui sanctifies l'Église
avec la constante effusion de tes dons,
mets dans le cœur des appelés à la vie consacrée
une intime et forte passion pour le Règne,
afin qu'avec un « oui » généreux et inconditionné
ils mettent leur existence au service de l'Évangile.

Vierge très Sainte, toi qui sans hésiter t'es offerte
toi-même au Tout-Puissant pour la réalisation
de son dessein de salut, suscite la confiance dans le cœur
des jeunes afin qu'il y ait toujours des pasteurs zélés,
qui guident le peuple chrétien sur la voie de la vie,
et des âmes consacrées capables de témoigner
par la chasteté, la pauvreté et l'obéissance,
la présence libératrice de ton Fils ressuscité.
Amen !

(14 septembre 2000)

Dans ta vigne

Père Saint, regarde notre humanité que voici ;
elle fait ses premiers pas sur la route du troisième millénaire.
Sa vie est encore fortement marquée
par la haine, la violence, l'oppression,
mais la faim de justice, de vérité et de grâce
trouve encore de l'espace dans le cœur de tant de personnes
qui attendent celui qui portera le salut,
réalisé par toi grâce à ton Fils Jésus.
Le monde a besoin de hérauts courageux de l'Évangile,
de serviteurs généreux de l'humanité souffrante.
Envoie à ton Église, nous t'en prions,
de saints prêtres pour qu'ils sanctifient ton peuple
avec les instruments de ta grâce.
Envoie de nombreuses âmes consacrées,
pour qu'elles manifestent ta sainteté au milieu du monde.
Envoie dans ta vigne de saints ouvriers,
pour qu'ils travaillent avec l'ardeur de la charité
et que, poussés par ton Esprit saint,
ils portent le salut du Christ
jusqu'aux extrémités de la terre. Amen !

(8 septembre 2001)

LORS D'UNE ALLOCUTION AUX PRÉSIDENTS DES CONFÉRENCES ÉPISCOPALES D'EUROPE LE 1er DÉCEMBRE 1992, LE PAPE REPREND LE THÈME DE L'EXHORTATION APOSTOLIQUE *PASTORES DABO VOBIS* SUR LA FORMATION DES PRÊTRES, ET IL INVOQUE LE MAÎTRE DE LA MOISSON, IMPLORANT DES OUVRIERS POUR LA MOISSON.

Nous portons ce trésor

«*Pastores dabo vobis*»... Avec ces mots, toute l'Église
se tourne vers Toi, qui es le «maître de la moisson»,
demandant des ouvriers pour ta moisson
qui est immense (cf. Mt 9,38). Bon Pasteur, jadis,
tu as toi-même envoyé les premiers ouvriers à ta moisson.
Ils étaient douze. Or, après deux mille ans, leur voix
s'est répandue jusqu'aux confins de la terre,
et nous ressentons plus encore le besoin de prier,
afin qu'ils ne manquent pas de successeurs en notre temps
– que ne manquent pas, en particulier,
ceux qui, par le sacerdoce ministériel, construisent
l'Église grâce à la puissance de la parole de Dieu
et des sacrements ; ceux qui, en ton nom,
sont les ministres de l'eucharistie qui fait croître
sans cesse l'Église, qui est ton corps.

Nous te remercions, car la crise temporaire des vocations,
dans le contexte de l'Église universelle, est en voie
d'être surmontée. Avec une grande joie,
nous assistons au processus d'une reprise numérique
des vocations, dans les différentes parties du globe :
dans les jeunes Églises, mais aussi dans les nombreux pays
qui ont une longue tradition chrétienne, multiséculaire,
ainsi que là où, en notre siècle, l'Église a subi
de multiples persécutions. Mais avec une ferveur
particulière, nous faisons monter notre prière, en pensant

à cette société où domine un climat de sécularisation,
où l'esprit de ce monde fait obstacle à l'action
du Saint-Esprit, si bien que la semence jetée dans l'âme
des jeunes, ou bien ne prend pas,
ou bien ne se développe pas.
Pour ces sociétés, précisément, nous élevons
davantage encore notre supplication :
« Envoie ton Esprit, et renouvelle la face de la terre. »

L'Église te rend grâce, ô divin époux, de ce que,
depuis les temps les plus anciens, elle a su accueillir
l'appel au célibat consacré pour la cause du Royaume
de Dieu ; parce que, depuis des siècles, elle conserve
en elle le charisme du célibat sacerdotal.
Nous te remercions pour le concile Vatican II
et pour les récents synodes des évêques qui, confirmant
ce charisme, l'ont indiqué comme une voie
juste pour l'Église de l'avenir.
Nous sommes conscients de la grande fragilité
des vases dans lesquels nous portons ce trésor,
mais nous croyons en la force de l'Esprit saint qui opère
par la grâce du sacrement en chacun de nous.
Avec plus de ferveur encore, nous demandons de savoir
collaborer avec cette force de façon persévérante.

Nous te demandons, à toi qui es l'Esprit du Christ
Bon Pasteur, de demeurer fidèles à cet héritage particulier
de l'Église latine. « N'éteignez pas l'Esprit » (1 Th 5,19),
nous dit l'Apôtre. Nous te demandons donc
de ne pas tomber dans le doute et de ne pas semer
le doute chez les autres, de ne pas deveni
– Dieu nous en garde ! – des partisans

de choix différents et d'une spiritualité autre
pour la vie et le ministère sacerdotaux.
Saint Paul dit encore : « Et ne contristez pas l'Esprit saint de Dieu... » (Ep 4,30).

Pastores dabo vobis !
Nous te prions de pardonner toutes nos fautes
qui regardent la réalisation de ce saint ministère,
qui est ton sacerdoce dans notre vie. Nous te demandons
de savoir collaborer d'une façon persévérante
à cette « grande moisson », de savoir faire
tout le nécessaire pour le réveil et la maturation
des vocations. Nous Te demandons, par-dessus tout,
de nous aider à prier avec constance. Toi-même as dit,
en effet : « Priez donc le maître de la moisson
d'envoyer des ouvriers à sa moisson » (Mt 9,38).

Face à ce monde qui montre de diverses manières
son indifférence aux propositions du Royaume de Dieu,
que nous accompagne la certitude que toi, le Bon Pasteur,
tu as infusée dans le cœur des apôtres : « Gardez la foi,
car j'ai vaincu le monde ! » (Jn 16,33).
Ce monde qui est – en dépit de tout – celui-là même que le Père
a tant aimé, au point de te donner à nous, toi, son Fils unique
(cf. Jn 3,16).
Mère du divin Fils, Mère de l'Église,
Mère de tous les peuples, prie avec nous ! Prie pour nous !

Prières avec les familles et les jeunes

LE SYNODE DES ÉVÊQUES DE 1980 EUT POUR THÈME « LES TÂCHES DE LA FAMILLE CHRÉTIENNE DANS LE MONDE D'AUJOURD'HUI ». DANS LE CADRE DE SA PRÉPARATION, LE 15 AOÛT 1980, LE PAPE A PROPOSÉ À L'ÉGLISE LA PRIÈRE SUIVANTE.

Que l'amour soit plus fort

Ô Dieu, de qui vient toute paternité au ciel et sur la terre,
toi, Père, qui es Amour et Vie,
fais que sur cette terre,
par ton Fils Jésus Christ, « né d'une femme »
et par l'Esprit saint, source de charité divine,
chaque famille humaine devienne
un vrai sanctuaire de la vie et de l'amour
pour les générations qui se renouvellent sans cesse.

Que ta grâce oriente les pensées et les actions des époux
vers le plus grand bien de leurs familles,
de toutes les familles du monde.

Que les jeunes générations
trouvent dans la famille un soutien inébranlable
qui les rende toujours plus humaines
et les fasse croître dans la vérité et dans l'amour.

Que l'amour, affermi par la grâce du sacrement du mariage,
soit plus fort que toutes les faiblesses et toutes les crises
que connaissent parfois nos familles.

Enfin nous te demandons,
par l'intercession de la Sainte Famille de Nazareth,
qu'en toutes les nations de la terre
l'Église puisse accomplir avec fruit sa mission

dans la famille et par la famille,
toi qui es la Vie, la Vérité et l'Amour,
dans l'unité du Fils et du Saint-Esprit.
Amen !

DANS LA FINALE DE L'EXHORTATION APOSTOLIQUE *FAMILIARIS CONSORTIO* (22 NOVEMBRE 1981) QUI SUIT LE SYNODE SUR LA FAMILLE, LE PAPE SE TOURNE VERS LE CHRIST, AINSI QUE VERS MARIE ET JOSEPH, LA « SAINTE FAMILLE », POUR LEUR CONFIER TOUTES LES FAMILLES DE LA TERRE.

Que toute famille devienne une petite Église !

Que saint Joseph, « homme juste », travailleur infatigable,
gardien absolument intègre de ce qui lui avait été confié,
garde ces familles, les protège, les éclaire toujours !

Que la Vierge Marie, qui est Mère de l'Église,
soit également la Mère de l'« Église domestique » !
Que grâce à son aide maternelle, toute famille chrétienne
puisse devenir vraiment une « petite Église »
dans laquelle se reflète et revive le mystère de l'Église
du Christ ! Elle qui est la servante du Seigneur,
qu'elle soit l'exemple de l'accueil humble et généreux
de la volonté de Dieu ! Elle qui fut la Mère douloureuse
au pied de la croix, qu'elle soit là pour alléger
les souffrances et essuyer les larmes de ceux
qui sont affligés par les difficultés de leurs familles !

Et que le Christ Seigneur, Roi de l'univers,
Roi des familles, soit présent, comme à Cana,
dans tout foyer chrétien pour lui communiquer lumière,
joie, sérénité, force.
En ce jour solennel consacré à sa Royauté,
je lui demande que toute famille sache apporter
généreusement sa contribution originale à l'avènement
de son Règne dans le monde, « Règne de vie et de vérité,

de grâce et de sainteté, de justice, d'amour
et de paix », vers lequel l'histoire est en marche.

À lui, à Marie, à Joseph, je confie toute famille.
Entre leurs mains et dans leur cœur, je dépose
cette exhortation : qu'ils vous la remettent eux-mêmes,
vénérables frères et chers fils, et qu'ils ouvrent
vos cœurs à la lumière que l'Évangile rayonne
sur chaque famille !

À BRAGA (PORTUGAL), AU COURS D'UNE MESSE POUR LES FAMILLES, LE 15 MAI 1982, LE PAPE DEMANDE À NOTRE-DAME DE SAMEIRO DE DONNER À TOUTES LES FAMILLES D'ENTENDRE ET DE MÉDITER FIDÈLEMENT LA PAROLE DE DIEU.

Que l'amour ne soit jamais contredit !

Vierge immaculée, Notre-Dame de Sameiro,
mère de « l'Enfant » apparue comme « signe de contradiction » :
près de ton fils Jésus Christ, dont tu as conservé et médité
les paroles dans ton cœur,
donne à toutes les familles du Portugal
la grâce de savoir entendre et conserver fidèlement
la parole de Dieu.

Mère du Verbe divin, dans la famille sacrée de Nazareth,
obtiens à ces familles l'harmonie, l'amour et la grâce !
Que « le Signe » n'y soit jamais une contradiction,
que l'amour de Dieu miséricordieux
manifesté en Jésus Christ,
ne soit jamais contredit ! Amen !

DANS LE MESSAGE DU 26 DÉCEMBRE 1993 POUR LA JOURNÉE MONDIALE DES VOCATIONS DE 1994, JEAN-PAUL II PRIE LA SAINTE FAMILLE DE NAZARETH, MODÈLE IDÉAL DE TOUTE FAMILLE CHRÉTIENNE.

Ouvre le cœur de chaque foyer domestique…

Ô Sainte Famille de Nazareth,
communauté d'amour de Jésus, Marie et Joseph,
modèle et idéal de toute famille chrétienne,
nous te confions nos familles.

Ouvre le cœur de chaque foyer domestique
à la foi, à l'accueil de la parole de Dieu,
au témoignage chrétien, pour qu'il devienne
une source de nouvelles et saintes vocations.

Dispose l'esprit des parents,
afin que, avec une prompte charité,
un soin plein de sagesse et une tendre piété,
ils soient pour leurs enfants
des guides sûrs vers les biens spirituels et éternels.

Suscite dans l'esprit des jeunes
une conscience droite et une volonté libre,
pour que, grandissant « en sagesse, en âge et en grâce »,
ils accueillent généreusement le don de la vocation divine.

Sainte Famille de Nazareth,
fais que nous tous, en contemplant et en imitant
la prière assidue, l'obéissance généreuse, la pauvreté digne
et la pureté virginale vécues en ton sein,
nous nous disposions à accomplir la volonté de Dieu

et à accompagner avec une prévoyante délicatesse
tous ceux qui, parmi nous, sont appelés
à suivre de plus près le Seigneur Jésus,
qui « s'est livré lui-même pour nous » (cf. Ga 2,20). Amen !

DANS L'EXHORTATION APOSTOLIQUE *ECCLESIA IN AMERICA* (22 JANVIER 1999) SIGNÉE À MEXICO, JEAN-PAUL II PRIE LE CHRIST POUR TOUTES LES FAMILLES DU CONTINENT AMÉRICAIN.

Toi, membre d'une famille humaine

Seigneur Jésus, nous te rendons grâce
parce que l'Évangile de l'amour du Père,
par lequel tu es venu sauver le monde,
a été largement proclamé en Amérique
comme don de l'Esprit saint
qui épanouit notre joie.

Nous te rendons grâce pour le don de ta Vie,
que tu nous as donnée en nous aimant
jusqu'à la fin :
elle nous fait fils de Dieu et frères entre nous.
Seigneur, augmente notre foi
et notre amour pour toi,
qui es présent dans les multiples tabernacles
du continent.

Fais de nous des témoins fidèles
de ta Résurrection
face aux nouvelles générations d'Amérique,
afin qu'ils te connaissent et te suivent,
et qu'ils trouvent en toi leur paix et leur joie.
Ainsi seulement ils pourront se sentir frères
de tous les fils de Dieu
répandus dans le monde.

Toi qui t'es fait homme et qui as voulu être
membre d'une famille humaine,

enseigne aux familles les vertus qui brillèrent
dans la maison de Nazareth.
Fais qu'elles restent unies,
comme toi et le Père n'êtes qu'Un,
et qu'elles soient un témoignage vivant
d'amour, de justice et de solidarité ;
fais qu'elles soient une école de respect,
de pardon et d'aide mutuelle,
afin que le monde croie ;
fais qu'elles soient une source de vocations
au sacerdoce, à la vie consacrée,
et à toutes les autres formes
d'intense engagement chrétien.

Protège ton Église et le successeur de Pierre,
auquel toi, Bon Pasteur, tu as confié
la charge de paître tout ton troupeau.
Fais que ton Église fleurisse en Amérique
et multiplie ses fruits de sainteté.

Apprends-nous à aimer ta Mère, Marie,
comme tu l'as aimée toi-même.
Donne-nous le courage d'annoncer ta parole
en nous consacrant à la nouvelle évangélisation
pour fortifier l'espérance dans le monde.
Notre-Dame de Guadalupe,
Mère de l'Amérique,
prie pour nous !

À BRUXELLES, LORS DE LA BÉATIFICATION DU PÈRE DAMIEN DE VEUSTER LE 4 JUIN 1995, JEAN-PAUL II RÉCITE LE *REGINA CAELI*, ET DEMANDE À MARIE DE VEILLER SUR LES JEUNES DE BELGIQUE.

Que les jeunes combattent les bons combats !

Regina Caeli laetare !
Ô Marie, Reine du Ciel, veille sur les jeunes
de Belgique avec une tendresse toute maternelle.
Veille sur les jeunes
qui, dans les différents pays d'Europe et du monde,
participent à la nouvelle évangélisation,
par le témoignage d'une vie droite et pure
et par un engagement radical à la suite du Christ.
Puissent-ils ne pas se décourager dans les moments
difficiles mais, avec l'aide de l'Esprit saint,
combattre toujours les bons combats,
avec les armes de la paix, de la justice
et de la charité !

AU COURS DE SON PÈLERINAGE JUBILAIRE (2000) EN TERRE SAINTE, JEAN-PAUL II RENCONTRE LES JEUNES AU MONT DES BÉATITUDES. LORS DE L'HOMÉLIE DE LA MESSE CÉLÉBRÉE À KORAZIM LE 24 MARS, IL LEUR DEMANDE DE RÉPONDRE AU SEIGNEUR AVEC UN CŒUR OUVERT ET GÉNÉREUX.

Fais d'eux des témoins joyeux de ta vérité...

Ô Seigneur Jésus Christ,
en ce lieu que tu as connu
et que tu as tant aimé, écoute ces jeunes cœurs généreux !
Continue à enseigner à ces jeunes la vérité
des Commandements et des Béatitudes !
Fais d'eux des témoins joyeux de ta vérité
et des apôtres convaincus de ton Règne !
Sois toujours avec eux, particulièrement
quand il leur devient difficile et ardu de te suivre
et de suivre l'Évangile !
Tu seras leur force, tu seras leur victoire !
Ô Seigneur Jésus,
tu as fait que ces jeunes deviennent tes amis :
garde-les toujours près de toi ! Amen !

À LA FIN DE L'HOMÉLIE DE LA MESSE DE CLÔTURE DES XVes JOURNÉES MONDIALES DE LA JEUNESSE À ROME LE 20 AOÛT 2000, LE PAPE REPREND LES PAROLES DE LA *DIDACHÈ* AFIN DE RENDRE GRÂCE À DIEU POUR CES INTENSES JOURNÉES JUBILAIRES.

Cette nouvelle humanité qui se prépare...

Merci à Dieu pour le chemin
des Journées mondiales de la jeunesse !
Merci à Dieu pour les nombreux jeunes
qui se sont engagés tout au long de ces seize années !
Ce sont des jeunes qui maintenant, devenus adultes,
continuent à vivre dans la foi
là où ils habitent et ils travaillent. [...]

Je regarde avec confiance cette nouvelle humanité
qui se prépare par vous, je regarde cette Église
sans cesse rajeunie par l'Esprit du Christ
et qui aujourd'hui se réjouit de vos résolutions
et de votre engagement.
Je regarde vers l'avenir et je fais miennes les paroles
d'une prière ancienne, qui chante à la fois
le don de Jésus, de l'eucharistie et de l'Église :

« Nous te rendons grâce, notre Père,
pour la vie et la connaissance
que tu nous as fait découvrir par Jésus, ton serviteur.
À toi la gloire pour les siècles !

Comme ce pain rompu,
qui était dispersé sur les montagnes et les collines,
a été rassemblé pour ne plus faire qu'un,
ainsi que ton Église soit rassemblée
des extrémités de la terre dans ton Royaume...

C'est toi, Maître tout-puissant,
qui as créé l'univers,
pour la gloire de ton nom,
qui as donné aux hommes nourriture et boisson
pour qu'ils en jouissent,
afin qu'ils te rendent grâce.

Mais nous, tu nous as gratifiés d'une nourriture
et d'une boisson spirituelles
et de la vie éternelle, par ton Serviteur...
À toi la gloire pour les siècles ! »
(*Didachè* IX, 3-4 ; X, 3-4).
Amen !

DANS SON DISCOURS À LA CÉRÉMONIE D'ACCUEIL DES XVIIes JOURNÉES MONDIALES DE LA JEUNESSE (25 JUILLET 2002), JEAN-PAUL II DEMANDE AU CHRIST DE PROCLAMER SES BÉATITUDES DEVANT LES JEUNES RÉUNIS À TORONTO (CANADA).

Rends-les hommes et femmes des Béatitudes !

Seigneur Jésus Christ, proclame encore une fois tes Béatitudes devant ces jeunes, rassemblés à Toronto pour leurs Journées mondiales. Regarde avec amour et écoute ces jeunes cœurs, qui sont disposés à risquer leur avenir pour toi. Tu les as appelés à être « sel de la terre et lumière du monde ». Continue à leur enseigner la vérité et la beauté des perspectives que tu as annoncées sur la Montagne. Rends-les hommes et femmes des Béatitudes ! Fais resplendir en eux la lumière de ta sagesse, afin que, par leurs paroles et par leurs actes, ils sachent répandre dans le monde la lumière et le sel de l'Évangile. Fais de toute leur vie un reflet lumineux de toi, qui es la lumière véritable, venue en ce monde, afin que quiconque croit en toi ne meure pas, mais ait la vie éternelle (cf. Jn 3,16) !

DANS L'HOMÉLIE DE LA MESSE DE CLÔTURE DES XVIIes JOURNÉES MONDIALES DE LA JEUNESSE DE TORONTO (28 JUILLET 2002), LE PAPE INVOQUE LE CHRIST AFIN QUE LES JEUNES SOIENT VRAIMENT LE SEL DE LA TERRE ET LA LUMIÈRE DU MONDE.

Fais d'eux le nouveau peuple des Béatitudes !

Seigneur Jésus Christ, garde ces jeunes dans ton amour. Fais qu'ils entendent ta voix et qu'ils croient à ce que tu dis, car toi seul as les paroles de la vie éternelle. Apprends-leur comment professer leur foi, comment faire don de leur amour, comment communiquer leur espérance aux autres. Fais d'eux des témoins crédibles de ton Évangile, dans un monde qui a tant besoin de ta grâce qui sauve. Fais d'eux le nouveau peuple des Béatitudes, pour qu'ils soient le sel de la terre et la lumière du monde au début du troisième millénaire chrétien.

Marie, Mère de l'Église, protège et guide ces jeunes hommes et ces jeunes femmes du XXIe siècle. Tiens-les tous serrés contre ton cœur maternel. Amen !

Prières avec les malades

AU COURS DE SON VOYAGE AU BRÉSIL EN 1980, LE PAPE VISITE LA LÉPROSERIE DE MARITUBA LE 8 JUILLET. PARMI LES LÉPREUX, IL PRIE LE CHRIST AVEC ET POUR LES MALADES, LES PERSONNES QUI LES SOIGNENT ET CELLES QUI LES ENTOURENT.

Accorde-nous courage, sérénité, patience...

Seigneur, avec la foi que tu nous as donnée,
nous te confessons, Dieu tout-puissant, notre Créateur,
notre Père et notre Providence,
Dieu d'espérance en Jésus Christ, notre Sauveur,
Dieu d'amour, dans l'Esprit saint, notre Consolateur !

Seigneur, confiants en tes promesses qui ne passent pas,
nous voulons aller toujours vers toi, chercher un soulagement
dans la douleur. Mais, en disciples de Jésus, nous disons :
que cela ne se fasse pas comme nous le voulons,
que ta volonté se fasse dans toute notre vie !

Seigneur, reconnaissants pour la prédilection du Christ
à l'égard des lépreux qui ont eu le bonheur de le rencontrer,
en le voyant en eux... nous te remercions aussi de tes faveurs,
en tout ce qui nous aide, soulage et réconforte.
Nous te remercions pour la médecine et les médecins,
pour l'assistance et pour les infirmiers,
pour les conditions de vie,
pour ceux qui nous consolent et sont consolés par nous,
pour ceux qui nous comprennent et nous acceptent,
et pour les autres.

Seigneur, accorde-nous courage, sérénité et patience ;
accorde-nous de vivre dans une joyeuse charité,

par ton amour, pour tous ceux qui souffrent plus que nous
et pour les autres qui, ne souffrant pas,
ceux qui n'ont pas éclairé le sens de leur vie.

Seigneur, nous voulons que notre vie puisse être utile
et servir : pour louer, remercier, réparer et intercéder,
par le Christ, pour ceux qui t'adorent
et pour ceux qui ne t'adorent pas dans le monde,
et pour ton Église répandue à travers toute la terre.

Seigneur, par les mérites infinis du Christ sur la croix,
« Serviteur souffrant » et notre Frère,
auquel nous nous unissons, nous te prions
pour nos familles, nos amis et nos bienfaiteurs,
pour le succès de la visite du pape
et pour le Brésil. Amen !

CHAQUE ANNÉE, LE PAPE PUBLIE UN MESSAGE POUR LA JOURNÉE MONDIALE DES MALADES (11 FÉVRIER). C'EST POUR LUI L'OCCASION DE CONFIER À MARIE LES PERSONNES QUI SOUFFRENT ET CELLES QUI LES SOIGNENT. VOICI LE MESSAGE DU 29 JUIN 1997 POUR LA VIe JOURNÉE MONDIALE DES MALADES.

En toute étape joyeuse ou triste…

À Marie, consolatrice des affligés,
je confie tous ceux qui souffrent dans leur corps
et dans leur âme, ainsi que les personnels de santé
et toutes les personnes qui se dévouent généreusement
au service des malades.

Vers Toi, Vierge de Lorette, en toute confiance,
nous tournons notre regard.

À Toi, « notre vie, notre douceur, notre espérance »,
nous demandons la grâce d'être dans l'attente
de l'aube du troisième millénaire avec les sentiments
qui faisaient vibrer ton cœur, alors que tu attendais
la naissance de ton Fils Jésus.

Que ta protection nous libère du pessimisme,
et nous fasse entrevoir, au milieu des ombres
de notre temps, les traces lumineuses
de la présence du Seigneur.

À ta tendresse de Mère, nous confions les larmes,
les craintes et les espérances des malades.
Que descende sur leurs blessures le baume bienfaisant
de la consolation et de l'espérance !
Que leur souffrance, unie à celle de Jésus,
se transforme en instrument de rédemption !

Que ton exemple nous guide et fasse de notre existence
une louange continuelle à l'amour de Dieu !
Rends-nous attentifs aux besoins des autres,
prévenants pour venir en aide au frère souffrant
capables d'accompagner celui qui est seul,
constructeurs d'espérance
là où se consomment les drames de l'homme.
En toute étape joyeuse ou triste de notre route,
avec l'affection d'une mère,
montre-nous « ton Fils Jésus, ô clémente,
ô pieuse, ô douce Vierge Marie ». Amen !

PENDANT LA MESSE DU JUBILÉ DES PORTEURS DE HANDICAP (3 DÉCEMBRE 2000), À ROME, LA PRIÈRE DU PAPE :

Le handicap n'est pas le dernier mot de l'existence

Seigneur de la vie et de l'espérance, comme tes paroles sont éloquentes pour nous aujourd'hui ! En toi, chaque limite humaine est rachetée et délivrée. Grâce à toi, le handicap n'est pas le dernier mot de l'existence. C'est l'amour qui est le dernier mot, c'est ton amour qui donne un sens à la vie.
Aide-nous à orienter notre cœur vers toi ; aide-nous à reconnaître ton visage qui resplendit en chaque créature humaine lorsqu'elle est éprouvée par les épreuves, par les difficultés et par la souffrance.

Fais-nous comprendre que « la gloire de Dieu est l'homme vivant » (Irénée de Lyon, *Adv. haer.*, 4, 20, 7), et fais qu'un jour nous puissions goûter, dans la vision divine, avec Marie Mère de l'humanité, la plénitude de la vie que tu as rachetée. Amen !

Prières avec les peuples de la terre

LORS DE SES VOYAGES OU EN DIVERSES OCCASIONS, JEAN-PAUL II S'ADRESSE SOUVENT DANS SA PRIÈRE PUBLIQUE AU CHRIST OU À LA VIERGE MARIE, POUR LES PERSONNES DES CONTINENTS ET DES PEUPLES QU'IL VISITE OU QU'IL REÇOIT. AINSI, DANS L'EXHORTATION APOSTOLIQUE *ECCLESIA IN AFRICA*, ADRESSÉE À L'ÉGLISE À LA SUITE DU SYNODE DES ÉVÊQUES POUR L'AFRIQUE ET SIGNÉE À YAOUNDÉ (CAMEROUN) LE 14 SEPTEMBRE 1995, LE PAPE INVOQUE MARIE, MÈRE DE L'ÉGLISE, EN REPRENANT LES PENSÉES ET LES SENTIMENTS EXPRIMÉS DANS LA PRIÈRE QUE LES ÉVÊQUES ONT COMPOSÉE À LA FIN DU SYNODE À ROME.

Que l'Esprit saint renouvelle les habitants de l'Afrique !

Ô Marie, Mère de Dieu et Mère de l'Église,
grâce à toi, le jour de l'Annonciation,
à l'aube des temps nouveaux,
tout le genre humain avec ses cultures
s'est réjoui de se savoir capable de l'Évangile.
En cette veille d'une Pentecôte nouvelle pour l'Église
en Afrique, à Madagascar et dans les îles adjacentes,
le peuple de Dieu uni à ses pasteurs se tourne vers toi
et élève avec toi sa prière :
que l'effusion de l'Esprit saint fasse des cultures
africaines des lieux de communion dans la diversité,
renouvelle les habitants de ce grand continent
pour qu'ils deviennent des fils généreux de l'Église
qui est famille du Père, fraternité du Fils,
image de la Trinité, germe et commencement
sur la terre du Royaume éternel qui atteindra
sa plénitude dans la Cité qui a Dieu pour bâtisseur :
Cité de justice, d'amour et de paix.

PENDANT SON VOYAGE AU CONGO, EN 1980, LE PAPE CONFIE À DIEU LES CATHOLIQUES DE CE PAYS LORS D'UN DISCOURS À LA CATHÉDRALE DE BRAZZAVILLE LE 5 MAI.

Que Dieu vous donne l'unité et la paix !

Et maintenant, Seigneur, je te supplie pour mes frères
et sœurs les catholiques du Congo. Je te les confie,
puisque tu m'as permis de les visiter chez eux.
Je te recommande leur foi,
jeune mais combien pleine de vitalité,
pour qu'elle grandisse, qu'elle soit pure et belle,
et communicative, qu'elle continue à pouvoir s'exprimer
et être proclamée librement, car la vie éternelle
c'est qu'ils connaissent le seul véritable Dieu
et son envoyé, Jésus Christ (cf. Jn 17,3).
Je les confie également à ta sainte Mère,
la bienheureuse Vierge Marie,
mère de l'Église et notre mère.
Qu'elle les prenne sous sa protection toute maternelle
et veille sur eux dans leurs difficultés !
Qu'elle leur apprenne à se tenir au pied de ta croix
et à se réunir autour d'elle dans l'attente
de ta venue, quand les temps seront accomplis !

Avec eux, je te prie pour leur unité, qui puise sa source
en toi, et sans laquelle leur témoignage serait affaibli :
unité du corps épiscopal, unité dans le clergé
et dans les diocèses, capacité de collaborer
au-delà de toute diversité ethnique ou sociale,
unité aussi avec le Siège de Pierre et l'ensemble de l'Église.
Tu ne peux fermer l'oreille à cette prière,

toi qui t'es livré pour rassembler les enfants de Dieu.
Écoute encore l'invocation que nous t'adressons
en ce jour pour la sanctification des prêtres,
des religieux, des religieuses
et de tous ceux qui, dans les divers centres de formation,
se préparent à te consacrer leur vie.
Répondant à ton appel, qu'ils sachent renoncer
aux choses de ce monde pour toi, à toute recherche
d'une gloire matérielle ou humaine,
et se montrent disponibles aux urgences de l'Église
en quelque mission qui leur sera confiée (cf. *Ad gentes*, 20).
Heureux de leur don total, heureux de leur célibat,
puissent-ils approfondir, eux dont l'eucharistie
marque le sommet de toutes les journées,
ce que signifie *offrir sa vie en sacrifice*
pour le salut des hommes.

Dans ta bonté, je sais que tu te souviendras
d'une façon spéciale du sacrifice des missionnaires,
lesquels, par amour pour toi, ont quitté leur pays d'origine,
leurs familles, tout ce qu'ils avaient,
pour venir vivre au milieu de leurs frères congolais,
aimer ce peuple devenu le leur et le servir.
Récompense, Seigneur, tant de générosité !
Fais qu'elle soit reconnue, qu'elle suscite d'autres vocations,
qu'elle éveille chez tous un véritable esprit missionnaire.

Entoure aussi et particulièrement de ta bienveillance
tes humbles serviteurs, les évêques, auxquels tu as confié
ces Églises locales. Je suis près d'eux, ce matin,
pour les affermir en ton nom.
Ils sont là, les trois pasteurs du Congo,

et la plupart de leurs confrères des conférences épiscopales
voisines, avec lesquels ils se réunissent habituellement
sous la présidence, aujourd'hui, de Mgr N'Dayen,
archevêque de Bangui. Il y a même quelques évêques
d'autres pays proches. Ils ont apporté leurs préoccupations
pastorales et toutes les intentions
dont les ont chargés leurs communautés.
Oui, comme tu l'as demandé à Pierre et à ses successeurs,
je veux leur apporter la force tranquille et la certitude
de ton assistance dans leur labeur quotidien si méritoire.
Et je veux assurer ceux qui n'ont pu se joindre à nous
de ma proximité fraternelle et spirituelle,
prendre sur mes épaules une part de leur fardeau,
alors que certains souffrent si cruellement
des souffrances de leur peuple.
Chers confrères du Tchad,
c'est à vous que je songe en tout premier lieu,
et au troupeau qui vous est confié.
Que Dieu vous aide à panser les plaies et à guérir les cœurs !
Qu'il vous donne la paix !

AU GHANA, AU COURS DU VOYAGE DE 1980, À LA FIN DE LA MESSE À ACCRA LE 8 MAI, PAR L'INTERMÉDIAIRE DE LA VIERGE MARIE, LE PAPE OFFRE AU CHRIST L'ÉGLISE DU GHANA ET DE TOUTE L'AFRIQUE.

Porter l'Évangile toujours plus dans les cœurs !

En ce jour de joie alors que nous sommes réunis
en ta présence, ô Marie, mère de Jésus et mère de l'Église,
nous sommes conscients du rôle que tu as joué
dans l'évangélisation de cette terre. Nous sommes conscients
de la manière dont – à *l'origine* – les *missionnaires*
venaient avec le pouvoir de l'Évangile du Christ
et te *confiaient le succès de leur travail.*

Comme mère de la grâce divine,
tu accompagnais les missionnaires
dans chacun de leurs efforts ;
tu étais avec la mère Église – dont tu es le type,
le modèle et l'expression suprême –
lorsqu'elle portait le Christ à l'Afrique.

Comme mère de l'Église, tu as présidé
toutes ses activités d'évangélisation et d'enracinement
de l'Évangile au cœur des fidèles.
Tu nourrissais d'espérance les missionnaires
en donnant la foi à chaque nouvelle communauté née
de l'activité évangélisatrice de l'Église.

Par ton intercession et par tes prières, tu étais présente
lorsque la première grâce baptismale se développait
et pendant que ceux qui avaient reçu la nouvelle vie
dans le Christ, ton fils, parvenaient à la pleine conscience

de leur vie sacramentelle et de leur vocation chrétienne.
Tu es ici aujourd'hui alors que la famille chrétienne
se recueille pour célébrer l'Évangile,
pour rappeler les grandes œuvres de Dieu
et pour s'engager à poursuivre l'évangélisation de cette terre
et de ce continent « pour que la parole de Dieu
se propage et soit glorifiée » (2 Th 3,1).

Nous te prions, Marie, pour que tu nous aides à accomplir
cette mission qui a été confiée par ton fils à son Église
et qui nous revient aujourd'hui. Conscients de ton rôle
comme auxiliatrice des chrétiens, nous nous confions à toi
dans la mission de porter l'Évangile
toujours plus profondément dans les cœurs
et dans les vies de tout le peuple. Nous te confions
notre mandat missionnaire et nous confions totalement
notre cause à tes prières.

Comme pasteur de l'Église universelle
et vicaire de ton Fils, *moi, Jean-Paul II,*
par ton intermédiaire, ô Marie, je confie l'Église
du Ghana tout entière et de toute l'Afrique
au Christ, notre Seigneur.
Par toi, j'offre au Christ, notre Sauveur,
le destin de l'Afrique, priant que son amour et sa justice
touchent le cœur de chaque homme, de chaque femme
et de chaque enfant de ce continent.

Ô Marie, *je confie tout cela au Christ par ton intermédiaire*
et je te confie tout cela par le Christ, ton Fils.
Je le fais à un moment où je suis étroitement uni
à mes frères évêques, dans la célébration de l'Évangile

comme «pouvoir de salut pour tous les croyants» (Rm 1,16).
Je le fais maintenant, en ce moment particulier
où mes frères sont si proches de moi
dans l'exercice de notre commune responsabilité
pour l'Église en Afrique. Accepte, ô Marie,
notre offrande à tous et celle de tout le peuple de Dieu
et présente-la à ton Fils.
Présente-lui une Église «sainte et sans tâche» (1 P 5,27).

Souviens-toi, ô mère, de tous ceux qui construisent l'Église
en Afrique. Assiste les évêques et leurs prêtres
afin qu'ils soient toujours fidèles à la parole de Dieu.
Aide les religieux et les séminaristes à se sanctifier.
Intercède pour que l'amour de ton fils puisse pénétrer
dans toutes les familles, pour qu'il puisse consoler tous ceux
qui sont dans la peine et la souffrance, tous ceux
qui sont dans le besoin et les indigents.
Regarde avec bienveillance les catéchistes et tous ceux
qui jouent un rôle particulier dans l'évangélisation
et dans la formation catholique pour la gloire de ton fils.
Accepte cette pieuse consécration qui est la nôtre
et confirme-nous dans l'Évangile de ton fils.

Alors que nous t'exprimons *notre plus profonde gratitude*
pour un siècle de sollicitude maternelle, nous sommes fortifiés
dans la conviction que l'Esprit saint continue à te couvrir
de son ombre *afin qu'en Afrique tu puisses porter en avant
le Christ dans chaque génération.*

Louange et grâce au Christ ton Fils et au Père dans l'unité
du Saint-Esprit pour les siècles des siècles. Amen !

LE 10 SEPTEMBRE 1990, JEAN-PAUL II PROCÈDE À LA DÉDICACE DE LA BASILIQUE NOTRE-DAME DE LA PAIX À YAMOUSSOUKRO. À LA FIN DE L'HOMÉLIE, IL CONFIE LA CÔTE-D'IVOIRE À LA VIERGE MARIE, INVOQUANT SUR LE PAYS LE DON DE LA PAIX.

Aide-nous à bâtir un avenir favorable !

Au jour où ce sanctuaire
est dédié à Notre-Dame de la Paix,
nous nous rappelons que les premiers évangélisateurs
venus sur cette terre ont consacré l'Église naissante
à la Vierge Marie.

Notre-Dame de la Paix, à nouveau *nous te confions l'Église*
de ce diocèse, de tous les diocèses *de ce pays*.
Par ton intermédiaire, nous les consacrons à ton Fils.

Ô Vierge Marie, conduis-nous vers ton Fils,
lui qui est la Voie, la Vérité et la Vie !

Donne aux pasteurs, aux consacrés, aux fidèles laïcs
de faire vivre ici l'Église du Christ, avec foi et générosité,
rendus forts par la grâce de ton Fils.

Donne aux familles l'unité dans la fidélité,
la joie d'accueillir la vie,
d'éduquer leurs enfants avec bonheur,
de gagner la nourriture de chaque jour.

Montre ta tendresse miséricordieuse
à ceux qui souffrent dans leur corps et dans leur cœur.
Inspire à ceux qui les entourent l'amitié qui réconforte
et les gestes qui guérissent et qui apaisent.

Permets aux fidèles de Côte-d'Ivoire d'être inlassablement
des artisans de paix, en union avec leurs frères
et sœurs de cette terre et de tout le continent.

Accorde ton soutien maternel à ce peuple tout entier
et à ses responsables, pour qu'ils connaissent la concorde
et la prospérité, la justice et la paix.
Assiste-les dans leurs efforts pour bâtir un avenir favorable.

Garde à jamais la famille humaine dans la paix,
ô Notre-Dame de la Paix !

LORS DE LA MESSE DE CLÔTURE À ROME DU SYNODE DES ÉVÊQUES POUR L'AMÉRIQUE, LE 12 DÉCEMBRE 1997, LE PAPE S'ADRESSE À LA VIERGE DE GUADALUPE.

Mère de toute l'Amérique

En ton nom je renouvelle encore, aujourd'hui, l'appel
que j'ai déjà adressé : Marie, Vierge de Guadalupe,
Mère de toute l'Amérique, aide-nous à être
les promulgateurs fidèles des grands mystères de Dieu,
aide-nous à enseigner la vérité que ton Fils
a annoncée et à répandre l'amour, ce qui représente
le premier commandement et le premier fruit
du Saint-Esprit. Aide-nous à confirmer
nos frères dans la foi. Aide-nous à faire connaître
l'espérance en la vie éternelle. Aide-nous à garder
les grands trésors spirituels des membres du peuple de Dieu
qui nous ont été confiés.

Reine des apôtres ! Accepte notre disponibilité
à servir, sans réserve, la cause de ton Fils, la cause
de l'Évangile et de la paix, fondée dans la justice
et l'amour parmi les hommes et entre les peuples.

Reine de la paix ! Sauve les nations et les peuples
du continent entier qui se confient à Toi ; sauve-les
des guerres, de la haine et de la subversion.
Que dirigeants et gouvernés apprennent à vivre
dans la paix ; qu'ils puissent être éduqués à la paix
et entreprendre tout ce qui est nécessaire pour instaurer
la paix, la justice et le respect de chaque être humain,
de sorte que la paix puisse être renforcée.
Vierge « *morenita* », Mère de l'Espérance, Mère de
Guadalupe, écoute-nous !

DANS SON DISCOURS, PRONONCÉ À SAINT-DOMINGUE LE 12 OCTOBRE 1984, POUR L'OUVERTURE D'UNE « NEUVAINE D'ANNÉES » PRÉPARANT LE Vᵉ CENTENAIRE DE L'ÉGLISE EN AMÉRIQUE LATINE, JEAN-PAUL II PRIE AVEC CES MOTS.

Construire le continent de l'espérance solidaire

Marie très sainte, Mère de notre Amérique,
par la prédication de l'Évangile
nos peuples savent qu'ils sont frères
et que tu es l'Immaculée et pleine de grâce.

Avec une certitude filiale nous savons
qu'en ton oreille résonne l'annonce de l'ange,
sur tes lèvres se trouve le cantique de louange,
dans tes bras, Dieu fait enfant,
dans ton cœur, la croix du Golgotha,
sur ton front, la lumière et le feu de l'Esprit saint,
et sous tes pieds, le serpent vaincu.

Notre Mère très sainte,
en cette heure de nouvelle évangélisation,
prie pour nous le Rédempteur de l'homme :
qu'il nous rachète du péché
et de tout ce qui nous rend esclaves ;
qu'il nous unisse par le lien de la fidélité
à l'Église et aux pasteurs qui la conduisent.
Montre ton amour de Mère aux pauvres,
à ceux qui souffrent et à ceux qui cherchent
le Royaume de ton Fils.

Soutiens nos efforts pour construire le continent
de l'espérance solidaire,

dans la vérité, la justice et l'amour.
Nous sommes profondément reconnaissants
pour le don de la foi
et nous glorifions avec toi le Père des miséricordes,
par ton Fils Jésus, dans l'Esprit saint.
Amen !

AU PÉROU, EN 1985, LE SAINT-PÈRE DÉPOSE, LE 2 FÉVRIER, LES INTENTIONS DE L'ÉGLISE DEVANT NOTRE-DAME D'AREQUIPA.

Lumière pour éclairer les nations

« Ô Mère du Christ, sainte Mère de Dieu,
vénérée avec un amour si intime par le peuple de Dieu
en toute la terre péruvienne.

Mère et Reine de tous les saints que cette terre a donnés :
Toribio Mogrovejo, Rose de Lima,
Martin de Porres, Juan Macias,
Ana de los Angeles, proclamée bienheureuse ce même jour.

Ne cesse pas de porter Jésus en tes mains ;
porte-le aux cœurs de tous ceux qui, sur cette terre,
se confient à toi avec tant d'amour.

Porte-le toujours, comme tu l'as porté au temple
de Jérusalem ; que les yeux de notre foi s'ouvrent
à tout moment comme s'ouvrirent les yeux de Siméon. »

Avec lui nous proclamons :
« Lumière pour éclairer les nations ! »

Qu'en lui les yeux de notre foi voient toujours le salut
qui vient de Dieu. De Dieu même !
Amen !

AU COURS DE SON VOYAGE AU PÉROU, JEAN-PAUL II PRONONCE, LE 2 FÉVRIER 1985 À LIMA, UN ACTE DE CONSÉCRATION DE LA JEUNESSE PÉRUVIENNE À MARIE.

Que notre vie soit un témoignage vivant

Marie, Mère de Jésus et notre Mère,
aujourd'hui la jeunesse péruvienne réunie
autour du vicaire du Christ pour proclamer
sa foi, son don inconditionnel à Jésus Christ
et sa disponibilité pour construire un monde plus juste,
plus fraternel et plus chrétien, veut se consacrer à toi.

Conscients de notre faiblesse, nous venons à toi
avec la confiance du fils qui cherche
la protection de sa mère. Nous remettons entre tes mains
nos aspirations, nos inquiétudes, nos espoirs.
Nous voulons construire un monde meilleur
où règnent l'amour, la justice et la paix.
Nous t'offrons toutes nos jeunes forces
avec la résolution de suivre l'enseignement du Christ,
cherchant non à être servis, mais à servir,
servir nos frères, surtout les plus dépourvus.
Servir l'Église, sacrement universel de salut,
servir le Pérou, notre patrie,
pour que ton Fils Jésus soit aimé et accueilli par les jeunes.

Nous t'offrons les années de notre jeunesse
pour que, sous la bénédiction de ton amour maternel,
nous soyons capables d'accomplir notre devoir
quoi qu'il en coûte.

Intercède en notre faveur afin que, dans cette période
de notre existence, nous pénétrions et assimilions
le message que le Christ a porté au monde,
sans le déguiser ni l'altérer, mais en l'acceptant
dans toute sa plénitude et avec toutes ses exigences.
Accorde-nous la noblesse de reconnaître nos chutes
et nos faiblesses et la force de nous convertir
sans cesse au Christ sauveur.

Obtiens-nous la grâce que notre vie ne soit pas vide
mais qu'elle puisse être, dans l'état de vie que Dieu
demande de chacun de nous, un témoignage vivant,
un stimulant pour que les hommes se rapprochent
et rencontrent l'action transformatrice de Dieu.

Marie, Mère de l'Église et notre Mère,
accepte notre offrande et accompagne-nous
sur les chemins du monde.
Amen.

EN 1987, LE SAINT-PÈRE EST AU CHILI. À PUERTO MONTI (LE 4 AVRIL), IL INVOQUE MARIE, MÈRE ET REINE DU CHILI, POUR L'ÉVANGÉLISATION DE CE PAYS.

Montre ton amour aux pauvres !

Notre Mère très sainte,
en cette heure de nouvelle évangélisation,
prie pour nous le Rédempteur de l'homme ;
qu'il nous sauve du péché et de tout ce qui nous rend esclaves ;
qu'il nous unisse par le lien de la fidélité à l'Église
et aux pasteurs qui la guident.
Montre ton amour de Mère aux pauvres, à ceux qui souffrent
et à ceux qui cherchent le règne de ton Fils.
Soutiens nos efforts pour construire
le continent de l'espérance solidaire
dans la vérité, la justice et l'amour.

À SANTIAGO (CUBA), LE 24 JANVIER 1998, JEAN-PAUL II IMPLORE LA VIERGE DE LA CHARITÉ DEL COBRE, PATRONNE DE CUBA, POUR LE PEUPLE CUBAIN.

Ton nom et ton image

Vierge de la Charité *del Cobre*,
Patronne de Cuba,
je te salue, Marie, pleine de grâce.
Tu es la Fille aimée du Père,
la Mère du Christ, notre Dieu,
le Temple vivant de l'Esprit saint.
Tu portes en ton nom, Vierge de la Charité,
la mémoire du Dieu qui est Amour,
le souvenir du commandement nouveau de Jésus,
l'évocation de l'Esprit saint :
amour répandu en nos cœurs,
feu de charité envoyé le jour de la Pentecôte
sur l'Église,
don de la pleine liberté des enfants de Dieu.

Bénie es-tu entre les femmes
et béni le fruit de tes entrailles, Jésus !
Tu es venue visiter notre peuple
et tu as voulu demeurer avec nous
comme Mère et Maîtresse de Cuba,
tout au long de son pèlerinage,
sur les chemins de l'histoire.
Ton nom et ton image sont sculptés
dans l'esprit et le cœur de tous les Cubains,
dans la Patrie et en dehors d'elle,
comme signe d'espérance
et centre de fraternelle communion.

Sainte Marie, Mère de Dieu, notre Mère !
Intercède pour nous auprès de ton Fils Jésus Christ.
Intercède pour nous avec ton cœur maternel,
inondé de la charité de l'Esprit.
Accrois en nous la foi, avive l'espérance,
augmente et fortifie en nous l'amour.
Protège nos familles,
protège les jeunes et les enfants,
console ceux qui souffrent.
Sois la Mère des fidèles et des pasteurs de l'Église,
le modèle et l'Étoile de la nouvelle évangélisation.

Mère de la réconciliation !
Réunis ton peuple dispersé à travers le monde.
Fais de la nation cubaine un foyer de frères
et de sœurs pour que ce peuple ouvre tout grands
son esprit, son cœur et sa vie au Christ,
unique Sauveur et Rédempteur,
qui vit et règne avec le Père et l'Esprit saint
pour les siècles des siècles. Amen !

DE NOTRE-DAME DE GUADALUPE À MEXICO (MEXIQUE), LE 22 JANVIER 1999, LE PAPE PRIE POUR TOUS LES PEUPLES DU CONTINENT AMÉRICAIN.

Regarde l'angoisse

Ô Mère ! Tu connais les chemins qu'ont suivis
les premiers évangélisateurs du Nouveau Monde,
depuis l'île Guanahani et La Española
jusqu'aux forêts de l'Amazonie et les sommets andins,
de la Terre de Feu dans le Sud
jusqu'aux Grands Lacs et montagnes du Nord.
Accompagne l'Église qui accomplit son travail
dans les pays américains, pour qu'elle soit toujours
évangélisatrice et renouvelle son esprit missionnaire.
Encourage ceux qui consacrent leur vie à Jésus
et à l'extension de son Règne.

Ô douce Dame du Tepeyac, Mère de Guadalupe !
Nous te présentons cette foule innombrable de fidèles
qui prient Dieu en Amérique. Toi qui es entrée
dans leur cœur, visite et réconforte les foyers,
les paroisses et les diocèses de tout le continent.
Fais que les familles chrétiennes éduquent leurs enfants
de façon exemplaire dans la foi de l'Église
et dans l'amour de l'Évangile
pour qu'elles soient des pépinières
de vocations apostoliques.
Dirige ton regard aujourd'hui sur les jeunes
et encourage-les à marcher avec le Christ.

Ô Notre-Dame et Mère de l'Amérique !
Confirme la foi de nos frères et sœurs laïcs,
pour que dans tous les domaines de la vie sociale,

professionnelle, culturelle et politique,
ils agissent conformément à la vérité et à la loi nouvelle
que Jésus a amenées à l'humanité.
Regarde l'angoisse de ceux qui souffrent de la faim,
de la solitude, de la marginalisation ou de l'ignorance.
Fais-nous reconnaître en eux tes fils privilégiés
et donne-nous l'impétuosité de la charité
pour les aider dans leurs besoins.

Sainte Vierge de Guadalupe, Reine de la Paix !
Sauve les nations et les peuples du Continent.
Fais que tous, gouvernants et citoyens,
apprennent à vivre dans la vraie liberté,
en agissant selon les exigences de la justice
et le respect des droits de l'homme,
pour qu'ainsi se consolide définitivement la paix.
À toi, Notre-Dame de Guadalupe, Mère de Jésus
et notre Mère, tout l'amour, l'honneur, la gloire
et la louange continuelle des fils et des filles d'Amérique !

À ROME, EN LA CÉLÉBRATION DU 450e ANNIVERSAIRE DES APPARITIONS DE GUADALUPE, LE 12 DÉCEMBRE 1981, LE PAPE PRIE AVEC LA COMMUNAUTÉ LATINO-AMÉRICAINE. DANS L'HOMÉLIE, IL INVOQUE MARIE.

Avec les moins favorisés

Aux pieds de la Vierge de Guadalupe, je dépose ces intentions avec les richesses et les difficultés de l'Amérique latine tout entière.

Ô Mère, sois la gardienne des évêques, des prêtres, des religieux
et des religieuses pour que, animés d'un profond amour
envers l'Église et généreusement fidèles à leur mission,
ils agissent avec un juste discernement dans leur service
ecclésial et qu'ils édifient, dans la vérité et la charité,
le peuple de Dieu. Sois l'inspiratrice des gouvernants
pour que, respectant scrupuleusement les droits
de chaque citoyen et en esprit de service à leur peuple,
ils recherchent toujours la paix, la justice, la concorde,
le véritable progrès, la moralité dans toute la vie publique.
Éclaire des rayons de l'équité et de la droiture
tous ceux qui ont entre leurs mains le pouvoir
économique et social, pour qu'ils n'oublient pas les exigences
de la justice dans les relations communautaires,
surtout avec les moins favorisés. Aide les jeunes
et les étudiants, pour qu'ils se préparent bien à infuser
de nouvelles forces d'honnêteté, de compétence
et de générosité dans les relations sociales.
Regarde avec bonté les paysans pour qu'on leur procure
un niveau de vie plus juste et plus convenable.
Protège les frères de Juan Diego, les indigènes,
pour qu'on leur accorde une digne place dans la société,
sans marginalisation ni discrimination. Veille sur les enfants

pour qu'ils aient toujours le bon exemple
et l'amour de leurs parents.
Garde dans l'unité les familles pour qu'elles soient
fortes et persévérantes dans l'amour chrétien.
Et puisque tu es l'Impératrice des Amériques,
étends ta protection sur toutes les nations
du continent américain et sur ceux qui y ont apporté
la foi et l'amour de toi.
Fais enfin, Mère, que cette célébration centenaire
du peuple mexicain qui marque sa fidélité mariale
au cours des quatre cent cinquante dernières années
soit, en toi, le début d'une fidélité renouvelée
au Christ et à son Église. Amen !

À LA FIN DE SON HOMÉLIE DU 11 JUIN 1982 DANS LE SANCTUAIRE DE LUJAN, EN ARGENTINE, LE PAPE SE TOURNE VERS LA VIERGE MARIE, POUR UN ACTE D'OFFRANDE.

Conduis-nous sur les voies de la paix !

Et toi, Mère, écoute tes fils et tes filles de la nation argentine,
qui accueillent, comme si elles étaient adressées
à eux-mêmes, les paroles prononcées du haut de la croix :
Voici ton fils ! Voici ta Mère ! Dans le mystère de la rédemption,
le Christ lui-même *nous a confiés à toi,* nous tous
et chacun d'entre nous. Nous sommes venus aujourd'hui
au sanctuaire de Lujan dans un esprit de confiant abandon.
Et moi – évêque de Rome – je viens aussi pour te faire
cet acte d'offrande, de tous et de chacun. Je te confie
tout particulièrement tous ceux
qui, à cause des récents événements, ont perdu la vie :
je recommande leurs âmes à l'éternel repos
dans le Seigneur. Je te confie de même ceux
qui ont perdu la santé et qui se trouvent dans les hôpitaux,
pour que, dans l'épreuve et la douleur, leurs esprits se sentent
réconfortés. Je te recommande toutes les familles et la nation.
Que tous soient partie prenante de cette élévation de l'homme
dans le Christ, prononcée par la liturgie d'aujourd'hui.
Qu'ils vivent la plénitude de la foi, de l'espérance
et de la charité, comme des fils et des filles adoptifs
du Père éternel dans le Fils de Dieu.

Que par ton intercession, ô Reine de la paix, l'on trouve
les voies pour la solution du conflit actuel, dans la paix,
la justice, dans le respect de la dignité propre à chaque nation.
Écoute tes enfants, montre-leur Jésus, le Sauveur,
comme chemin, vérité, vie et espérance. Amen !

LE VOYAGE DE JEAN-PAUL II À LOURDES, INITIALEMENT PRÉVU POUR LE CONGRÈS EUCHARISTIQUE INTERNATIONAL EN 1981, AVAIT ÉTÉ REPORTÉ À LA SUITE DE L'ATTENTAT DONT IL FUT VICTIME SUR LA PLACE SAINT-PIERRE. C'EST DONC LES 14 ET 15 AOÛT 1983 QUE LE PAPE PEUT RÉALISER SON PÈLERINAGE. À CETTE OCCASION, IL PRONONCE UNE PRIÈRE À NOTRE-DAME DE LOURDES POUR LES FRANÇAIS.

Notre-Dame de Lourdes

Devant toi, ô Mère du Christ, devant ton cœur immaculé,
je veux aujourd'hui m'unir à nouveau à notre Rédempteur
qui s'est consacré pour les hommes afin de les régénérer
par le pardon et de les nourrir de sa vie. Tu t'es unie,
plus que quiconque, à son offrande pour le salut du monde.
Et tu nous supplies par la voix de Bernadette,
d'accueillir l'invitation à la pénitence, à la conversion, à la prière.
Ne permets pas que nous passions notre chemin
en oubliant ton appel.

Mère des hommes et des peuples, toi qui connais
leurs souffrances et leurs espoirs, qui ressens
d'une façon maternelle leurs luttes entre le bien et le mal,
entre la lumière et les ténèbres, écoute notre prière,
viens au secours de tes enfants dans l'épreuve.
Je te renouvelle à Lourdes pour toute l'Église la prière
que j'aime t'adresser dans les grands sanctuaires
qui te sont dédiés à travers le monde.

Et ici, sur cette terre de France, je confie spécialement
à ton amour maternel les fils et les filles de ce peuple.
Ils n'ont pas cessé de t'honorer,
dans leurs traditions, dans l'art de leurs cathédrales,
dans leurs pèlerinages, dans la piété populaire
comme dans la dévotion des auteurs spirituels,

sûrs de demeurer proches du Christ en te contemplant,
en t'écoutant, en te priant. Beaucoup ont tenu à se consacrer
à toi, y compris des rois,
comme l'a fait Louis XIII au nom de son peuple.

Toi-même, tu as donné à Bernadette Soubirous l'expérience
de ta douce présence en la chargeant d'un message
qui fait écho à la parole de Dieu confiée à l'Église. L'offrande
que nous faisons de nous-mêmes devant toi, ô Notre-Dame,
doit être l'œuvre personnelle de chacun, de chaque famille,
de chaque communauté ecclésiale et il est bon de la renouveler
à chaque génération, dans la forme qui exprime au mieux
cette remise confiante.

J'accomplis ce geste aujourd'hui avec tous ceux qui le veulent
dans ce pays : afin que leur foi chrétienne triomphe
de toutes les embûches, qu'elle soit fidèlement transmise
et que les jeunes générations l'accueillent vraiment.
Afin qu'ils soient assidus à te prier. Afin que se lèvent
toujours des chrétiens convaincus, des saints,
qui entraînent leurs frères dans une vie brûlante d'amour
de Dieu et du prochain, et de zèle missionnaire.
Afin que la charité et l'unité, afin que la joie et l'espérance
habitent cette Église. Afin que son témoignage
aide la nation tout entière dans le progrès véritable
que tu désires pour elle.

Ô Marie, Notre-Dame de Lourdes, obtiens pour ces frères
et sœurs de France les dons de l'Esprit saint
afin de donner une nouvelle jeunesse, la jeunesse de la foi,
à ces chrétiens et à leurs communautés,
que je confie à ton cœur immaculé, à ton amour maternel.

AU COURS DE L'ANGELUS DU 9 OCTOBRE 1988 À STRASBOURG (FRANCE), LE SAINT-PÈRE SALUE LA VIERGE MARIE AVEC LES NOMBREUX VOCABLES SOUS LESQUELS ELLE EST PRIÉE EN ALSACE.

Notre-Dame d'Europe

Au milieu du jour, nous saluons la Sainte Vierge Marie.
Nous la saluons avec les paroles de l'Ange
qui annonce l'Incarnation.
Nous saluons la Servante du Seigneur,
dans sa foi sans réserve en la parole de Dieu.
Nous saluons la Vierge Bienheureuse
qui accepta d'être la Mère du Sauveur, le Fils de Dieu.
Nous saluons la Mère Admirable
à qui Jésus a confié son disciple bien-aimé.
Nous saluons en Marie, présente au cénacle
parmi les apôtres, la Mère de l'Église.
Nous vénérons et nous invoquons la Mère de Dieu
avec toutes les générations de ses fils d'Alsace
qui lui ont élevé tant de sanctuaires :
– Nous invoquons Notre-Dame de Neunkirch,
Notre-Dame du Chêne à Goersdorf, à Sélestat,
nous lui confions les familles et les jeunes.
– Nous invoquons Notre-Dame des Douleurs à Dusenbach,
à Marienthal, à Thierenbach, aux Trois-Épis,
nous lui confions les malades et les handicapés.
– Nous invoquons Notre-Dame Consolatrice des affligés
à Aspach, à Hattisheim, à Illfurt,
nous lui confions nos frères isolés,
nos frères marqués par l'épreuve morale.
– Nous invoquons Notre-Dame d'Altbronn,
de Grunenwals, de Monswiller,
nous lui confions les prêtres,

les religieux et les religieuses, les vocations des jeunes.
– Nous invoquons Notre-Dame du Bon Secours d'Oderen, d'Altkirch, nous lui confions les responsables du bien commun dans les villes et les villages.
– Nous invoquons Notre-Dame de la Miséricorde du Bischenberg, nous lui confions nos frères et sœurs défunts.
– Nous invoquons Notre-Dame de Strasbourg, Notre-Dame de France, Notre-Dame d'Europe, nous lui demandons de soutenir la foi de ses fils de toute l'Europe, nous lui confions la vie de l'Église en tout ce continent.
Angelus Domini nuntiavit Mariae...

AU MONT SAINTE-ODILE (FRANCE), LE 10 OCTOBRE 1988, LE SAINT-PÈRE BÉNIT LA PLAINE D'ALSACE.

Que l'Alsace reste fidèle à l'héritage reçu !

Dieu de bonté et de miséricorde,
au long des âges tu as suscité dans la plaine d'Alsace
le peuple qui t'appartient,
et tu lui as confié les semailles
en vue d'une riche moisson de vie éternelle.
Multiplie encore aujourd'hui les dons de ta grâce
et veille sur les habitants de cette terre :
que ceux qui y travaillent et peinent
dans les multiples activités qui assurent leur existence
aient le cœur ouvert à l'unique nécessaire ;
que chacun contribue par la ferveur de la foi et la charité
à édifier le monde nouveau,
à l'abri des divisions et de la haine,
avec un grand respect pour la vie humaine et pour la création
en cherchant ce qui peut combler
les cœurs affamés de bonheur et de paix ;
que l'Alsace reste fidèle à l'héritage reçu
et maintienne vivante sa générosité au service de l'Église
par de nombreuses vocations sacerdotales et religieuses ;
que l'esprit des saints apôtres et des missionnaires,
et spécialement de sainte Odile, la Vierge de lumière,
continue de se manifester pour le salut de tous.
Fais descendre ta bénédiction sur cette région :
sur les villes et les villages,
sur les responsables du bien commun,
sur ceux qui, à tous les niveaux, construisent l'Europe,

sur les familles et les communautés,
sur les paroisses et les mouvements,
sur les enfants et les jeunes,
sur les malades et les infirmes,
sur les étrangers et ceux qui habitent au-delà des frontières,
pour qu'ils grandissent tous
dans leur dignité d'homme et de fils de Dieu :
Au nom du Père, et du Fils, et du Saint-Esprit.
Amen !

AU TERME DE LA MESSE À REIMS (FRANCE), LE 22 SEPTEMBRE 1996, OÙ A ÉTÉ COMMÉMORÉ LE BAPTÊME DE CLOVIS, DANS LA PRIÈRE DE L'ANGELUS, JEAN-PAUL II INVOQUE NOTRE-DAME, PATRONNE DE LA FRANCE.

Tes fils et tes filles de France !

En ce jour solennel, nous te présentons,
ô Vierge très sainte, tes fils et tes filles de France.
Garde l'Église sur cette terre
dans la fidélité à l'Évangile de ton Fils,
dans l'unité de la foi et le dynamisme de l'espérance.

Fais des baptisés de ce peuple des témoins courageux
de la vérité et des bâtisseurs de paix.

Mère admirable, étends ton manteau de tendresse
sur les familles de cette terre, afin qu'elles connaissent
le bonheur d'aimer et de transmettre la vie.

Vierge fidèle, aide les jeunes que je vois là si nombreux,
aide les jeunes à avancer dans la vie. Aide les jeunes,
car ils sont l'espérance et la joie de l'Église
et de leur pays, de la France.

Aide les fils de l'Église en France à faire face
aux difficultés de cette époque dans une loyale collaboration
avec leurs compatriotes qui appartiennent
à d'autres traditions religieuses
ou à d'autres familles d'esprit.

Toi qui as donné au monde le Christ Sauveur,
ouvre les cœurs à toute détresse, inspire à chacun

les gestes de la solidarité et de l'accueil
à l'égard des frères de nations plus démunies.

Ô Notre-Dame, patronne de la France,
toi qui as célébré les merveilles du Seigneur,
toi qui as chanté la fidélité de Dieu aux promesses
faites à nos pères, nous te bénissons,
car tu es celle qui a cru en l'accomplissement
de la parole de Dieu et en son amour
qui s'étend d'âge en âge.
Angelus Domini nuntiavit Mariae...

À SARAGOSSE, LE 6 NOVEMBRE 1982, JEAN-PAUL II SE REND AU SANCTUAIRE DE NOTRE-DAME DEL PILAR, ÉDIFIÉ SUR LE PLUS ANCIEN LIEU DE PÈLERINAGE D'ESPAGNE. SUR LA PLACE EDUARDO-IBARRA, AU COURS D'UNE LITURGIE DE LA PAROLE, IL REND GRÂCE À DIEU POUR LA PRÉSENCE MATERNELLE DE MARIE EN TERRE ESPAGNOLE.

Vierge du Pilar, protège l'Espagne !

Je rends grâce à Dieu avec ferveur pour la présence
singulière de Marie sur cette terre espagnole où elle a produit
tant de fruits. Et je veux enfin te recommander,
Vierge très sainte du Pilar, l'Espagne entière,
tous et chacun de ses fils et de ses peuples,
l'Église en Espagne, comme aussi tous les fils
de toutes les nations hispaniques.

Dieu te salue, Marie, Mère du Christ et de l'Église !
Dieu te salue, notre vie, notre douceur, notre espérance !

À tes soins, je confie ce soir les besoins de toutes les familles
d'Espagne, les joies des enfants, le rêve des jeunes,
les soucis des adultes, la douleur des malades
et le serein crépuscule des anciens.

Je te recommande la fidélité et l'abnégation des ministres
de ton Fils, l'espérance de ceux qui se préparent
pour ce ministère, la joyeuse offrande des vierges du cloître,
la prière et le zèle des religieux et religieuses,
la vie et l'engagement de tous ceux
qui travaillent pour le règne du Christ sur cette terre.

Entre tes mains je dépose la peine et la sueur de ceux
qui travaillent de leurs mains ; la noble application de ceux
qui transmettent leur savoir et l'effort de ceux

qui apprennent ; la belle vocation de ceux qui, par leur science
et leur service, soulagent la douleur des autres ;
la tâche de ceux qui appliquent leur intelligence
à la recherche de la vérité.

Dans ton cœur, je dépose les aspirations de ceux
qui, par les activités économiques, procurent honorablement
la prospérité à leurs frères ; de ceux qui, au service de la vérité,
informent et forment avec droiture l'opinion publique ;
de ceux qui, dans la politique, dans l'armée,
dans les syndicats, ou au service de l'ordre public,
apportent leur honnête collaboration
à une convivence juste, pacifique et sans troubles.

Vierge sainte du Pilar : augmente notre foi,
consolide notre espérance, ravive notre charité.
Secours ceux qui subissent le malheur,
ceux qui souffrent de la solitude, de la faim
ou du manque de travail. Fortifie ceux
qui sont faibles dans la foi. Suscite chez les jeunes
la disponibilité à se donner pleinement à Dieu.
Protège l'Espagne entière et ses peuples,
ses hommes et ses femmes,
et assiste maternellement, ô Marie,
tous ceux qui t'invoquent comme patronne de l'Hispanité.
Amen !

AU COURS D'UNE MESSE CÉLÉBRÉE À MAASTRICHT (PAYS-BAS), LE 14 MAI 1985, LE SAINT-PÈRE CONFIE L'ÉGLISE DES PAYS-BAS À MARIE.

Ô Marie, aide les chrétiens des Pays-Bas !

Ô Marie, toi qui as vécu dans l'intimité du Père, du Fils
et de l'Esprit, toi qui as donné chair au Verbe de Dieu,
toi qui as eu l'expérience de la vie familiale à Nazareth,
toi qui as participé avec les apôtres à la naissance
du nouveau peuple de Dieu, reste avec nous !
Reste avec nous pour nous éduquer à l'amour véritable
dans toutes les communautés auxquelles nous appartenons !
Qu'elles soient des lieux de vie et de vérité,
de charité et de paix, de courage et d'espérance !
Ô Marie, demeure auprès de ce peuple que je visite aujourd'hui !
Je le confie à ton cœur maternel.

Ô Marie, aide les chrétiens des Pays-Bas à être aujourd'hui
les témoins de la résurrection à la suite des apôtres de ton fils.

Aide-les à conserver et à *poursuivre l'œuvre d'évangélisation*
commencée par saint Servais.
Maintiens leur cœur en éveil dans l'attente du retour
du Maître (cf. Mt 24,42-47) afin qu'il les *trouve fidèles*
à l'Évangile dont il leur a fait le don !
Aide-les à vivre *dans l'unité* à laquelle on reconnaît
les disciples de ton fils !
Et pour cela, qu'ils sachent, à ton exemple,
garder dans leur cœur les paroles de Jésus :
« Demeurez dans mon amour. Si vous êtes fidèles
à mes commandements, vous demeurerez dans mon amour,
comme moi j'a gardé fidèlement les commandements
de mon Père et je demeure dans son amour » (Jn 15,9-10).

CÉLÉBRANT LA MESSE DE L'ASCENSION (16 MAI 1985) À LUXEMBOURG, JEAN-PAUL II INVOQUE LE CHRIST POUR L'ÉGLISE DU GRAND-DUCHÉ.

Donne à ton peuple un esprit de sagesse !

Ô Christ, Seigneur, Fils bien-aimé du Père,
Ami de l'homme, Maître qui aime la vie,
tu n'oublies aucune créature.
Regarde l'Église qui est à Luxembourg,
envoie en elle le souffle vivifiant et le feu de ton Esprit.
Marque-la du sceau de l'Esprit saint,
rappelle aux baptisés qu'ils sont membres de ton Corps.
Habite en leurs cœurs par la foi.
Enracine-les et fonde-les dans l'amour.
Ouvre-les à la louange de ta gloire.

Ô Christ, Seigneur, Puissance et Sagesse de Dieu,
tu amèneras toute chose à son accomplissement,
car la puissance de ton amour surpasse toute connaissance ;
tu peux nous donner plus que ce que nous savons demander.
Donne à ton peuple un esprit de sagesse,
illumine les yeux de son cœur
afin qu'il accueille en ta parole le ferment de toute sa vie,
de la famille et de la société, du travail et du loisir,
de l'enfance et de la jeunesse,
de l'âge adulte et de la vieillesse.

Ô Christ, Sagesse de Dieu,
reflet resplendissant de sa gloire et expression de son être,
tu portes l'univers par la puissance de ta parole.
Apprends à ce peuple le vrai sens des choses de ce monde

et l'amour des biens éternels,
afin qu'il sache disposer de tes dons
en discernant le bien et le mal.
Donne-lui l'amour dans les relations familiales,
la justice dans les relations sociales,
la vérité dans les communications,
la réconciliation dans les conflits.
Aide les hommes de ce pays à mettre à profit le temps,
pour servir ton Père et tous leurs frères,
pour s'armer contre les forces du mal
et vivre en enfants de lumière.

Ô Christ, Fils de Dieu,
tu t'es dépouillé, prenant la condition de serviteur,
et tu devins semblable aux hommes
jusqu'à la mort de la croix.
Premier-né d'entre les morts, Christ ressuscité,
par toi il a plu au Père de réconcilier tous les êtres.
Par notre baptême, dans ta mort et ta résurrection,
tu nous donnes de vivre, nous aussi, dans une vie nouvelle.

Par la Vierge Marie, ta Mère au cœur immaculé,
nous te prions :
fais-nous découvrir les trésors de sagesse cachés en toi.
Avec Marie, nous voulons les retenir
et les méditer dans nos cœurs.
Avec Marie, présente au milieu des disciples,
donne-nous d'être témoins fidèles,
dans la foi et l'amour.

LES VOYAGES DE JEAN-PAUL II EN POLOGNE L'ONT CONDUIT PLUSIEURS FOIS AUX PIEDS DE LA VIERGE DE JASNA GORA. DANS SA PRIÈRE, IL CONFIE À MARIE LES ASPIRATIONS DE SON PEUPLE. LE TEXTE CI-DESSOUS DATE DU 19 JUIN 1983.

Je te confie ma nation...

Ô Mère et Dame de Jasna Gora, je désire - en union
avec tous - te confier encore une fois ma nation.
Je suis son fils, je porte en moi tout l'héritage de sa culture,
de son histoire, l'héritage des victoires
- cette année même, nous commémorons spécialement
Jean III Sobieski et Vienne - mais je porte aussi
l'héritage des défaites.
Je porte en moi la conscience de ses négligences,
de ses péchés et de ses fautes,
mais aussi la conscience des injustices historiques
qu'elle a subies au cours de ces deux derniers siècles.
Je suis le fils de cette nation - et c'est pourquoi je ressens
profondément toutes ses nobles aspirations,
le désir de vivre dans la vérité, dans la liberté, dans la justice,
dans la solidarité sociale, le désir de vivre sa propre vie.
En effet, après mille ans d'expériences historiques,
ce peuple a sa propre vie, sa culture,
sa tradition sociale, son identité spirituelle.

Mère de Jasna Gora !
Je désire te confier tout ce qui a été élaboré
dans la difficile période des dernières années,
spécialement depuis août 1980, toutes ces vérités,
tous ces principes, toutes ces valeurs, toutes ces attitudes.
Fais que rien ne se perde de ce qui est vrai et juste.
Fais que cela devienne la matière d'un vrai renouveau moral

et social. À ce renouveau, la nation lie à juste titre ses espoirs.
Fais que l'on retrouve le courage du dialogue social
par le moyen duquel la nation pourra recouvrer l'espoir
de participer tout entière aux décisions
sur la forme de sa propre vie commune.
Reine de Pologne, je désire également te confier les tâches
difficiles de ceux qui exercent le pouvoir sur la terre polonaise.
Un État est fort, avant tout, avec le soutien de la société.
Vers toi, ô Mère, j'élève une prière à haute voix
pour que ce soutien puisse être le fruit
d'une pleine compréhension de la voie historique de la nation
et des expériences contemporaines.
Elle est en même temps la voie vers le respect de l'homme,
de sa conscience et de ses convictions.
En cette heure difficile de l'histoire, je te confie, ô Mère,
tous les Polonais, car de chacun, dans une certaine mesure,
dépend la persévérance sur la route du renouveau,
de la justice et de la paix.

Enfin, ô Mère de Jasna Gora, je suis venu ici
pour te dire encore une fois : « *Totus Tuus* ! »
Je suis, ô Mère, tout entier à toi,
et tout ce qui est mien est tien.
Tout ce qui est mien, et donc aussi ma patrie, ma nation.
Ô Mère ! J'ai été appelé à servir l'Église universelle
sur le siège romain de saint Pierre. En pensant
à ce service universel, je répète constamment :
« *Totus Tuus* ! » Je désire être le serviteur de tous !
En même temps, je suis le fils de cette terre,
de cette nation. C'est ma nation, c'est ma patrie.
Mère ! Tout ce qui est mien est tien !
Mère ! Tout ce qui est mien est tien !

Que puis-je te dire de plus ? Comment te confier encore
de manière différente cette terre, ces hommes, cet héritage ?
Je te les confie comme je les comprends.
Tu es Mère. Tu comprendras et accueilleras.

EN POLOGNE, À JASNA GORA, LE 12 JUIN 1987. (VOIR PRÉSENTATION DE LA PRIÈRE PRÉCÉDENTE P. 254)

Donne-nous ta victorieuse espérance !

Marie, Reine de la Pologne, Vierge de Jasna Gora, *implore pour les consciences humaines.* Sois la Mère et l'éducatrice.
Ne te laisse pas décourager par nos faiblesses.
En cette heure de l'appel de Jasna Gora, je te remercie
pour tous *ceux qui luttent pour la vie des enfants non encore nés.* Et pour ceux qui luttent pour la vie
et la santé de toute la nation,
de tout homme menacé par le vice.

Guide-nous, toi qui es la première parmi tous les croyants.
Conduis *le Peuple de Dieu* sur cette terre polonaise
dans son pèlerinage de la foi et de l'espérance.
Oui ! Aide l'espérance ! L'homme d'aujourd'hui
a tellement besoin d'espérance. L'homme,
sur cette terre polonaise, *a tellement besoin d'espérance.*

Qu'est-ce que l'espérance ?
Que signifie-t-elle ?
Elle signifie : « *Ne te laisse pas vaincre par le mal mais triomphe du mal par le bien !* » (Rm 12,21).
Il est possible de vaincre le mal.
C'est cela, la force de l'espérance.

Marie, Reine de la Pologne, à l'heure de l'appel de Jasna Gora,
sur l'itinéraire du Congrès eucharistique en Pologne,
je te demande pour tous mes compatriotes
cette « *victorieuse espérance* ».

Peut-être en ce moment, en ce moment historique,
l'espérance est plus que jamais menacée.
Et, en même temps, elle est plus nécessaire que jamais.
L'espérance qui est la force de l'homme, *qui le rend fort même au milieu des souffrances et des épreuves.*
Au milieu des contradictions.
Vierge de Jasna Gora, fais que l'homme sur la terre polonaise
remporte la victoire par la force de l'espérance
qui *naît du Christ,* de l'eucharistie.
Oui, « il nous a aimés jusqu'au bout » (cf. Jn 13,1).

À LA FIN DE L'ENCYCLIQUE *SLAVORUM APOSTOLI* (2 JUIN 1985), LE PAPE CONFIE À DIEU L'HÉRITAGE DE LA FOI DES NATIONS SLAVES. C'EST AUSSI UNE PRIÈRE POUR TOUTE L'EUROPE.

Le trésor commun de tant de fils différents !

« En tes mains je remets... »

Ô Dieu grand, un dans la Trinité, je te confie l'héritage
de la foi des nations slaves ; garde et bénis ton œuvre !

Souviens-toi, ô Père tout-puissant, du moment
où, selon ta volonté, advint pour ces peuples et ces nations
la « plénitude des temps », et où les saints missionnaires
de Salonique accomplirent fidèlement le commandement
que ton Fils Jésus Christ avait donné à ses apôtres ;
suivant leurs traces et celles de leurs successeurs,
ils portèrent la lumière de l'Évangile, la Bonne Nouvelle
du salut, dans les terres habitées par les Slaves,
et rendirent témoignage
- que tu es le Créateur de l'homme, que tu es notre Père
et que, nous les hommes, en toi nous sommes tous frères ;
- que par ton Fils, ta Parole éternelle, tu as donné l'existence
à toutes choses, et tu as appelé les hommes
à participer à ta vie pour toujours ;
- que tu as tant aimé le monde que tu lui as fait don
de ton Fils unique, qui, pour notre salut, descendit du ciel,
s'est incarné par l'œuvre de l'Esprit saint
dans le sein de la Vierge Marie et s'est fait homme ;
- et que, enfin, tu as envoyé l'Esprit de force et de consolation
pour que tout homme, racheté par le Christ, puisse
recevoir en lui la dignité de fils et devenir cohéritier
des promesses indéfectibles que tu as faites à l'humanité !

Ton plan créateur, ô Père, couronné par la Rédemption,
regarde l'homme vivant ; il embrasse sa vie entière
et l'histoire de tous les peuples.

Entends, ô Père, les supplications que te présente aujourd'hui
toute l'Église, et fais que *les hommes et les nations*
qui, grâce à la mission apostolique des saints frères
de Salonique, te connurent et t'accueillirent, toi le vrai Dieu,
et qui entrèrent dans la sainte communauté de tes fils
par le baptême, puissent continuer encore, sans obstacles,
à accueillir avec foi et enthousiasme ce programme évangélique
et à épanouir toutes leurs possibilités humaines
en s'appuyant sur leur enseignement !
- Puissent-ils suivre, conformément à leur conscience,
ton appel sur les chemins qui, pour la première fois,
leur ont été ouverts il y a onze siècles !
- Puisse leur appartenance au règne de ton Fils
n'être jamais considérée par personne comme opposée
au bien de leur patrie terrestre !
- Puissent-ils proclamer les louanges qui te sont dues
dans leur vie privée et dans leur vie publique !
- Puissent-ils vivre dans la vérité, dans la charité,
dans la justice et dans cette expérience
de la paix messianique qui touche les cœurs humains,
la communauté, la terre et tout le cosmos !
- Conscients de leur dignité d'hommes et de fils de Dieu,
puissent-ils avoir la force de surmonter toute haine
et de vaincre le mal par le bien !
Mais accorde aussi à toute l'Europe, ô Trinité très sainte,
que, par l'intercession des deux saints frères, elle perçoive
toujours mieux l'exigence de l'unité religieuse chrétienne
et de la communion fraternelle de tous ses peuples,

afin que, surmontant l'incompréhension et la méfiance
réciproque, et dépassant les conflits idéologiques
dans une conscience commune de la vérité,
elle puisse être pour le monde entier
un exemple de convivialité juste et pacifique
dans le respect mutuel et la liberté inviolable.

À toi donc, Père tout-puissant,
Dieu Fils qui as racheté le monde, Dieu Esprit
qui es le soutien et le maître de toute sainteté,
je voudrais confier toute l'Église d'hier, d'aujourd'hui
et de demain, l'Église qui est en Europe
et qui est répandue sur toute la terre.
En tes mains, je remets cette unique richesse,
composée de tant de dons divers, anciens et nouveaux,
inclus dans le trésor commun de tant de fils différents.

Toute l'Église te rend grâce, toi qui as appelé
les nations slaves à la communion de la foi,
pour l'héritage et pour la contribution
qu'elles ont apportés au patrimoine universel.
D'une manière particulière, le pape d'origine slave
te remercie pour cela. Que cette contribution ne cesse jamais
d'enrichir l'Église, le continent européen et le monde entier !
Qu'elle ne fasse pas défaut à l'Europe et au monde
d'aujourd'hui ! Qu'elle ne manque pas à la conscience
de nos contemporains ! Nous désirons accueillir intégralement
tout ce que les nations slaves ont apporté et apportent
d'original et de valable dans le patrimoine spirituel
de l'Église et de l'humanité. L'Église entière, consciente
de la richesse commune, professe sa solidarité spirituelle
avec elles et redit qu'elle a une responsabilité propre

envers l'Évangile, pour l'œuvre du salut qu'elle est appelée à réaliser encore aujourd'hui dans le monde entier, jusqu'aux confins de la terre.
Il est nécessaire de remonter au passé pour comprendre, à sa lumière, la réalité présente et prévoir le lendemain. La mission de l'Église est, en effet, toujours orientée et tendue dans une indéfectible espérance vers l'avenir.

À L'OCCASION DE L'ANNIVERSAIRE DU BAPTÊME DE LA RUS' DE KIEV, EN 1988, LE PAPE ADRESSE UN MESSAGE AUX CATHOLIQUES UKRAINIENS, INTITULÉ *MAGNUM BAPTISMI DONUM* (14 FÉVRIER 1988). À LA FIN DE CE MESSAGE, IL LES CONFIE À LA VIERGE MARIE.

Ô Mère de l'unité des chrétiens !

Je me prosterne devant toi, ô Mère très douce, et je te confie
toute l'histoire de la communauté catholique ukrainienne.

Ô Mère de l'unité des chrétiens ! Montre-nous les voies
assurées qui conduisent à ce but. Sur la route
de cette grande œuvre, accorde-nous de pouvoir rencontrer
toujours plus souvent nos frères dans la foi
et retrouver ensemble les traits divins de l'unité
pour laquelle le Christ lui-même a prié !

Ô Mère de la consolation, je remets entre tes mains
toutes les souffrances séculaires et les douleurs, les prières
et les témoignages de la vie de tant de tes fils ; je te confie
les espérances et les attentes des héritiers du baptême
de la Rus' qui aspirent à ce que, par ton intercession,
il soit donné à l'antique souche chrétienne
de connaître la splendeur d'une nouvelle floraison.

Serre sur ton cœur, ô Mère, ceux qui souffrent
dans la nostalgie de ce qu'ils ont perdu, mais qui ne cessent
d'espérer l'avènement de temps meilleurs. Aide tes disciples
fidèles afin que, avec leurs pasteurs et en communion
spirituelle avec le successeur de Pierre, ils puissent
célébrer dans la joie le millénaire et chanter
d'une âme fervente l'hymne d'action de grâce à Dieu
et à toi, Mère très sainte du Rédempteur, à toi la *Theotokos !*

EN 1987, JEAN-PAUL II ADRESSE UNE LETTRE APOSTOLIQUE AUX ÉVÊQUES DE LITUANIE À L'OCCASION DU VIe CENTENAIRE DU BAPTÊME DE CE PAYS INTITULÉE *SESCENTESIMA ANNIVERSARIA* (5 JUIN 1987). ELLE S'ACHÈVE PAR UNE PRIÈRE POUR L'ÉGLISE.

Bénis cette nation, montre-lui ton visage !

Sois favorable, Père tout-puissant, à ces fils
qui t'appartiennent, toi qui les as fait passer des ténèbres
aux splendeurs de ta vérité. Répands en leurs cœurs
ton Esprit saint, Esprit de vérité et consolateur,
afin qu'ils puissent rendre présente dans leur nation
la fécondité du mystère pascal de ton Fils.

Donne aux pasteurs de ce peuple qui est à toi la piété
et la sagesse, pour qu'ils puissent conduire le troupeau
vers les pâturages de la vie. Fais, ô Dieu tout-puissant,
qu'ils puissent exercer leur ministère sacré en toute sérénité
et en pleine liberté.

Remplis de ta lumière et de ta force le cœur
de ceux que tu as appelés à la vie consacrée,
afin qu'ils y persévèrent et sachent se donner sans réserve.
Multiplie le nombre de ceux qui accueillent l'appel
au sacerdoce et à la vie religieuse ;
affermis leur généreux projet et donne-leur de cheminer
sans obstacles sur la route de ton service divin.

Tourne ton regard, ô Seigneur, vers les familles qui vivent
unies en ton amour. Fais qu'elles accueillent avec joie
et avec le sens de la responsabilité le don de la vie.
Puissent-elles, avec ta grâce, croître dans un amour

réciproque ! Et que les parents sachent offrir à leurs enfants
le don de la foi, ainsi que le témoignage concret
d'une vie authentiquement chrétienne !

Ô Dieu, regarde avec prédilection les jeunes de Lituanie.
Ils portent en leurs cœurs une grande espérance :
rends-les forts et purs afin qu'ils puissent recevoir
en toute liberté le don de la foi de leurs ancêtres,
fais qu'ils l'accueillent avec gratitude,
fais qu'ils le développent avec générosité.

Tu es le Seigneur de tous les peuples, le Père de l'humanité.
J'invoque ta bénédiction sur ta famille lituanienne :
qu'elle suive, conformément à sa conscience,
la voix de ton appel tout au long des chemins
tracés pour la première fois il y a six siècles !
Que son appartenance à ton règne de sainteté et de vie
ne soit considérée par personne comme opposée
au bien de la patrie terrestre ! Que ton peuple lituanien
puisse faire monter vers toi, toujours et partout, la louange
qui t'est due, et témoigner librement et paisiblement
de la vérité, de la justice et de la charité !

Seigneur, bénis cette nation, montre-lui ton visage,
donne-lui ta paix !

Et maintenant, en esprit d'offrande, je me tourne vers toi,
très douce Mère du Christ et notre Mère, unissant ma voix
à celle de tes fils lituaniens qui t'implorent,
confiants dans ton intercession.
Mère de la miséricorde, ce peuple accourt vers toi
pour se mettre sous ta protection : ne repousse pas

ses supplications alors qu'il est dans le besoin,
préserve-le des dangers, conduis-le jusqu'à ton Fils !

Tu es, ô Mère, la mémoire de l'Église.
Tu gardes en ton cœur les tribulations des hommes
et des peuples. Je te confie le souvenir
des six cents années de vie chrétienne
de nos frères et de nos sœurs de Lituanie,
et je te demande de les aider à être encore et toujours
fidèles au Christ et à l'Église.

À ROME LE 1er JANVIER 1987, SOLENNITÉ DE MARIE MÈRE DE DIEU, LE PAPE RAPPELLE DANS SON HOMÉLIE L'ANNIVERSAIRE DU BAPTÊME DE LA LITUANIE.

Marie, tu es la mémoire de l'Église !

Bienheureuse, toi qui as cru !
L'évangéliste dit de toi : « Pour sa part, Marie conservait toutes ces choses, les méditant dans son cœur » (Lc 2,19).
Tu es la mémoire de l'Église !
L'Église apprend de toi, Marie, qu'être mère veut dire être une mémoire vivante, veut dire « *observer et méditer dans son cœur* » les événements des hommes et des peuples, les événements joyeux et les événements douloureux.
Parmi tant d'événements, en cette année 1987, nous désirons rappeler à la mémoire de l'Église le *six centième anniversaire du « baptêmc de la Lituanie »*, nous rendant proches, par la prière, de nos frères et sœurs qui, depuis tant de siècles, persévèrent dans l'union au Christ dans la foi de l'Église.
Et aussi combien d'autres événements encore, que d'espoirs, mais aussi que de menaces, que de joies mais aussi que de souffrances...
parfois que de grandes souffrances !
Nous devons tous, comme Église, observer et méditer ces événements dans notre cœur. Nous devons apprendre de toi toujours davantage, Marie, comment être Église dans ce passage d'un millénaire à l'autre.

À L'OCCASION DE L'ANNÉE MARIALE DE 1987, LE PAPE A CÉLÉBRÉ À ROME UNE MESSE EN RITE ARMÉNIEN (21 NOVEMBRE). SON HOMÉLIE SE TERMINE PAR UNE PRIÈRE POUR L'ARMÉNIE.

Toi qui aimes les humbles !

Sainte Mère de Dieu, toi qui, au cénacle de la Pentecôte,
as reçu l'effusion du Saint-Esprit, unique dans la diversité
de ses flammes, toi qui aimes les humbles parce que Dieu
a considéré ton humilité et t'a élevée par grâce,
bénis le peuple arménien.
Grégoire de Narek te chante comme celle
« qui ne s'immola point par l'œuvre du couteau
mais en brûlant en holocauste une vie d'austères tourments »
(Panégyrique de la Vierge, 9) : tourne ton regard
vers la terre de l'Arménie, vers ses montagnes où ont vécu
d'immenses cohortes de moines saints et savants,
vers ses églises, forteresses qui surgissent des rochers,
pénétrées du rayonnement de la Sainte Trinité ;
vers ses croix de pierre, souvenir de ton Fils
dont la Passion se continue dans celle des martyrs ;
vers ses fils et ses filles qui gardent toujours dans leur cœur
le chant du *Trisagion* et tes louanges,
toi qui es pour eux une Mère de tendresse.

Protège-les sur les routes du monde ;
soutiens le souvenir, si souvent douloureux, des anciens ;
l'engagement des hommes et des femmes qui, souvent,
sont désormais des citoyens du monde ;
inspire les désirs et les espoirs des jeunes,
afin qu'ils demeurent fiers de leur origine.
Fais que, partout où ils aillent, ils écoutent leur cœur
arménien, parce que de leur cœur toujours jaillira une prière

adressée à leur Seigneur et un frémissement d'abandon
à toi qui les couvres de ton manteau tutélaire.
Ô Vierge très douce, ô Mère du Christ et notre Mère, Marie !

EN 2001, LE PAPE SE REND EN ARMÉNIE. LE 26 SEPTEMBRE, AU MÉMORIAL DE TZITZERNAKABERD, IL PRIE POUR TOUTES LES VICTIMES D'ARMÉNIE ET POUR LA PAIX.

Essuie toute larme de ses yeux…

Ô Juge des vivants et des morts, prends pitié de nous ! Écoute, ô Seigneur, la plainte qui s'élève de ce lieu, l'invocation des morts des abysses du Metz Yeghérn, le cri du sang innocent qui implore comme le sang d'Abel, comme Rachel qui pleure ses fils parce qu'ils ne sont plus.

Écoute, ô Seigneur, la voix de l'évêque de Rome, qui fait écho à la prière de son prédécesseur, le pape Benoît XV, quand, en 1915, il éleva la voix pour défendre « le peuple arménien gravement affligé, conduit au seuil de l'anéantissement ».

Vois le peuple de cette terre, qui depuis si longtemps a placé en toi sa confiance, qui a traversé la grande épreuve et n'a jamais manqué à sa fidélité envers toi. Essuie toute larme de ses yeux et fais que son agonie au XXe siècle fasse place à une moisson de vie qui dure pour toujours.

Profondément troublés par la terrible violence infligée au peuple arménien, nous nous demandons avec effroi comment le monde peut encore connaître des aberrations aussi inhumaines.

Mais, renouvelant notre espérance dans ta promesse, ô Seigneur, nous implorons le repos pour les défunts dans la paix qui ne connaît pas de fin, et la guérison, par la puissance de ton amour, des blessures encore ouvertes.

Notre âme a soif de toi, Seigneur, plus que la sentinelle ne guette le matin, alors que nous attendons l'accomplissement de la rédemption conquise sur la croix, la lumière de Pâques qui est l'aube d'une vie invincible, la gloire de la nouvelle Jérusalem où la mort n'existera plus.

Ô Juge des vivants et des morts, prends pitié de nous ! Seigneur, prends pitié, Christ, prends pitié, Seigneur, prends pitié !

LE 25 SEPTEMBRE 2001, EN VISITE À LA CATHÉDRALE APOSTOLIQUE D'ETCHMIADZINE (ARMÉNIE), À LA FIN DE SON DISCOURS, LE PAPE REND GRÂCE À DIEU POUR LA FOI DU PEUPLE ARMÉNIEN.

Les portes de ton amour sont grandes ouvertes...

Jésus Christ, Seigneur et Sauveur, accorde-nous de comprendre la splendide vérité que saint Grégoire a entendue en ce lieu : que « les portes de ton amour sont grandes ouvertes pour tes créatures [...], que la lumière qui remplit la terre est la prédication de ton Évangile ». Seigneur, rends-nous dignes de la grâce de ces journées. Accueille notre prière commune ; accepte la gratitude de l'Église tout entière pour la foi du peuple arménien. Fais germer en nous des paroles et des gestes qui démontrent l'amour des frères entre eux. C'est ce que nous te demandons par l'intercession de Marie, la glorieuse Mère de Dieu, Reine de l'Arménie, et de saint Grégoire, à qui le Verbe de Dieu apparut sous forme de lumière. Amen !

QUELQUES JOURS APRÈS SA VISITE EN ARMÉNIE, LE 1er OCTOBRE 2001, LE PAPE BÉNIT LA CHAPELLE DE L'AULA DU SYNODE, AU VATICAN. IL ALLUME UNE LAMPE AVEC LA « LUMIÈRE » PROVENANT DU PUITS DE SAINT GRÉGOIRE L'ILLUMINATEUR, OFFERTE PAR LE PATRIARCHE SUPRÊME ET CATHOLICOS DE TOUS LES ARMÉNIENS KARÉKINE II. LA PRIÈRE DE BÉNÉDICTION LE RAPPELLE.

Une lumière brille pour l'Orient et l'Occident...

« Quelle joie quand ils m'ont dit :
nous irons à la maison du Seigneur. »

Et maintenant nos pieds se posent
dans cette chapelle rénovée,
cœur des assises synodales
et de nombreuses rencontres ecclésiales.

Que de ce lieu monte, fervente, la bénédiction
au Dieu de nos Pères et du Seigneur Jésus Christ :
qu'il soit lui-même bénédiction
pour ceux qui feront ici une halte de prière.

Au terme du voyage apostolique en Arménie
le Catholicos de tous les Arméniens
nous a confié, en signe de communion,
la lumière provenant du puits
de saint Grégoire l'Illuminateur.

Avec elle sera allumée la lampe
qui continuera de brûler en ce lieu.

Que cette lumière soit pour l'Église d'Occident
une invitation pérenne
à respirer à deux poumons
avec l'Église d'Orient.

DU 26 NOVEMBRE AU 14 DÉCEMBRE 1995, JEAN-PAUL II RÉUNIT À ROME UNE ASSEMBLÉE SPÉCIALE DU SYNODE DES ÉVÊQUES POUR LE LIBAN. DÈS LE 20 JUIN 1992, DANS UN MESSAGE AUX PATRIARCHES, ARCHEVÊQUES ET ÉVÊQUES CATHOLIQUES DU LIBAN, LE PAPE PROPOSE AUX FIDÈLES UNE PRIÈRE POUR CE SYNODE.

Pour ton Église au cœur de la tourmente

« Ô Père céleste, riche en miséricorde, toi qui as comblé
tous les hommes par le mystère de ton amour infini,
soutiens l'Église de ton Fils unique dans sa marche
synodale. Fais que ces jours soient pour elle
un temps de bénédiction et de salut,
un temps d'ouverture et de réconciliation,
un temps de pénitence et de renouveau,
un temps de foi et d'espérance,
au cœur même de la tourmente,
car tu es tout-puissant et miséricordieux.
À toi, toutes grâces à jamais.

Ô Jésus Christ, notre Dieu, notre Sauveur
et notre espérance, toi qui as fondé l'Église,
signe de salut pour les générations et les siècles,
visite-la de ta Croix victorieuse pour que les forces de l'enfer
ne l'emportent pas sur elle. Éclaire-la de ta parole ;
guide-la dans ta connaissance ; renouvelle-la
par les enseignements de ton Évangile et par la force
de ton Esprit saint. Établis-la solidement dans la foi ;
nourris-la de ton pain, le pain de la vérité ;
unis ses enfants par le lien de la charité et de la concorde,
afin qu'elle vive de toi et soit témoin
de ton amour. À toi, toute gloire à jamais.

Ô Esprit saint, Esprit du Père et du Fils,
dispensateur des charismes, toi qui habites dans l'Église
et en fais un temple saint, enrichis-nous
de la variété infinie de tes dons,
pour que nous soyons des membres vivants
qui s'aident les uns les autres
dans l'édification de la sainte Église.
Sois notre consolateur, notre guide et notre force.
Fais que ce synode soit une Pentecôte permanente,
afin que nous puissions porter dignement le nom
de chrétiens par lequel nous avons été appelés,
rendre témoignage au Christ, aux valeurs de son Évangile,
et en imprégner notre société.

Ainsi, au sein même de la diversité de nos confessions,
et après de si longues souffrances, nous serons pleinement
conscients que nous sommes tous des frères solidaires,
que notre Liban est plus qu'un pays, qu'il est,
conformément à sa vocation historique,
un message de fraternité, de liberté et de dialogue.
À toi, toutes louanges à jamais.

Ô Vierge Marie, Mère de Dieu et notre Mère,
ô Notre-Dame du Liban, toi qui as accompagné
notre peuple dans les diverses étapes de sa vie
et l'as préservé dans la foi, nous avons recours à toi ;
sous ta protection nous mettons notre marche synodale
et nous la confions à ta sollicitude maternelle,
afin que tu nous aides à accueillir le souffle de l'Esprit
et à faire ce que ton Fils nous commande.
À toi, l'honneur à jamais.

EN 1997, LE SAINT-PÈRE RÉALISE UN VOYAGE AU LIBAN, DÉMARCHE DE PAIX ESPÉRÉE DEPUIS LONGTEMPS. À LA FIN DE SON HOMÉLIE DU 11 MAI À BEYROUTH, LE PAPE PRIE L'ESPRIT SAINT POUR LE LIBAN.

Que ta force réunisse tous les fils de cette terre...

Esprit de Dieu, mets ta lumière et ton amour
dans les cœurs pour achever la réconciliation
entre les personnes, au sein des familles, entre voisins,
dans les villes et les villages
et au sein des institutions de la société civile !

Esprit de Dieu, que ta force réunisse tous les fils
de cette terre pour qu'ils marchent ensemble avec courage
et ténacité sur le chemin de la paix, de la convivialité,
dans le respect mutuel de la dignité et de la liberté
des personnes, pour l'épanouissement de chacun
et pour le bien du pays tout entier !

Esprit de Dieu, donne aux familles libanaises
de développer les dons de grâce du mariage !
Donne aux jeunes de bâtir leur personnalité
avec confiance et de prendre conscience
de leurs responsabilités dans l'Église et dans la cité !

Esprit de Dieu, accorde aux fidèles du Liban
d'affermir l'unité de chacune des Églises patriarcales,
de toute l'Église catholique au Liban !
Aide-les à faire de nouveaux pas sur les chemins
de la pleine unité de tous ceux qui ont reçu
le don de la foi au Christ Sauveur !

Esprit de Dieu, « toi qu'on appelle Conseiller,
Source vive, Feu, Charité », manifeste en ce peuple
les fruits attendus de l'assemblée synodale !
Esprit de lumière et d'amour, sois pour les fils
et les filles du Liban source de force,
de force spirituelle, spécialement à cette heure,
au seuil du troisième millénaire du christianisme !
Viens Esprit de Dieu.
Veni, Sancte Spiritus ! Amen !

UNE ASSEMBLÉE SPÉCIALE POUR L'OCÉANIE DU SYNODE DES ÉVÊQUES SE DÉROULE À ROME DU 22 NOVEMBRE AU 12 DÉCEMBRE 1998. LORS DE LA MESSE D'OUVERTURE, LE PAPE FAIT SIENNE À LA FIN DE L'HOMÉLIE LA PRIÈRE DU « BON LARRON ».

Souviens-toi des peuples d'Océanie !

« Jésus, souviens-toi de moi,
quand tu viendras inaugurer ton règne » (Lc 23,42).
Sur le Calvaire, Jésus eut un compagnon de passion
plutôt singulier, un voleur. Pour ce malheureux,
le chemin de la croix devint, infailliblement,
le chemin du paradis (cf. Lc 23,43),
le chemin de la vérité et de la vie,
le chemin du Royaume.
Aujourd'hui, nous le rappelons
comme le « bon larron ». En cette circonstance solennelle,
au cours de laquelle nous nous réunissons autour de l'autel
du Christ pour inaugurer un synode, qui a devant lui
tout un continent avec ses problèmes et ses espérances,
nous pouvons faire nôtre la prière du « bon larron » :

« Jésus, souviens-toi de nous, souviens-toi des peuples,
auxquels les pasteurs réunis ici donnent chaque jour
le pain vivant et véritable de ton Évangile
à travers les espaces infinis, sur mer et sur terre.
Tandis que nous prions pour que ton règne vienne,
nous nous rendons compte que ta promesse deviendra
réalité : après t'avoir suivi, nous venons à toi,
dans ton royaume, attirés par toi, élevé sur la croix
(cf.Jn 12,32) ;
à Toi, élevé dans l'histoire et au centre de celle-ci,
alpha et *oméga*, principe et fin (cf. Ap 22,13),

Seigneur du temps et des siècles !
Nous nous tournons vers Toi avec les paroles
d'une ancienne hymne : « C'est par ta mort douloureuse,
Roi de gloire éternelle,
que tu as obtenu pour les peuples la vie éternelle,
c'est pourquoi le monde entier t'appelle Roi des hommes.
Règne sur nous, Seigneur Jésus Christ ! » Amen !

CONCLUANT L'EXHORTATION APOSTOLIQUE *ECCLESIA IN OCEANIA* (22 NOVEMBRE 2001), LE SAINT-PÈRE S'ADRESSE À MARIE AFIN QU'ELLE INTERCÈDE POUR L'ÉGLISE EN OCÉANIE.

Ô Stella Maris, lumière de tous les océans...

Ô Marie, Secours des chrétiens,
nous nous tournons vers toi dans nos nécessités,
les yeux remplis d'amour, les mains vides
et le cœur plein de désirs.
Nous nous tournons vers toi qui nous fais voir ton Fils,
notre Seigneur.
Nous levons nos mains pour recevoir le pain de la vie.
Nous ouvrons tout grands nos cœurs
pour accueillir le prince de la paix.
Mère de l'Église, tes fils et tes filles te remercient
pour ta parole de foi qui traverse tous les âges,
montant d'une âme pauvre, pleine de grâce,
préparée par Dieu pour accueillir le Verbe dans le monde
afin que le monde lui-même puisse renaître.
En toi s'annonçait comme une aurore le règne de Dieu,
règne de grâce et de paix, règne d'amour et de justice,
né du mystère du Verbe fait chair.
L'Église répandue à travers le monde s'unit à toi pour louer
Celui dont la miséricorde s'étend d'âge en âge.

Ô *Stella Maris*, lumière de tous les océans
et maîtresse des profondeurs,
guide les peuples de l'Océanie, à travers les mers
sombres et tempétueuses,
vers le port de lumière et de paix
préparé par celui qui apaisa la tempête.
Garde tous tes enfants à l'abri du mal,

car les vagues sont hautes et nous sommes loin du port.
Tandis que nous avançons sur les océans du monde,
et que nous traversons les déserts de notre temps,
montre-nous, ô Marie, le fruit de ton sein,
car, sans ton Fils, nous sommes perdus.
Prie pour que nous ne tombions pas en chemin,
pour que, dans nos cœurs et dans nos esprits,
en paroles et en actes,
dans les jours de tumulte et dans les jours de calme,
nous gardions toujours les yeux fixés sur le Christ en disant :
« Qui est-il donc celui-là,
que même le vent et la mer lui obéissent ? »

Notre-Dame de la Paix, en qui toutes les tempêtes
s'apaisent peu à peu,
prie, à l'aube du nouveau millénaire,
pour que l'Église en Océanie ne cesse jamais de montrer
la face glorieuse de ton Fils, plein de grâce et de vérité,
afin que les hommes et les femmes du Pacifique
laissent Dieu régner dans leurs cœurs
et qu'ils trouvent la paix dans le vrai Sauveur du monde.
Intercède pour l'Église en Océanie afin qu'elle reçoive la force
de suivre fidèlement le chemin de Jésus Christ,
de proclamer courageusement la vérité de Jésus Christ,
de vivre joyeusement la vie de Jésus Christ.

Ô Secours des chrétiens, protège-nous !
Brillante Étoile de la mer, guide-nous !
Notre-Dame de la Paix, prie pour nous !

C'EST À NEW DELHI, EN INDE, QUE JEAN-PAUL II SIGNE L'EXHORTATION APOSTOLIQUE *ECCLESIA IN ASIA* (6 NOVEMBRE 1999) QUI PROPOSE LES ORIENTATIONS TIRÉES DE L'ASSEMBLÉE SPÉCIALE DU SYNODE DES ÉVÊQUES POUR L'ASIE QUI S'EST DÉROULÉE AU VATICAN DU 18 AVRIL AU 14 MAI 1998. LE DOCUMENT S'ACHÈVE PAR UNE PRIÈRE POUR L'ASIE, ADRESSÉE À LA MÈRE DU CHRIST.

Ô Mère de l'Asie

À Marie, modèle de tous les disciples et étoile lumineuse
de l'évangélisation, je confie l'Église en Asie
au seuil du troisième millénaire de l'ère chrétienne,
m'en remettant pleinement à son oreille qui toujours écoute,
à son cœur qui toujours accueille,
à sa prière qui jamais ne fait défaut :

Ô sainte Marie, Fille du Dieu Très-Haut, Vierge Mère
du Sauveur et notre Mère, tourne ton tendre regard
vers l'Église que ton Fils a plantée sur le sol d'Asie.
Sois son guide et son modèle, tandis qu'elle poursuit
la mission d'amour et de service de ton Fils en Asie.
Toi qui as accepté pleinement et librement l'invitation
du Père à être Mère de Dieu, enseigne-nous à libérer
notre cœur de tout ce qui ne vient pas de Dieu
de façon que nous soyons remplis, nous aussi,
de l'Esprit saint qui vient d'en haut.
Toi qui as contemplé les mystères de la volonté de Dieu
dans le silence de ton cœur, aide-nous à discerner
dans notre marche les signes de la main puissante de Dieu.
Toi qui t'es empressée d'aller visiter Élisabeth
et qui l'as aidée aux jours de l'attente,
obtiens-nous le même esprit d'ardeur et de service

dans la tâche de l'évangélisation.
Toi qui as élevé la voix pour chanter les louanges du Seigneur, guide-nous vers l'annonce joyeuse de la foi dans le Christ Sauveur. Toi qui as eu pitié de ceux qui étaient dans le besoin et qui as imploré ton Fils en leur faveur, apprends-nous à n'avoir jamais peur de parler du monde à Jésus et de Jésus au monde.
Toi qui étais au pied de la croix quand ton Fils rendit son dernier soupir, sois à nos côtés tandis que nous essayons d'être unis spirituellement à ceux qui souffrent et de nous mettre à leur service.
Toi qui as prié avec les disciples au cénacle, aide-nous à être dociles à l'Esprit et à aller partout où il nous conduit. Protège l'Église de toutes les puissances qui la menacent. Aide-la à être une image vraie de la Trinité très sainte. Prie pour que, par l'amour et le service de l'Église, tous les peuples de l'Asie puissent connaître ton Fils, Jésus Christ, unique Sauveur du monde, et goûter la joie de la plénitude de la vie.
Ô Marie, Mère de la nouvelle création et Mère de l'Asie, prie pour nous, tes fils, maintenant et toujours !

Prières
des années
jubilaires

LORS DE L'HOMÉLIE PRONONCÉE POUR L'OUVERTURE DE L'ANNÉE JUBILAIRE DE LA RÉDEMPTION, LE 25 MARS 1983 À ROME, JEAN-PAUL II PROPOSE LA « PRIÈRE POUR L'ANNÉE SAINTE ».

Relève l'homme !

1. Jésus Christ, Fils du Dieu vivant, qui as reçu ton corps
de la Vierge Marie et qui t'es fait Homme par l'opération
du Saint-Esprit ! Jésus Christ, Rédempteur de l'homme !
Toi qui es le même hier et aujourd'hui et pour les siècles !
Accueille cette année du jubilé extraordinaire,
que t'offre ton Église pour célébrer
le mil neuf cent cinquantième anniversaire de ta mort
et de ta résurrection pour la Rédemption du monde.
Toi qui as fait de l'œuvre de la Rédemption la source
d'un don toujours neuf pour ton Épouse terrestre,
fais *pénétrer* sa force salvatrice dans toutes les journées,
les semaines et les mois de cette année,
afin que celle-ci devienne vraiment pour nous
l'« année de bienfaits, accordée par le Seigneur. »

2. Fais que nous tous, en ce temps de choix nous *t'aimions*
plus encore en revivant en nous-mêmes les mystères
de ta vie depuis la conception et la naissance jusqu'à la croix
et la Résurrection. Sois avec nous à travers ces mystères,
sois avec nous dans l'Esprit saint,
ne nous laisse pas orphelins ! Reviens toujours vers nous
(cf. Jn 14,18).

3. Fais que *tous se convertissent à l'amour,*
en voyant en toi, Fils de l'éternel amour,
le Père qui est « riche en miséricorde » (Ep 2,4).
Au cours de cette année, que l'Église entière

ressente l'abondance de ta rédemption qui se manifeste
dans la *rémission* des péchés et dans la purification
des traces du péché qui pèsent sur les âmes
appelées à une vie immortelle.
Aide-nous à vaincre notre indifférence et notre torpeur !
Rends-nous la sensibilité des saints.
Crée en nous, ô Seigneur, un cœur pur,
renouvelle et raffermis au fond de nous notre esprit
(cf. Ps 50 [51], 12).

4. Fais, ô Seigneur, que cette année sainte de ta Rédemption
devienne aussi un *appel pour le monde contemporain,*
qui voit la justice et la paix à l'horizon de ses désirs,
– et qui, cependant, en donnant toujours plus de place
au péché, vit jour après jour, au milieu de tensions
et de menaces croissantes – et semble s'orienter
dans une direction dangereuse pour tous !
Aide-nous à changer la direction des menaces et des aventures
croissantes dans le monde contemporain !
Relève l'homme ! Protège les nations et les peuples !
Ne permets pas l'œuvre de destruction
qui menace aujourd'hui l'humanité !

5. Seigneur Jésus Christ, *que se montre plus puissante
l'œuvre de ta Rédemption !* Voilà ce que l'Église implore
de toi, en cette année par l'intermédiaire de *ta Mère,*
que tu as donnée toi-même comme *Mère à tous les hommes.*
Voilà ce que l'Église implore de toi dans le mystère
de la *Communion des saints.* Voilà ce que ton Église implore
avec insistance, ô Christ ! Que se montre plus puissante –
dans l'homme et dans le monde –
l'œuvre de ta Rédemption ! Amen !

DURANT L'ANNÉE DU JUBILÉ DE LA RÉDEMPTION (1983), AU COURS DE SON PÈLERINAGE À LOURDES (15 AOÛT), LE PAPE IMPLORE MARIE.

Que ce soleil resplendisse sur cette terre

(Prière à Notre-Dame de Lourdes)

Belle Dame !
Ô femme qui as le soleil pour manteau !
Reçois notre pèlerinage en cette année d'Avent
du jubilé de la Rédemption.
Aide-nous, par la lumière de ce jubilé, à pénétrer ton mystère :
– Le mystère de la Vierge Mère ;
– Le mystère de la Reine servante ;
– Le mystère de la Toute-Puissance qui se fait suppliante.
Aide-nous à découvrir toujours plus pleinement,
en ce mystère, le Christ,
Rédempteur du monde, Rédempteur de l'homme.
Tu as le soleil pour manteau, le soleil de l'inscrutable divinité.
Le soleil de l'impénétrable divinité.
Le soleil de l'impénétrable Trinité.
« Pleine de grâce » jusqu'aux limites de l'Assomption au ciel !
Et en même temps...
Pour nous qui vivons sur cette terre,
pour nous, pauvres fils d'Ève en exil,
tu as pour manteau le soleil du Christ depuis Bethléem
et Nazareth, depuis Jérusalem et le Calvaire.
Tu *es revêtue du soleil de la Rédemption* de l'homme
et du monde par la croix et la Résurrection de ton Fils.
Fais que ce soleil *resplendisse* sans cesse
pour nous, sur cette terre !
Fais qu'il *ne s'obscurcisse pas* dans l'âme des hommes !
Fais qu'il *éclaire* les chemins terrestres de l'Église
dont tu es la première figure !

Et *que l'Église* en fixant le regard sur toi,
Mère du Rédempteur, *apprenne* sans cesse elle-même
à être mère ! Regarde !
Voici ce que dit le livre de l'Apocalypse :
« Le dragon se tenait devant la femme qui allait enfanter,
afin de dévorer l'enfant dès sa naissance » (Ap 12,4).
Ô Mère qui, dans ton Assomption au ciel, as expérimenté
la plénitude de la victoire sur la mort de l'âme et du corps,
défends les fils et les filles de cette terre
contre la mort de l'âme !
Ô Mère de l'Église !
Devant l'humanité qui semble toujours fascinée
par ce qui est temporel – et alors que la « domination
sur le monde » cache la perspective du destin éternel
de l'homme en Dieu –,
sois toi-même un témoin de Dieu !
Toi, sa Mère ! Qui peut résister au témoignage d'une Mère ?
Toi, qui es née pour les fatigues de cette terre :
conçue de façon immaculée !
Toi qui es née pour la gloire du ciel ! Montée au ciel !
Toi qui es *revêtue du soleil* de l'insondable divinité,
du soleil de l'impénétrable Trinité,
remplie du Père, du Fils et de l'Esprit saint !
Toi *à qui la Trinité se donne comme un seul Dieu,*
le Dieu de la création et de la Révélation !
Le Dieu de l'Alliance et de la Rédemption.
Le Dieu du commencement et de la fin.
L'alpha et l'oméga. Le Dieu-Vérité. Le Dieu-Amour.
Le Dieu-Grâce. Le Dieu-Sainteté.
Le Dieu qui surpasse tout et qui embrasse tout.
Le Dieu qui est « tout en tous ».
Toi qui as pour manteau le soleil ! Notre Sœur !

Notre Mère ! Sois le témoin de Dieu !...
- Devant le monde du millénaire qui se termine,
- Devant nous, fils d'Ève en exil, sois le témoin de Dieu !

À L'OCCASION DES TROIS ANNÉES PRÉPARATOIRES À L'ANNÉE DU GRAND JUBILÉ DE L'AN 2000, CONSACRÉES CHACUNE À L'UNE DES PERSONNES DE LA TRINITÉ, LE SAINT-PÈRE INVITE L'ÉGLISE À PRIER AVEC CES MOTS.
1997 EST L'ANNÉE DU FILS.

Seigneur de l'histoire

Seigneur Jésus,
Seigneur de l'histoire,
venu à la plénitude des temps,
dispose notre âme à célébrer avec foi
le grand jubilé de l'an 2000,
afin que ce soit une année de grâce
et de miséricorde.
Donne-nous un cœur humble et simple,
qui sache contempler
avec un émerveillement toujours nouveau
le mystère de l'Incarnation,
Car toi, Fils du Très-Haut,
tu es devenu notre frère
dans le sein de la Vierge, sanctuaire de l'Esprit.

Louange et gloire à toi, ô Christ,
aujourd'hui et dans les siècles sans fin.

Jésus, origine et accomplissement
de l'homme nouveau,
tourne vers toi nos cœurs,
pour nous faire abandonner
les sentiers de l'erreur et marcher à ta suite,
sur la voie qui conduit à la vie.
Permets que, fidèles aux promesses du baptême,
nous vivions pleinement notre foi

et que nous rendions témoignage
de ta parole avec courage,
afin que, dans nos familles
et dans la société, resplendisse
la lumière vivifiante de l'Évangile.

Louange et gloire à toi, ô Christ,
aujourd'hui et dans les siècles sans fin.

Jésus, puissance et sagesse de Dieu,
fais naître en nous l'amour de la sainte Écriture,
où résonne la voix du Père, qui illumine
et qui embrase, qui nourrit et qui console.
Toi, Parole du Dieu vivant,
renouvelle l'élan missionnaire de l'Église,
afin que tous les peuples
parviennent à te connaître, toi,
vrai Fils de Dieu et vrai Fils de l'homme,
unique Médiateur entre l'homme et Dieu.

Louange et gloire à toi, ô Christ,
aujourd'hui et dans les siècles sans fin.

Jésus, source d'unité et de paix,
affermis la communion au sein
de ton Église, donne de l'ardeur
au mouvement œcuménique,
afin que tous tes disciples,
par la puissance de ton Esprit,
ne fassent plus qu'un.
Toi qui nous as donné comme règle de vie
le commandement nouveau de l'amour,

fais de nous les bâtisseurs
d'un monde solidaire,
où la guerre le cède à la paix,
et la culture de la mort
à l'engagement pour la vie.

Louange et gloire à toi, ô Christ,
aujourd'hui et dans les siècles sans fin.

Jésus, Fils unique du Père,
plein de grâce et de vérité,
lumière qui illumine tout homme,
à ceux qui te cherchent d'un cœur sincère,
donne ta vie en abondance.
À toi, Rédempteur de l'homme,
commencement et fin du temps et de l'univers,
au Père, source inépuisable de tout bien,
à l'Esprit saint, sceau de l'amour infini,
tout honneur et toute gloire
pour les siècles des siècles. Amen !

1998 EST L'ANNÉE DU SAINT-ESPRIT (VOIR PRÉSENTATION DE LA PRIÈRE P. 291).

Viens, Souffle divin

Esprit saint, hôte très doux de nos cœurs,
dévoile-nous le sens profond du grand jubilé
et dispose notre âme à le célébrer avec foi,
dans l'espérance qui ne déçoit pas,
dans la charité qui n'attend rien en retour.

Esprit de vérité, qui scrutes les profondeurs de Dieu,
mémoire et force prophétique de l'Église,
conduis l'humanité à reconnaître en Jésus de Nazareth
le Seigneur de la gloire, le Sauveur du monde,
le suprême accomplissement de l'histoire.

Viens, Esprit d'amour et de paix !

Esprit créateur, mystérieux artisan du Royaume,
par la force de tes dons, aide l'Église
à franchir avec courage le seuil du nouveau millénaire,
pour porter aux générations qui viennent
la lumière de la parole qui sauve.

Esprit de sainteté, souffle divin qui animes le cosmos,
viens renouveler la face de la terre.
Suscite chez les chrétiens le désir de la pleine unité,
pour qu'ils soient dans le monde
des signes de l'union intime avec Dieu
et des instruments efficaces
de l'unité de tout le genre humain.

Viens, Esprit d'amour et de paix !

Esprit de communion,
âme et soutien de l'Église,
fais que la richesse des charismes et des ministères
contribue à l'unité du corps du Christ ;
fais que les laïcs, les consacrés
et les ministres ordonnés
travaillent ensemble à l'édification
de l'unique Règne de Dieu.

Esprit consolateur,
source inépuisable de joie et de paix,
suscite la solidarité envers ceux qui sont dans le besoin,
fournis aux malades le réconfort nécessaire,
inspire à ceux qui sont dans l'épreuve
la confiance et l'espérance,
ravive l'ardeur de tous
pour construire un avenir meilleur.

Viens, Esprit d'amour et de paix !

Esprit de sagesse,
toi qui touches les intelligences et les cœurs,
guide les hommes
dans leurs recherches scientifiques et techniques
pour qu'ils se mettent au service
de la vie, de la justice et de la paix.
Rends fécond le dialogue avec ceux
qui appartiennent à d'autres religions,
fais que toutes les cultures s'ouvrent
aux valeurs de l'Évangile.

Esprit de vie, par qui le Verbe s'est fait chair
dans le sein de la Vierge,
femme du silence et de l'écoute,
rends-nous dociles aux suggestions de ton amour
et toujours prêts à accueillir les signes des temps
que tu places sur les routes de l'histoire.

Viens, Esprit d'amour et de paix !

À toi, Esprit d'amour,
avec le Père tout-puissant et le Fils unique,
soient la louange, l'honneur et la gloire
pour les siècles sans fin. Amen !

1999 EST L'ANNÉE DU PÈRE (VOIR PRÉSENTATION DE LA PRIÈRE P. 291).

À toi, Père, sans fin notre louange

Béni sois-tu, Seigneur,
Père qui es aux cieux,
car dans ta miséricorde infinie
tu t'es penché sur la misère de l'homme
et tu nous as donné Jésus, ton Fils, né d'une femme,
notre sauveur et notre ami,
notre frère et notre rédempteur.
Merci, Père plein de bonté,
pour le don de l'année jubilaire ;
fais qu'elle soit un temps favorable,
une année de grand retour à la maison paternelle,
où, dans ton grand amour, tu attends tes fils égarés
pour leur donner le baiser du pardon
et les accueillir à ta table,
revêtus des habits de fête.

À toi, Père, sans fin notre louange !

Père très clément,
en cette année sainte,
que notre amour pour toi
et pour notre prochain s'affermisse :
que les disciples du Christ
promeuvent la justice et la paix ;
que la Bonne Nouvelle soit annoncée aux pauvres,
et que l'Église Mère fasse sentir
son amour de prédilection
aux petits et aux laissés-pour-compte !

À toi, Père, sans fin notre louange !

Père juste,
que le grand jubilé soit une occasion favorable
pour que tous les catholiques retrouvent la joie
de vivre à l'écoute de ta parole
et dans l'abandon à ta volonté ;
qu'ils découvrent la valeur de la communion fraternelle
en rompant ensemble le pain
et en te louant par des hymnes
et des cantiques inspirés par l'Esprit !

À toi, Père, sans fin notre louange !

Père, riche en miséricorde,
fais que le saint jubilé soit un temps d'ouverture,
de dialogue et de rencontre
avec tous ceux qui croient au Christ
et avec les membres des autres religions :
dans ton immense amour,
montre généreusement ta miséricorde à tous !

À toi, Père, sans fin notre louange !

Dieu, Père tout-puissant,
fais que tous tes fils comprennent
que, sur le chemin qui mène à toi,
fin ultime de l'homme,
ils sont accompagnés avec bonté
par Marie la très sainte,
icône du pur amour,
choisie par toi pour être Mère du Christ
et Mère de l'Église.

À toi, Père, sans fin notre louange !

À toi, Père de la vie,
commencement sans commencement,
bonté suprême et lumière éternelle,
avec le Fils et avec l'Esprit,
honneur et gloire, louange et reconnaissance,
pour les siècles sans fin. Amen !

POUR L'ANNÉE DU GRAND JUBILÉ ELLE-MÊME (2000), C'EST VERS LA SAINTE TRINITÉ QUE SE DIRIGE LA PRIÈRE.

Louange et gloire à toi, Trinité sainte

1. Béni sois-tu, ô Père,
car, dans ton amour infini,
tu nous as donné ton Fils unique,
qui s'est fait chair par l'action du Saint-Esprit
dans le sein très pur de la Vierge Marie,
et qui est né à Bethléem il y a deux mille ans.
Il s'est fait notre compagnon de voyage,
il a donné un sens nouveau à l'histoire,
qui est un chemin parcouru ensemble
dans la peine et la souffrance,
dans la fidélité et dans l'amour,
vers les cieux nouveaux et la terre nouvelle
où toi, la mort étant vaincue, tu seras tout en tous.

Louange et gloire à toi, Trinité sainte,
Dieu unique et souverain !

2. Par ta grâce, ô Père, que l'année jubilaire
soit un temps de conversion profonde
et de joyeux retour vers toi ;
qu'elle soit un temps de réconciliation
entre les hommes et de concorde
retrouvée entre les nations ;
un temps où les lances se transforment en faucilles,
où le fracas des armes fait place aux chants de paix.
Donne-nous, ô Père, de vivre l'année jubilaire
dans la docilité à la voix de l'Esprit,

dans la fidélité à suivre le Christ,
dans l'assiduité à l'écoute de la parole
et à la fréquentation des sources de la grâce !

Louange et gloire à toi, Trinité sainte,
Dieu unique et souverain !

3. Soutiens, ô Père, par la force de l'Esprit
l'effort de l'Église pour la nouvelle évangélisation
et guide nos pas sur les chemins du monde,
pour annoncer le Christ par toute notre vie
en orientant notre pèlerinage terrestre
vers la Cité de la lumière !
Que les disciples de Jésus brillent par leur amour
envers les pauvres et les opprimés ;
qu'ils soient solidaires de ceux qui sont dans le besoin
et généreux dans les œuvres de miséricorde ;
qu'ils soient indulgents envers leurs frères
pour obtenir eux-mêmes de toi
indulgence et pardon !

Louange et gloire à toi, Trinité sainte,
Dieu unique et souverain !

4. Accorde, Père, aux disciples de ton Fils,
une fois leur mémoire purifiée
et leurs fautes reconnues,
d'être un, afin que le monde croie !
Que s'élargisse le dialogue
entre les membres des grandes religions,
et que tous les hommes découvrent
la joie d'être tes enfants !

À la voix suppliante de Marie, Mère des peuples,
que s'unissent les voix priantes des apôtres
et des martyrs chrétiens,
des justes de tous les peuples et de tous les temps,
afin que l'année sainte soit
pour chacun et pour l'Église
un motif d'espérance renouvelée
et d'exultation dans l'Esprit !

Louange et gloire à toi, Trinité sainte,
Dieu unique et souverain !

5. À Toi, Père tout-puissant,
origine du cosmos et de l'homme,
par le Christ, le Vivant,
Seigneur du temps et de l'histoire,
dans l'Esprit qui sanctifie l'univers,
louange, honneur et gloire
aujourd'hui et pour les siècles sans fin. Amen !

À LA FIN DE L'HOMÉLIE DE LA MESSE DE LA NUIT DE NOËL 1999, LE PAPE PRIE DEVANT LA PORTE SAINTE DE LA BASILIQUE SAINT-PIERRE DE ROME, QUI VIENT D'ÊTRE OUVERTE.

Christ, notre espérance

Toi, ô Christ, tu es le Fils unique du Dieu vivant,
né dans la grotte de Bethléem !
Après deux mille ans, nous revivons ce mystère
comme un événement absolument unique.
Parmi tant de fils d'hommes,
parmi tant d'enfants venus au monde
durant tous les siècles, toi seul es le Fils de Dieu :
ta naissance a changé de manière ineffable
le cours des événements humains.

Voilà la vérité qu'en cette nuit l'Église veut transmettre
au troisième millénaire. Et vous tous, qui viendrez
après nous, puissiez-vous accueillir cette vérité
qui a totalement transformé l'histoire ! Depuis la nuit
de Bethléem, l'humanité a conscience que Dieu
s'est fait homme : il s'est fait homme
pour rendre l'homme participant de sa nature divine.

Tu es le Christ, le Fils du Dieu vivant ! Au seuil
du troisième millénaire, l'Église te salue, toi, le Fils
de Dieu, qui es venu au monde pour vaincre la mort.
Tu es venu illuminer la vie humaine par l'Évangile.
L'Église te salue et c'est avec toi qu'elle veut entrer
dans le troisième millénaire. Tu es notre espérance.
Toi seul as les paroles de la vie éternelle.

Toi qui es venu au monde dans la nuit de Bethléem,
reste avec nous !
Toi qui es le Chemin, la Vérité et la Vie, conduis-nous !
Toi qui viens du Père, conduis-nous à lui
dans l'Esprit saint, sur le chemin que toi seul connais
et que tu nous as révélé pour que nous ayons la vie et
que nous l'ayons en abondance.
Toi, ô Christ, Fils du Dieu vivant,
sois pour nous la porte !
Sois pour nous la vraie porte, symbolisée par celle
que nous avons ouverte en cette nuit solennelle.
Sois pour nous la porte qui nous introduit
dans le mystère du Père. Fais que personne
ne soit exclu de ses bras de miséricorde et de paix !

« *Hodie natus est nobis Salvator mundi* » :
le Christ est notre unique Sauveur !
Tel est le message de Noël 1999 :
l'« aujourd'hui » de cette sainte nuit
ouvre le grand jubilé.

Marie, aurore des temps nouveaux,
sois auprès de nous, tandis qu'avec confiance
nous accomplissons nos premiers pas
dans l'année jubilaire. Amen !

PUIS, AU COURS DU MESSAGE *URBI ET ORBI* DU MATIN DE NOËL 1999, LE PAPE S'ADRESSE AINSI AU CHRIST.

Ô Christ, tu es la Porte !

Nous nous tournons vers toi, ô Christ,
Porte de notre salut, et nous te rendons grâce
pour le bien accompli au cours des années,
des siècles et des millénaires passés.
Nous devons cependant confesser que parfois
l'humanité a cherché ailleurs la Vérité,
qu'elle s'est fabriqué de fausses certitudes,
qu'elle a recouru à des idéologies fallacieuses.
L'homme a parfois exclu de son respect et de son amour
des frères de race et de foi différentes,
il a dénié aux personnes et aux nations
leurs droits fondamentaux !
Mais toi, Tu continues à offrir à tous
la Splendeur de la Vérité qui sauve.

Nous nous tournons vers toi, ô Christ, *Porte de la Vie*, et nous te rendons grâce pour les prodiges
dont tu as enrichi toutes les générations.
Il arrive parfois que ce monde ne respecte pas la vie
et ne l'aime pas. Mais toi, tu ne te lasses jamais
de l'aimer ; plus encore, dans le mystère de Noël
tu viens illuminer les esprits, pour que les législateurs
et les gouvernants, les hommes et les femmes
de bonne volonté, s'engagent à accueillir,
comme un don précieux, la vie de l'homme.
Tu viens nous donner l'Évangile de la Vie.
Nous fixons les yeux sur toi, ô Christ, *Porte de la Paix*,
tandis que, pèlerins d'ici-bas, nous visitons

de nombreux lieux marqués par la douleur et par la guerre,
où reposent les victimes de violents conflits
et de cruelles exterminations.
Toi, le Prince de la paix, tu nous invites à bannir l'usage
insensé des armes, le recours aux violences et à la haine
qui ont cruellement marqué les personnes,
les peuples et les continents.

« Un fils nous a été donné. »
Toi, ô Père, *tu nous as donné ton Fils.* Tu nous le donnes
encore aujourd'hui, à l'aube du nouveau millénaire.
Il est pour nous la Porte. À travers lui, nous entrons
dans une nouvelle dimension et nous parvenons
à la plénitude du destin de salut
que tu as préparé pour tous.

Père, tu nous as donné ton Fils
précisément pour cela, pour que l'homme
fasse l'expérience de ce que tu veux lui donner
dans l'éternité, pour que l'homme ait la force de réaliser
ton mystérieux projet d'amour.

Ô Christ, Fils de la Mère toujours Vierge, lumière
et espérance de ceux qui te cherchent
même sans te connaître et de tous ceux
qui, te connaissant, te cherchent toujours davantage ;
Ô Christ, tu es la Porte ! À travers toi,
dans la puissance de l'Esprit saint,
nous voulons entrer dans le troisième millénaire.
Toi, ô Christ, tu es le même,
hier, aujourd'hui et pour l'éternité (cf. He 13,8).

EN LA NUIT DE NOËL DE L'AN 2000, AU COURS DE L'HOMÉLIE, JEAN-PAUL II IMPLORE LE PRINCE DE LA PAIX.

Chemine avec ton Église !

Seigneur Jésus, toi que nous contemplons dans la pauvreté de Bethléem, rends-nous *témoins* de ton amour, de cet amour qui t'a poussé à te dépouiller de la gloire divine pour venir naître parmi les hommes et mourir pour nous.
Alors que le grand jubilé entre dans sa phase finale, donne-nous ton Esprit, pour que la grâce de l'Incarnation pousse tout croyant à correspondre plus généreusement à la vie nouvelle reçue au baptême.
Fais que *la lumière de cette nuit*, plus resplendissante que le jour, *se projette sur l'avenir* et oriente les pas de l'humanité sur le chemin de la paix.
Toi, le Prince de la paix, toi, le Sauveur né aujourd'hui pour nous, chemine avec *ton Église* sur la route qui s'ouvre devant elle dans le nouveau millénaire !

TOUT AU LONG DE L'AN 2000, LES CÉLÉBRATIONS JUBILAIRES SE SUCCÈDENT À ROME. LA PRIÈRE DU PAPE S'EXPRIME DE BIEN DES FAÇONS. AINSI LORS DE L'HOMÉLIE DE LA CLÔTURE DU CONGRÈS EUCHARISTIQUE INTERNATIONAL LE 25 JUIN 2000.

Afin que le monde croie en toi... !

Et toi, Christ, notre Seigneur,
qui par ce grand mystère « nourris et sanctifies
tes fidèles pour que tous les hommes,
habitant le même univers, soient éclairés
par la même foi et réunis par la même charité »
(Préface de l'eucharistie, II), rends toujours plus ferme
et plus unie ton Église qui célèbre le mystère
de ta présence de salut.
Répands ton Esprit sur tous ceux qui s'approchent
de la sainte Table et rends-les plus audacieux
pour témoigner du commandement de ton amour,
afin que le monde croie en toi qui as dit un jour :
« Je suis le pain vivant descendu du ciel.
Si quelqu'un mange de ce pain,
il vivra éternellement » (Jn 6,51).
Toi, Seigneur Jésus Christ, Fils de la Vierge Marie,
tu es l'unique Sauveur de l'homme,
« hier, aujourd'hui et à jamais ».
Nous croyons en toi : sauve-nous !
Amen !

AU JUBILÉ DES SPORTIFS, LORS DE L'HOMÉLIE, LE 29 OCTOBRE 2000.

Avec ta lumière, vaincre les défis de la vie !

« Fils de David, Jésus, aie pitié de moi ! »
Ô Christ, nous fixons notre regard sur toi,
qui offres à tout homme la plénitude de la vie.
Seigneur, tu guéris et fortifies ceux qui ont confiance
en toi et qui accueillent ta volonté.

Aujourd'hui, dans le cadre du grand jubilé de l'an 2000,
sont ici rassemblés par la pensée les sportifs
du monde entier, avant tout pour renouveler leur foi
en toi, unique Sauveur de l'homme.
Celui qui, comme l'athlète, est dans la plénitude
de ses forces, reconnaît lui aussi que *sans toi, ô Christ,*
il est intérieurement comme un aveugle,
c'est-à-dire incapable de connaître la vérité plénière,
de comprendre le sens profond de la vie,
spécialement devant les ténèbres du mal et de la mort.
Même le plus grand champion,
devant les questions fondamentales de l'existence,
découvre qu'il est sans défense
et qu'il a besoin de ta lumière
pour vaincre les défis exigeants
qu'un être humain est appelé à affronter.

Seigneur Jésus Christ, aide ces athlètes
à être tes amis et des témoins de ton amour.
Aide-les à mettre dans leur ascèse personnelle
le même engagement qu'ils mettent dans le sport ;

aide-les à réaliser une unité harmonieuse et cohérente
de leur corps et de leur âme.
Puissent-ils être, pour tous ceux qui les admirent,
de bons modèles à imiter. Aide-les à être toujours
des athlètes de l'esprit,
pour obtenir ta récompense inestimable :
une couronne qui ne se fane pas
et qui dure dans l'éternité. Amen !

Prières pour la paix

À LA FIN DE SON HOMÉLIE, AU COURS DE LA MESSE CÉLÉBRÉE DANS LA BASILIQUE SAINT-PIERRE DE ROME LE 1er JANVIER 1979, FÊTE DE SAINTE MARIE MÈRE DE DIEU ET JOURNÉE MONDIALE DE LA PAIX, JEAN-PAUL II IMPLORE LA « MÈRE DE LA PAIX ».

Mère du Christ, Mère de la paix

Mère, qui sais ce que signifie porter dans ses bras
le corps de son enfant mort,
de celui auquel on a donné la vie,
épargne à toutes les mères de cette terre la mort de leurs enfants, les tourments,
l'esclavage, les destructions de la guerre,
les persécutions, les camps de concentration, les prisons.
Conserve-leur la joie de faire naître un homme,
de développer la vie en lui. Au nom de cette vie,
au nom de la naissance du Seigneur,
implore avec nous la paix, la justice dans le monde.
Mère de la paix, dans toute la beauté et la majesté
de ta maternité, que l'Église vénère et que le monde admire,
nous t'en prions : sois avec nous à chaque instant.
Fais que cette année nouvelle soit une année de paix,
en vertu de la naissance et de la mort de ton Fils.
Amen !

DANS UN HOMMAGE AU MAHATMA GANDHI PRONONCÉ LE 26 FÉVRIER 1986 AU RAJ GHAT, À DELHI, DURANT SON VOYAGE EN INDE, JEAN-PAUL II INVOQUE LE DIEU DE LA PAIX.

La paix, un don reçu de toi

Ô Seigneur et Dieu de tous, tu as voulu que tous tes enfants,
unis dans l'Esprit, vivent et grandissent ensemble
dans l'acceptation mutuelle, l'harmonie et la paix.
Nous regrettons de tout notre cœur
que notre égoïsme humain et notre avidité
aient empêché ton plan de se réaliser en notre temps.

Nous reconnaissons que la paix est un don reçu de toi.
Nous savons aussi que notre collaboration
comme instruments de ta main
requiert une sage intendance des ressources de la terre
pour le vrai progrès de tous les peuples.
Elle appelle à un profond respect pour la vie,
à un sens aigu de la dignité humaine
et du caractère sacré de la conscience de toute personne,
à un combat constant contre toutes les formes
de discrimination, en droit ou en fait.

Nous nous engageons, avec tous nos frères et sœurs,
à chercher à acquérir une conscience plus profonde
de notre présence et de notre action dans l'histoire,
une pratique plus efficace de la vérité et de la responsabilité,
une recherche incessante de la liberté
par rapport à toutes les structures d'oppression,
une fraternité au-delà de toutes les barrières,
la justice et la plénitude de vie pour tous.

Rassemblés en la capitale de l'Inde,
devant ce mémorial du père de la nation
– qui fut un témoin éminent et courageux de la vérité,
de l'amour et de la non-violence – nous invoquons
tes bénédictions sur les responsables de ce pays
et de toutes les nations, sur les fidèles de toutes traditions
religieuses, et sur tous les gens de bonne volonté.
Rends-nous capables, Seigneur, de vivre et de grandir
comme des partenaires actifs de toi-même et de nos frères,
pour la tâche commune de construction d'une culture
sans violence, d'une communauté mondiale qui place
sa sécurité non dans la fabrication d'armes
toujours plus meurtrières mais dans la confiance mutuelle
et le souci réel d'un avenir meilleur
pour tous tes enfants, dans une civilisation mondiale
de vérité, d'amour et de paix.

EN 1994, JEAN-PAUL II DEVAIT SE RENDRE À SARAJEVO. CETTE VISITE AYANT ÉTÉ ANNULÉE, LE PAPE PRONONCE À CASTELGANDOLFO, LE 8 SEPTEMBRE, L'HOMÉLIE PRÉPARÉE POUR CE VOYAGE. C'EST UNE LONGUE MÉDITATION SUR LE « NOTRE PÈRE ».

De toute guerre, délivre-nous Seigneur !

Méditation sur le « Notre Père »

Notre Père ! Père des hommes, Père des peuples.
Père de tous les peuples qui habitent dans le monde.

Père des peuples d'Europe. Des peuples des Balkans.
Père des peuples qui appartiennent à la famille
des Slaves du Sud ! Père des peuples qui, ici,
dans cette péninsule, depuis des siècles écrivent leur histoire.
Père des peuples, touchés,
et malheureusement ce n'est pas la première fois,
par le cataclysme de la guerre.

« Notre Père... » Moi, évêque de Rome,
le premier pape slave, je m'agenouille devant toi
pour crier : De la peste, de la famine de la guerre, « délivre-nous ».
Je sais que beaucoup s'unissent à moi
dans cette supplication. Non seulement à Sarajevo,
en Bosnie-Herzégovine, mais dans l'Europe entière
et au-delà de ses frontières. Je viens ici, portant en moi
la certitude de la prière que prononcent les cœurs et les lèvres
de mes innombrables frères et sœurs.
Depuis si longtemps, ils attendent précisément
que cette « grande prière » de l'Église, du peuple de Dieu,
puisse se réaliser en ce lieu. Depuis si longtemps,
je les ai moi-même tous invités à participer à cette prière.

Comment ne pas se souvenir ici de la prière faite à Assise
en janvier dernier ? Et puis de celle élevée à Rome,
dans la basilique Saint-Pierre, en janvier dernier ?
Depuis le commencement des tragiques événements
dans les Balkans, dans les pays de l'ex-Yougoslavie,
l'idée maîtresse dans l'Église et spécialement
du Siège apostolique, a été la prière pour la paix.

Notre Père, « *que ton nom soit sanctifié,*
que ton Règne vienne... »
Que resplendisse parmi les hommes ton nom saint
et miséricordieux. Que ton Règne vienne,
Règne de justice et de paix, de pardon et d'amour.

« *Que ta volonté soit faite...* »
Que s'accomplisse ta volonté dans le monde
et particulièrement sur cette terre tourmentée des Balkans.
Tu n'aimes ni la violence ni la haine.
Tu n'aimes ni l'injustice ni l'égoïsme.
Tu veux que les hommes soient frères entre eux
et te reconnaissent comme leur Père.

Notre Père, Père de tout être humain,
« que ta volonté soit faite sur la terre comme au ciel ».
Ta volonté, c'est la paix !

C'est le Christ qui est « notre paix » (Ep 2,14).
C'est lui qui nous a appris à nous tourner
vers le Père en l'appelant « Père ».

C'est lui qui, par son sang, a vaincu le mystère
de l'iniquité et de la division, et, par sa croix, a abattu

l'immense mur qui séparait les hommes et les rendait étrangers les uns aux autres ; c'est lui qui a réconcilié l'humanité avec Dieu et a uni les hommes entre eux comme des frères.

C'est pour cela que le Christ a pu dire un jour
à ses apôtres, avant son sacrifice sur la croix :
« Je vous laisse la paix ; c'est ma paix que je vous donne ;
je ne vous la donne pas comme le monde » (Jn 14,27).
C'est alors qu'il a promis l'Esprit de vérité,
qui est en même temps l'Esprit de l'amour,
l'Esprit de la paix !

Viens, Esprit saint !
« *Veni, Creator Spiritus, mentes tuorum visita... !* »
« Viens, Esprit créateur, visite nos esprits,
remplis de ta grâce les cœurs que tu as créés. »

Viens, Esprit saint ! Nous t'invoquons depuis cette ville
de Sarajevo, *carrefour de tensions entre cultures*
et nations diverses, où s'est allumée la mèche
qui, au début du siècle, a déchaîné le premier conflit
mondial, et où, à la fin du deuxième millénaire,
sont concentrées des tensions analogues capables de détruire
des peuples appelés par l'histoire à collaborer
dans une coexistence harmonieuse.
Viens, Esprit de paix ! À travers toi, nous crions :
« Abba, Père » (Rm 8,15).

« *Donne-nous aujourd'hui notre pain de ce jour...* »
Prier pour le pain signifie prier pour tout ce qui est nécessaire
à la vie. Nous prions pour que, dans la distribution

des ressources entre les individus et les peuples,
puisse toujours être mis en œuvre le principe d'*une participation universelle des hommes aux biens créés par Dieu.*
Prions pour que l'emploi des ressources dans les armements n'endommage pas et à plus forte raison ne détruise pas le patrimoine de culture qui constitue le bien supérieur de l'humanité. Prions pour que les mesures restrictives, jugées nécessaires pour freiner le conflit,
ne soient pas cause de souffrances inhumaines pour les populations sans défense. Chaque homme, chaque famille a droit à son « pain quotidien ».

« Pardonne-nous nos offenses comme nous pardonnons aussi à ceux qui nous ont offensés... »
Avec ces paroles, nous touchons la question cruciale.
Le Christ lui-même nous en a avertis,
lui qui, mourant sur la croix, a dit
à propos de ses meurtriers : « Père, pardonne-leur :
ils ne savent pas ce qu'ils font » (Lc 23,34).

L'histoire des hommes, des peuples et des nations
est remplie de rancœurs réciproques et d'injustices.
Quelle importance a eue l'expression historique adressée
par les évêques polonais à leurs confrères allemands
à la fin du concile Vatican II :
« Pardonnons et demandons pardon ! »
Si dans cette région de l'Europe, on a pu arriver
à la paix, il semble justement
que ce soit grâce à l'attitude exprimée de façon efficace
par de telles paroles.

Aujourd'hui nous voulons prier pour qu'un tel geste
se renouvelle : « Pardonnons et demandons pardon »

pour nos frères des Balkans ! Sans cette attitude,
il est difficile de construire la paix. La spirale des « fautes »
et des « sanctions » ne s'arrêtera jamais
si, à un certain point, on n'en arrive pas au pardon.

Pardonner ne signifie pas oublier. Si la mémoire
est la loi de l'histoire, le pardon est puissance de Dieu,
puissance du Christ qui agit au cœur des vicissitudes
des hommes et des peuples.

« Ne nous soumets pas à la tentation,
mais délivre-nous du mal. »
Ne nous soumets pas à la tentation !
Quelles sont les tentations qu'aujourd'hui
nous demandons au Père d'éloigner de nous ?
Ce sont celles qui transforment le cœur de l'homme
en un cœur de pierre, insensible au rappel du pardon
et de la concorde.
Ce sont les tentations
des préjugés ethniques qui rendent indifférents
aux droits de l'autre et à sa souffrance.
Ce sont les tentations des nationalismes exaspérés
qui conduisent à la violence contre le prochain
et à la soif de vengeance.
Ce sont toutes les tentations dans lesquelles s'exprime
la civilisation de la mort.

Devant le spectacle désolant des défaillances humaines,
prions avec les paroles de notre vénérable frère
Bartholoméos Ier, patriarche de l'Église
de Constantinople : « Seigneur, fais que nos cœurs
de pierre soient broyés à la vue de tes souffrances
et deviennent des cœurs de chair.
Fais que ta croix fasse fondre nos préjugés.

Qu'à la vue de ta lutte déchirante contre la mort,
disparaisse notre indifférence ou notre rébellion»
(Chemin de croix du Colisée, Vendredi saint 1994, prière introductive).

Délivre-nous du mal! Voilà une autre parole
qui appartient entièrement au Christ et à son Évangile.
«Je ne suis pas venu pour juger le monde,
mais pour sauver le monde» (Jn 12,47).
L'humanité est appelée au salut dans le Christ
et par le Christ. À ce salut sont aussi appelées
les nations que la guerre actuelle a terriblement divisées!

Prions aujourd'hui pour que la puissance salvatrice
de la croix aide à dépasser la tentation historique
de la haine.
C'en est assez des innombrables destructions!
Prions – au rythme de la prière du Seigneur –
pour que commence le temps de la reconstruction,
le temps de la paix.

Les morts de Sarajevo, dont les dépouilles reposent
dans le cimetière voisin, prient avec nous.
Toutes les victimes de cette guerre cruelle prient,
elles qui, dans la lumière de Dieu, invoquent
la réconciliation et la paix pour les survivants.

«Heureux les artisans de paix, car
ils seront appelés fils de Dieu!» (Mt 5,9).
Cela, Jésus nous l'a dit dans le passage de l'Évangile
d'aujourd'hui. Oui, très chers frères et sœurs,
nous serons vraiment heureux si nous nous faisons
artisans de cette paix que seul le Christ

peut donner (cf. Jn 14,27), qui est le Christ lui-même. « Christ est notre paix. » Nous deviendrons bâtisseurs de paix si, comme lui, nous sommes disposés à pardonner.

« Père, pardonne-leur ! » (Lc 23,34). De la croix, le Christ nous offre le pardon et nous demande *de le suivre,* nous aussi *sur le rude chemin de la croix pour obtenir sa paix.* C'est seulement en accueillant son invitation que l'on pourra empêcher l'égoïsme, le nationalisme, la violence de continuer à semer destruction et mort.

Le mal, en chacune de ses manifestations, constitue un mystère d'iniquité, en face duquel s'élève, claire et décidée, la voix de Dieu que nous avons écoutée dans la première lecture : « Ainsi parle celui qui est haut et élevé... Je suis haut et saint dans ma demeure, mais je suis avec l'homme contrit et humilié » (Is 57,15). Ces paroles prophétiques contiennent une invitation à un sérieux *examen de conscience.*

Dieu est du côté des opprimés : il est proche des parents qui pleurent leurs enfants assassinés, il écoute le cri d'impuissance de ceux qui sont sans défense et que l'on piétine, il est solidaire des femmes humiliées dans la violence, il est proche des réfugiés contraints d'abandonner leur terre et leurs maisons. Il n'oublie pas les souffrances des familles, des vieillards, des veuves, des jeunes et des enfants.
C'est son peuple qui se meurt.
Il faut mettre fin à une telle barbarie !
C'en est assez de la guerre ! Assez de la furie de la destruction !

Il n'est plus possible de tolérer une situation
qui ne produit que des fruits de mort : meurtres,
villes détruites, économies ruinées, hôpitaux
privés de médicaments, malades et personnes âgées
abandonnés, familles en larmes et déchirées.
Il faut arriver au plus vite à une paix juste.
La paix est possible si l'on reconnaît la priorité
des valeurs morales sur les prétentions de race ou de force.

Très chers frères et sœurs ! En ce moment, avec vous,
j'adresse au Seigneur le cri du psalmiste : « Aide-nous,
Dieu de notre salut, par égard pour la gloire de ton nom ;
efface, Yahvé, nos péchés » (Ps 79,9).

Confions notre supplication à celle qui « se tenait »
au pied de la croix, silencieuse et priante (cf. Jn 19,25).
Regardons la Sainte Vierge, dont l'Église
célèbre aujourd'hui avec joie la Nativité.

Il est significatif que ma visite, désirée depuis si longtemps,
ait pu avoir *lieu justement en cette fête mariale
qui vous est si chère.* Avec la naissance de Marie, l'espérance
d'une nouvelle humanité est apparue dans le monde,
qui ne serait plus opprimée par l'égoïsme, la haine,
la violence et tant d'autres formes de péché qui ont maculé
de sang les sentiers de l'histoire. À la très Sainte Vierge,
demandons que, pour votre terre aussi, puisse surgir
le jour de la pleine réconciliation et de la paix.

Reine de la paix, prie pour nous !

DANS SON MESSAGE *URBI ET ORBI* DE NOËL 1993, JEAN-PAUL II PRIE POUR LA PAIX, PARTICULIÈREMENT EN TERRE SAINTE.

Au Prince de la paix

(pour la paix en Terre sainte)

Vers le Prince de la paix s'élève avec confiance
l'imploration de notre prière :

Divin Rédempteur du monde, inspire et soutiens les efforts
de ceux qui, avec courage et ténacité, défendent
et bâtissent la concorde entre les individus et les nations !

Bénis en particulier ceux qui s'emploient
à renforcer la dynamique de la paix
dans la chère région du Prochc-Orient,
Terre sainte entre toutes parce qu'elle fut choisie
pour t'accueillir, Dieu fait homme !

Donne une sagesse prévoyante et une audace intrépide
aux responsables des peuples, afin qu'ils travaillent
à orienter le cours de l'histoire vers des objectifs
de progrès social authentique !

Sauveur du monde, remplis ton Église d'une vigueur
spirituelle et apostolique renouvelée !
Qu'elle sache annoncer l'Évangile du salut
à tous les hommes et à tout homme.

« Ô admirabile commercium ! », « Ô admirable échange ! »
Chers frères et sœurs, voilà la Bonne Nouvelle,
voilà la joyeuse nouvelle de Noël, la vérité du salut
de l'homme dans le Christ.

LE MESSAGE *URBI ET ORBI* DE PÂQUES 1996 (8 AVRIL) EST L'OCCASION POUR LE PAPE DE PRIER AVEC TOUS LES BÂTISSEURS DE PAIX À TRAVERS LE MONDE, PARTICULIÈREMENT DANS LES RÉGIONS OÙ SE DÉCHAÎNE LA VIOLENCE.

Guide ceux qui bâtissent la paix !

Christ ressuscité, Rédempteur de l'homme,
éclaire et guide ceux qui bâtissent la paix,
tous les jours et en tous lieux sur la terre, au prix
de grands sacrifices ! Toi qui as triomphé de la mort,
soutiens les artisans de justice et de paix
en Bosnie-Herzégovine, en Irlande et au Proche-Orient,
spécialement en Terre sainte,
où l'espoir de vivre ensemble pacifiquement
est encore menacé par le recours à la force
et à la violence ! Raffermis ceux qui refusent
le fatalisme des rivalités ethniques au Burundi
et au Rwanda ! Apaise les souffrances de ceux
qui sont soumis à la violence des armes
dans le Caucase, en Afghanistan, en Algérie, au Soudan
et dans tant d'autres régions du monde !
Qu'ils ne perdent pas l'espérance, ceux qui - en Afrique,
en Amérique latine, en Asie et en Europe - comptent bien
voir finalement exaucées leurs légitimes aspirations
au travail, à un toit, à une plus grande justice sociale
ainsi qu'à une réelle liberté de conscience
et de religion, à laquelle fait parfois obstacle
l'intransigeance même d'adeptes d'autres religions.

EN 2001, JEAN-PAUL II VIT UN PÈLERINAGE JUBILAIRE SUR LES PAS DE SAINT PAUL. IL SE REND NOTAMMENT EN SYRIE LE 7 MAI. DANS L'ÉGLISE GRECQUE ORTHODOXE DE KUNEITRA, IL DEMANDE LA PAIX EN TERRE SAINTE ET DANS LE MONDE.

Tu dis des mots de paix

« Heureux ceux qui font œuvre de paix : ils seront appelés fils de Dieu » (Mt 5,9). De ce lieu, si défiguré par la guerre, je désire que, de mon cœur et par ma voix, monte une prière pour la paix en Terre sainte et dans le monde. La paix authentique est un don de Dieu. Pour nous ouvrir à ce don, il faut une conversion du cœur et une conscience obéissante à sa loi.

Dieu infiniment bon et miséricordieux, c'est avec des cœurs pleins de reconnaissance que nous te prions aujourd'hui sur cette terre où saint Paul un jour a marché. Il a proclamé aux nations cette vérité : Dieu, dans le Christ, a réconcilié le monde avec lui (cf. 2 Co 5,19). Que ta parole résonne dans le cœur de tous les hommes et de toutes les femmes, que tu appelles à suivre le chemin de la réconciliation et de la paix, et à être miséricordieux comme tu es miséricordieux.
Seigneur, tu dis des mots de paix à ton peuple et à tous ceux qui, dans leurs cœurs, se tournent vers toi (cf. Ps 84,9). Nous te prions pour les peuples du Moyen-Orient. Aide-les à abattre les murs d'hostilité et de division et à construire ensemble un monde de justice et de solidarité.
Seigneur, tu crées des cieux nouveaux et une terre nouvelle (cf. Is 65,17). Nous te confions les jeunes de ces pays. Ils aspirent dans leurs cœurs à un avenir plus radieux ; consolide leur détermination à être des hommes et des femmes de paix, et des hérauts d'une espérance nouvelle pour leurs peuples.

Père, tu fais jaillir la justice de la terre (cf. Is 45,8). Nous prions pour les responsables civils de cette région afin qu'ils s'efforcent de satisfaire les aspirations légitimes de leurs peuples, et qu'ils éduquent les jeunes dans le sens de la justice et de la paix. Fais qu'ils travaillent généreusement pour le bien commun, qu'ils respectent la dignité inaliénable de toute personne et les droits fondamentaux qui trouvent leur origine dans l'image et dans la ressemblance du créateur imprimées en tout être humain.

Nous te prions particulièrement pour les dirigeants de cette noble terre de Syrie. Accorde-leur sagesse, clairvoyance et persévérance ; qu'ils ne se laissent jamais aller au découragement dans leur tâche difficile de construire la paix durable à laquelle leur peuple aspire.

Père du Ciel, en ce lieu qui a vu la conversion de l'apôtre Paul, nous prions pour tous ceux qui croient en l'Évangile de Jésus Christ. Guide leurs pas dans la vérité et l'amour. Qu'ils soient un, comme tu es un avec le Fils et l'Esprit saint. Qu'ils portent le témoignage de la paix qui surpasse toute intelligence (cf. Ph 4,7) et de la lumière qui l'emporte sur l'obscurité de l'hostilité, du péché et de la mort.

Seigneur du ciel et de la terre, créateur de l'unique famille humaine, nous te prions pour les croyants de toutes religions. Qu'ils cherchent ta volonté dans la prière et dans la pureté du cœur ; qu'ils te rendent hommage et qu'ils adorent ton saint nom. Conduis-les à trouver en toi la force de vaincre la peur et la méfiance, de grandir en amitié et de vivre ensemble dans l'harmonie.

Père de miséricorde, que tous les croyants trouvent le courage de se pardonner les uns les autres, afin que les blessures du passé soient guéries, et qu'elles ne soient pas un prétexte à d'autres souffrances dans le présent. Que cela se réalise partout en Terre sainte, cette terre que tu as bénie par tant de signes de ta Providence, et où tu t'es révélé toi-même comme le Dieu d'Amour. Nous confions à la Mère de Jésus, la bienheureuse Vierge Marie, les hommes et les femmes qui habitent le pays où Jésus a vécu. À son exemple, qu'ils écoutent la parole de Dieu, qu'ils aient du respect et de la compassion pour les autres, en particulier pour ceux qui sont différents d'eux. Que tous, dans l'unité d'un même cœur et d'un même esprit, bâtissent un monde qui soit une vraie maison pour tous les peuples.
Salam ! Salam ! Salam ! Amen !

Prières pour l'unité des chrétiens, pour les juifs et les musulmans

LORS DE L'AUDIENCE GÉNÉRALE DU 23 JANVIER 1985, PENDANT LA SEMAINE DE PRIÈRE POUR L'UNITÉ DES CHRÉTIENS, JEAN-PAUL II A INVITÉ À PRIER POUR L'UNITÉ ENTRE LES DISCIPLES DU CHRIST.

Accorde-nous la paix et l'unité

Accorde-nous, Seigneur, la paix et l'unité.
Que la paix du Christ nous guide dans notre vie :
dans la paix, Dieu nous a tous appelés à former un seul corps.
Accorde-nous, Seigneur, la paix et l'unité.
Dans sa chair, Jésus Christ a détruit tous les murs de séparation :
par sa mort sur la croix, il a détruit toute hostilité.
Il n'y a qu'un seul Seigneur, une seule foi, un seul baptême.
Il n'y a qu'un seul corps et un seul Esprit,
et nous sommes tous appelés à une seule espérance.

Prions : Père, donne-nous la grâce de nous aimer
les uns les autres, afin que, dans l'unité de l'Esprit,
nous professions notre foi en vivant
dans la concorde et la sainte paix,
témoins de l'Évangile de salut de l'unique Seigneur du ciel
et de la terre, Jésus Christ, ton Fils, qui vit et règne
dans les siècles des siècles. Amen !

L'ANNÉE SUIVANTE, EN LA MÊME OCCASION, LE 22 JANVIER 1986, LE PAPE ENGAGE LES PARTICIPANTS À L'AUDIENCE GÉNÉRALE À IMPLORER DE DIEU L'UNITÉ DES CHRÉTIENS AFIN QUE LE MONDE CROIE.

Dans ton Église une et unique

Le *Saint-Père :* Prions le Seigneur pour que les chrétiens, malgré leurs divisions, s'efforcent toujours plus de donner ensemble le témoignage de leur foi en Dieu, Père, Fils et Saint-Esprit, afin que le monde croie.
Tous : Qu'ils soient un, afin que le monde croie.

Le Saint-Père : Prions pour que les chrétiens,
et plus particulièrement ceux qui souffrent à cause du nom de Jésus,
donnent le témoignage d'une foi vive et progressent vers la pleine profession de la foi commune.
Tous : Qu'ils soient un, afin que le monde croie.

Le Saint-Père : Prions pour que les chrétiens s'unissent pour mettre en œuvre la justice et la paix dans le monde.
Tous : Qu'ils soient un, afin que le monde croie.

Le Saint-Père : Notre Père, qui es aux cieux, regarde les aspirations des cœurs de ceux qui sont tes enfants ; exauce nos demandes et fais que tous les chrétiens soient unis dans ton Église, une et unique.
Par ton Fils Jésus Christ, qui, avec toi,
dans la communion de l'Esprit saint,
Vit et règne pour tous les siècles.
Tous : Amen. !

LE 1er JANVIER 1987, DANS SON HOMÉLIE DE LA JOURNÉE MONDIALE DE LA PAIX, LE PAPE PRIE POUR TOUS LES HOMMES DE BONNE VOLONTÉ.

Chaque cœur cherche la paix !

Au seuil de l'année nouvelle, l'évêque de Rome,
embrassant en ce sacrifice eucharistique
toutes les Églises dans le monde,
réunies dans l'universalité de *la communion catholique,*
et tous les *frères chrétiens* bien-aimés
qui cherchent ensemble avec nous les voies de l'unité,
et tous les adeptes des *religions non chrétiennes,*
et, sans exception, tous *les hommes de bonne volonté*
sur toute la terre, crie depuis la tombe de saint Pierre
les paroles de la liturgie :
« Que le Seigneur nous bénisse et nous protège.
Que le Seigneur fasse briller sur nous son visage,
et qu'il nous soit propice !
Qu'il nous accorde la paix ! » (Cf. Nb 6,24-26).
Que 1987 soit une année au cours de laquelle l'humanité
mette enfin de côté les divisions du passé :
une année au cours de laquelle, dans la solidarité
et dans le développement, chaque cœur cherche la paix !

VISITE À VARSOVIE, EN 1999 : LE 11 JUIN, JEAN-PAUL II SE RECUEILLE AU MONUMENT DES VICTIMES DE L'HOLOCAUSTE. ENTOURÉ DE MEMBRES DE LA COMMUNAUTÉ JUIVE, LE PAPE RESTE LONGUEMENT EN SILENCE AVANT DE S'ADRESSER AU « DIEU D'ABRAHAM, DIEU DES PROPHÈTES... ».

Exauce notre prière à l'intention du peuple juif

Dieu d'Abraham, Dieu des prophètes, Dieu
de Jésus Christ, en toi, tout est contenu ;
vers toi, tout se dirige ; tu es le terme de tout.

Exauce notre prière à l'intention du peuple juif,
qu'en raison de ses pères, Tu continues de chérir.
Suscite en lui le désir toujours plus vif de pénétrer
profondément ta vérité et ton amour.

Assiste-le pour que, dans ses efforts pour la paix
et la justice, il soit soutenu dans sa grande mission
de révélation au monde de ta bénédiction.

Qu'il rencontre respect et amour chez ceux
qui ne comprennent pas encore ses souffrances,
comme chez ceux qui compatissent aux blessures profondes
qui lui ont été infligées, avec le sentiment
du respect mutuel des uns envers les autres.

Souviens-toi des générations nouvelles, des jeunes
et des enfants : qu'ils persistent dans la fidélité
envers toi, dans ce qui constitue l'exceptionnel mystère
de leur vocation. Inspire-les pour que l'humanité
comprenne par leurs témoignages que tous les peuples
ont une seule origine et une seule fin : Dieu,
dont le dessein de salut s'étend à tous les hommes. Amen !

PENDANT SA VISITE À JÉRUSALEM, LE 26 MARS 2000, JEAN-PAUL II SE REND DEVANT LE MUR OCCIDENTAL DU TEMPLE. EN CONCLUSION À SA MÉDITATION, IL DÉPOSE DANS UN CREUX DU MUR UNE PRIÈRE PAR LAQUELLE IL DEMANDE LE PARDON DE DIEU POUR TOUTES LES FAUTES COMMISES CONTRE LES JUIFS.

Avec le peuple de l'Alliance

Dieu de nos pères,
tu as choisi Abraham et sa descendance
pour que ton Nom soit apporté aux nations :

Nous sommes profondément attristés
par le comportement de ceux qui, au cours de l'histoire,
les ont fait souffrir, eux qui sont tes fils,
et, en te demandant pardon, nous voulons nous engager
à vivre une authentique fraternité
avec le peuple de l'Alliance.
Amen !

LORS DE SA BRÈVE VISITE AU MAROC, LE 19 AOÛT 1985, LE SAINT-PÈRE ADRESSE UNE ALLOCUTION AUX JEUNES MAROCAINS À CASABLANCA. CETTE INTERVENTION SE TERMINE PAR UNE PRIÈRE D'INVOCATION AU DIEU UNIQUE. CE TEXTE SERA REPRIS, AVEC UNE LÉGÈRE VARIANTE, DANS UN DISCOURS AUX MUSULMANS À DAKAR, LE 22 FÉVRIER 1992.

« Ô Dieu, l'Unique. À Toi va notre adoration »

Ô Dieu, tu es notre créateur. Tu es bon et ta miséricorde
est sans limites. À toi la louange de toute créature.
Ô Dieu, tu as donné aux hommes que nous sommes une loi
intérieure dont nous devons vivre.
Faire ta volonté, c'est accomplir notre tâche.
Suivre tes voies, c'est connaître la paix de l'âme.
À toi, nous offrons notre obéissance.
Guide-nous en toutes les démarches
que nous entreprenons sur terre.
Affranchis-nous des penchants mauvais
qui détournent notre cœur de ta volonté.
Ne permets pas qu'en invoquant ton nom,
nous venions à justifier les désordres humains.
Ô Dieu, tu es l'Unique. À toi va notre adoration.
Ne permets pas que nous nous éloignions de toi.
Ô Dieu, juge de tous les hommes,
aide-nous à faire partie de tes élus au dernier jour.
Ô Dieu, auteur de la justice et de la paix, accorde-nous
la joie véritable et l'amour authentique,
ainsi qu'une fraternité durable entre les peuples.
Comble-nous de tes dons à tout jamais.
Amen !

Le Chemin de croix
avec Jean-Paul II

L'homme contemporain a besoin de rencontrer le Christ crucifié et ressuscité

MÉDITATIONS ET PRIÈRES POUR LE CHEMIN DE CROIX AU COLISÉE (VENDREDI SAINT 2000)

EN L'ANNÉE DU GRAND JUBILÉ DE L'AN 2000, LE SAINT-PÈRE A VOULU RÉDIGER LUI-MÊME CES TEXTES, COMME IL L'AVAIT DÉJÀ FAIT EN 1983 POUR L'ANNÉE SAINTE DE LA RÉDEMPTION.

Prière initiale

« Si quelqu'un veut marcher derrière moi,
qu'il renonce à lui-même, qu'il prenne sa croix
et qu'il me suive » (Mt 16,24)
Soir du Vendredi saint. Depuis vingt siècles,
l'Église se rassemble en cette soirée, pour se rappeler
et pour revivre les événements de l'ultime étape
du chemin terrestre du Fils de Dieu.
Aujourd'hui, comme chaque année, l'Église qui est à Rome
se réunit au Colisée, pour se mettre à la suite de Jésus
qui, « portant lui-même sa croix, sortit en direction du lieu-dit :
le Crâne, ou Calvaire, en hébreu : Golgotha » (Jn 19,17).
Nous nous trouvons ici, convaincus que le *chemin de croix*
du Fils de Dieu ne fut pas le simple fait de marcher
vers le lieu de son supplice. Nous croyons
que chaque pas du condamné, chacun de ses gestes
et chacune de ses paroles, et aussi ce qu'ont vécu
et accompli ceux qui ont pris part à ce drame,
nous parlent continuellement. C'est aussi dans sa souffrance
et dans sa mort que le Christ nous révèle la vérité
sur Dieu et sur l'homme.
En cette année jubilaire, nous voulons réfléchir
avec une intensité particulière sur le contenu

de cet événement, afin qu'il parle avec une force nouvelle
à nos esprits et à nos cœurs, et qu'il devienne pour nous
source de la grâce d'une authentique participation.
Participer signifie avoir part. Que veut dire avoir part
à la croix du Christ ? Cela veut dire faire l'expérience
dans l'Esprit saint de l'amour que la croix du Christ
cache en elle. Cela veut dire reconnaître, à la lumière
de cet amour, sa propre croix. Cela veut dire la prendre
sur ses épaules et, toujours en vertu de cet amour, marcher...
Marcher tout au long de la vie, en imitant
Celui qui « endura une croix, dont il méprisa l'infamie,
et qui est assis désormais à la droite
du trône de Dieu » (He 12,2).

Prions. Seigneur Jésus Christ, remplis nos cœurs
de la lumière de ton Esprit, afin que, te suivant
sur ton ultime chemin, nous connaissions le prix
de notre rédemption et devenions dignes de participer
aux fruits de ta passion, de ta mort
et de ta résurrection. Amen !

Première station

Jésus est condamné à mort

Adoramus te, Christe, et benedicimus tibi.
Quia per sanctam crucem tuam redemisti mundum.
« Es-tu le roi des juifs ? » (Jn 18,33).
« Ma royauté ne vient pas de ce monde ;
si ma royauté venait de ce monde, j'aurais des gardes
qui se seraient battus pour que je ne sois pas livré
aux juifs. Non, ma royauté ne vient pas d'ici » (Jn 18,36).
Pilate ajouta : « Alors, tu es roi ? » Jésus répondit :

« C'est toi qui dis que je suis roi. Je suis né, je suis venu
dans le monde pour ceci : rendre témoignage
à la vérité. Tout homme qui appartient à la vérité
écoute ma voix. »
Pilate répliqua : « Qu'est-ce que la vérité ? »
À ce point, le procureur romain considéra l'interrogatoire
comme terminé. Il alla chez les juifs
et leur dit : « Moi, je ne trouve en lui aucun motif
de condamnation » (cf. Jn 18,37-38).
Le drame de Pilate se cache dans la question :
Qu'est-ce que la vérité ?
Ce n'était pas une question philosophique sur la nature
de la vérité, mais une question existentielle
sur *son rapport à la vérité*. C'était une tentative
de se dérober à la voix de sa conscience
qui lui ordonnait de reconnaître la vérité et de la suivre.
L'homme qui ne se laisse pas conduire par la vérité
se dispose même à émettre une sentence de condamnation
à l'égard d'un innocent.
Les accusateurs devinent cette faiblesse de Pilate
et c'est pourquoi ils ne cèdent pas. Avec détermination,
ils réclament la mort en croix. Les demi-mesures
auxquelles Pilate a recours ne l'aident pas.
La peine cruelle de la flagellation infligée
à l'accusé n'est pas suffisante. Quand le procureur
présente à la foule Jésus flagellé et couronné d'épines,
il semble chercher une parole qui, à son avis,
devrait faire céder l'intransigeance de la foule.
Montrant Jésus, il dit : « *Ecce homo* ! Voici l'homme ! »
Mais la réponse est : « Crucifie-le, crucifie-le ! »
Pilate cherche alors à discuter : « Reprenez-le,
et crucifiez-le vous-mêmes ; moi, je ne trouve en lui

aucun motif de condamnation » (cf. Jn 19,5-6).
Il est toujours plus convaincu que l'accusé
est innocent, mais cela ne lui suffit pas
pour émettre une sentence d'acquittement.
Les accusateurs recourent à l'ultime argument :
« Si tu le relâches, tu n'es pas ami de l'empereur.
Quiconque se fait roi s'oppose à l'empereur » (Jn 19,12).
La menace est claire. Devinant le danger,
Pilate cède définitivement et émet la sentence.
Mais non sans faire le geste lâche de se laver les mains :
« Je ne suis pas responsable du sang de cet homme ;
cela vous regarde ! » (Mt 27,24).
C'est de cette façon que Jésus a été condamné
à la mort sur une croix, lui le Fils du Dieu vivant,
le Rédempteur du monde.
Tout au long des siècles, la négation de la vérité
a engendré souffrance et mort. Ce sont les innocents
qui paient le prix de l'hypocrisie humaine.
Les demi-mesures ne sont pas suffisantes.
Il ne suffit pas non plus de se laver les mains.
La responsabilité pour le sang du juste demeure.
C'est pour cela que le Christ a prié avec tant de ferveur
pour ses disciples de tous les temps : Père, « consacre-les
par la vérité : ta parole est vérité » (Jn 17,17).
Prière
Ô Christ, toi qui as accepté une condamnation
injuste, accorde-nous, ainsi qu'à tous les hommes
de notre temps, la grâce d'être fidèles à la vérité ;
ne permets pas que le poids de la responsabilité
pour la souffrance des innocents retombe sur nous
et sur ceux qui viendront après nous.
À toi, Jésus, juste juge, l'honneur

et la gloire pour les siècles sans fin. Amen !
Pater noster, qui es in cælis...
Stabat mater dolorosa, iuxta crucem lacrimosa
dum pendebat Filius.
(Debout, la Mère douloureuse près de la croix
était en larmes devant son Fils suspendu.)

Deuxième station

Jésus est chargé de sa croix

Adoramus te, Christe...
La croix. Instrument de mort infamante.
Il n'était pas licite de condamner à la mort de la croix
un citoyen romain : c'était trop humiliant.
Le moment où Jésus de Nazareth s'est chargé de la croix
pour la porter sur le Calvaire marque un tournant
dans l'histoire de la croix.
Signe d'une mort infamante, réservée à la catégorie
la plus basse des hommes, la croix *devient une clé.*
Désormais, avec l'aide de cette clé, l'homme ouvrira
la porte des profondeurs du mystère de Dieu.
Par le geste du Christ qui accepte la croix, instrument
de son dépouillement, les hommes sauront
que *Dieu est amour.*
Amour sans limites : « Dieu a tant aimé le monde
qu'il a donné son Fils unique ; ainsi tout homme
qui croit en lui ne périra pas,
mais il obtiendra la vie éternelle » (Jn 3,16).
Cette vérité sur Dieu s'est révélée par la croix.
Ne pouvait-elle pas se révéler d'une autre façon ?
Peut-être que oui. Toutefois Dieu *a choisi la croix.*
Le Père a choisi la croix pour son Fils,

et le Fils l'a prise sur ses épaules, il l'a portée
sur le Calvaire et sur elle il a offert sa vie.
« Sur la croix, il y a la souffrance, sur la croix,
il y a le salut, sur la croix, il y a une leçon d'amour.
Ô Dieu, celui qui une fois t'a compris ne désire
rien d'autre, ne cherche rien d'autre »
(*Chant polonais de Carême*).
La croix est signe d'un amour sans limites !
Prière
Ô Christ, toi qui acceptes la croix de la main
des hommes, pour en faire le signe de l'amour
salvifique de Dieu pour l'homme, accorde-nous,
ainsi qu'à tous les hommes de notre temps,
la grâce de la foi en cet amour infini,
afin que, en transmettant au nouveau millénaire
le signe de la croix, nous soyons des témoins
authentiques de la Rédemption. À toi, Jésus,
prêtre et victime, la louange et la gloire
pour les siècles. Amen !
Pater noster, qui es in cælis...
Cuius animam gementem, contristatam et dolentem
pertransivit gladius.
(Dans son âme qui gémissait, toute brisée, endolorie,
le glaive était enfoncé.)

Troisième station

Jésus tombe pour la première fois

Adoramus te, Christe...
« Dieu a pris sur lui nos péchés à nous tous »
(cf. Is 53,6).
« Nous étions tous errants comme des brebis,

chacun suivait son propre chemin. Mais le Seigneur
a fait retomber sur lui nos fautes à nous tous» (Is 53,6).
Jésus tombe sous la croix. Cela arrivera par trois fois
sur le chemin relativement bref de la *«via dolorosa»*.
Il tombe d'épuisement. Le corps ensanglanté
par la flagellation, la tête couronnée d'épines.
Tout cela fait que les forces lui manquent. Il tombe,
et la croix de tout son poids l'écrase contre terre.
Il faut revenir aux paroles du prophète
qui, des siècles auparavant, entrevoit cette chute.
C'est comme s'il la contemplait de ses propres yeux :
devant le serviteur du Seigneur à terre sous le poids
de la croix, il montre la vraie cause de sa chute :
«Dieu a pris sur lui nos péchés à nous tous.»
Ce sont les péchés qui ont écrasé contre terre le divin
condamné. Ce sont eux qui ont déterminé le poids
de la croix qu'il portait sur ses épaules. Ce sont
les péchés qui ont provoqué sa chute. Le Christ
péniblement se relève pour reprendre le chemin.
Les soldats qui l'escortent cherchent à le stimuler
par des cris et des coups. Après un moment, le cortège
repart. Jésus tombe et se relève.
C'est ainsi que le Rédempteur du monde s'adresse
sans prononcer un mot à tous ceux qui tombent.
Il les exhorte à se relever. «Dans son corps, il a porté
nos péchés sur le bois de la croix,
afin que nous puissions mourir à nos péchés et vivre
dans la justice. Par ses blessures, nous sommes guéris»
(cf. 1 P 2,24).

Prière

Ô Christ, toi qui es tombé sous le poids
de nos fautes et qui t'es relevé pour notre justification,

nous t'en prions, aide-nous, ainsi que tous ceux qui sont écrasés par le péché, à nous remettre debout à reprendre le chemin. Donne-nous la force de l'Esprit, pour porter avec toi la croix de notre faiblesse.
À toi, Jésus, écrasé sous le poids de nos fautes, notre louange et notre amour pour les siècles. Amen !
Pater noster, qui es in cælis...
O quam tristis et afflicta fuit
illa benedicta mater Unigeniti !
(Qu'elle était triste et affligée, la Mère entre toutes bénie, la Mère du Fils unique !)

Quatrième station

Jésus rencontre sa mère

Adoramus te, Christe...
« Sois sans crainte, Marie, car tu as trouvé grâce auprès de Dieu. Voici que tu vas concevoir et enfanter un fils ; tu lui donneras le nom de Jésus. Il sera grand, il sera appelé Fils du Très-Haut ; le Seigneur Dieu lui donnera le trône de David son père ; il régnera pour toujours sur la maison de Jacob, et son règne n'aura pas de fin » (Lc 1,30-33).
Marie se remémorait ces paroles. Elle y revenait souvent dans le secret de son cœur. Quand, sur le chemin de la croix, elle rencontra son Fils, peut-être justement ces paroles lui revinrent-elles à l'esprit. Avec une force particulière. « Il régnera... Et son règne n'aura pas de fin... », avait dit le messager céleste. Maintenant, alors qu'elle voit son Fils, condamné à mort, porter la croix sur laquelle il devra mourir, elle pourrait se demander, humainement parlant :

Comment donc ces paroles peuvent-elles se réaliser ? De quelle façon régnera-t-il sur la maison de David ? Et comment se pourra-t-il que son règne n'ait pas de fin ? Humainement parlant, ces questions peuvent se comprendre. Cependant Marie se souvient qu'alors, après avoir entendu l'annonce de l'ange, elle avait répondu : « Voici la servante du Seigneur ; que tout se passe pour moi selon ta parole » (Lc 1,38). Maintenant elle voit que cette parole se réalise comme *parole de la croix*. Parce qu'elle est mère, Marie souffre profondément. Toutefois, maintenant aussi elle répond comme elle avait répondu alors à l'Annonciation : *« Que tout se passe pour moi selon ta parole. »* De cette façon, elle prend maternellement dans ses bras la croix avec le divin condamné. Sur le chemin de la croix, Marie se manifeste comme Mère du Rédempteur du monde.
« Vous tous qui passez par le chemin, regardez et voyez s'il est une douleur pareille à la douleur qui me tourmente » (Lm 1,12). C'est la Mère des Douleurs qui parle, la servante qui obéit jusqu'au bout, la Mère du Rédempteur du monde.
Prière
Ô Marie, toi qui as parcouru le chemin de la croix avec ton Fils, déchirée de douleur dans ton cœur de mère, mais te souvenant toujours de ton *fiat* et intimement convaincue que Celui à qui rien n'est impossible saurait réaliser ses promesses, implore pour nous et pour les hommes des générations futures la grâce de l'abandon à l'amour de Dieu. Fais que, face à la souffrance, au refus, à l'épreuve, même prolongée et violente, nous ne doutions jamais de son amour.

À Jésus, ton Fils, honneur et gloire pour les siècles.
Amen !
Pater noster, qui es in cælis...
Quæ mœrebat et dolebat, pia mater,
cum videbat Nati poenas incliti.
(Qu'elle avait mal, qu'elle souffrait la tendre Mère,
en contemplant son divin Fils tourmenté !)

Cinquième station

Simon de Cyrène aide Jésus à porter sa croix

Adoramus te, Christe...
Ils réquisitionnèrent Simon (cf. Mc 15,21). Les soldats romains firent ainsi, craignant que le condamné épuisé ne parvienne pas à porter la croix jusqu'au Golgotha. Ils n'auraient pas pu exécuter la sentence de crucifixion portée sur lui. Ils cherchaient un homme qui l'aidât à porter la croix. Leur regard se posa sur Simon. Ils le réquisitionnèrent pour le charger de ce poids. On peut imaginer qu'il ne fut pas d'accord et qu'il s'y opposa. Porter avec un condamné sa croix pouvait être considéré comme une offense à la dignité d'un homme libre. Bien qu'à contrecœur, Simon prit la croix pour aider Jésus.
Dans un chant de Carême résonnent ces paroles : « Sous le poids de la croix, Jésus accueille le Cyrénéen. » Ce sont des paroles qui laissent entrevoir un changement total de perspective : le divin condamné apparaît comme quelqu'un qui, en un certain sens, *« fait don » de la croix*. N'est-ce pas lui qui a dit : « Celui qui ne prend pas sa croix et ne me suit pas n'est pas digne de moi » (Mt 10,38) ?

Simon reçoit un don. Il en *est devenu «digne»*.
Ce qui aux yeux de la foule pouvait offenser sa dignité lui a, au contraire, conféré une nouvelle dignité dans la perspective de la Rédemption. Le Fils de Dieu l'a fait participer d'une manière singulière à son œuvre salvifique. Simon en est-il conscient ? L'évangéliste Marc identifie Simon de Cyrène comme étant le «père d'Alexandre et de Rufus» (Mc 15,21).
Si les fils de Simon de Cyrène étaient connus de la première communauté chrétienne, on peut penser que lui aussi, précisément tandis qu'il portait la croix, a cru au Christ. Il passa librement de la contrainte à la disponibilité, comme s'il avait été intimement touché par ces paroles : «Celui qui ne prend pas sa croix et ne me suit pas n'est pas digne de moi.»
Alors qu'il portait la croix, *il fut introduit à la connaissance de l'évangile de la croix.*
Depuis lors, cet évangile parle à de nombreuses personnes, innombrables Cyrénéens appelés au cours de l'histoire à porter la croix avec Jésus.

Prière

Ô Christ, qui as conféré à Simon de Cyrène la dignité de porter ta croix, accueille-nous aussi sous son poids, accueille tous les hommes et donne à chacun la grâce de la disponibilité. Fais que nous ne détournions pas notre regard de ceux qui sont accablés par la croix de la maladie, de la solitude, de la faim, de l'injustice.
Fais que, portant les poids les uns des autres, nous devenions témoins de l'évangile de la croix, des témoins véritablement crédibles de toi, qui vis et règnes pour les siècles des siècles. Amen !

Pater noster, qui es in cœlis...

Quis est homo qui non fleret, matrem Christi
si videret in tanto supplicio ?
(Quel est celui qui sans pleurer
pourrait voir la Mère du Christ dans un supplice pareil ?)

Sixième station

Véronique essuie le visage de Jésus

Adoramus te, Christe...

Véronique ne figure pas dans les évangiles. Ce nom n'y est pas mentionné, bien qu'il y ait celui de différentes femmes qui apparaissent aux côtés de Jésus. Il se peut donc que le nom exprime plutôt ce que fit cette femme. En effet, selon la tradition, sur le chemin du Calvaire une femme se fraya un chemin parmi les soldats qui escortaient Jésus et, avec un voile, elle essuya la sueur et le sang du visage du Seigneur. Ce visage resta imprimé sur le voile ; un reflet fidèle à une *« icône véritable »*. C'est à cela qu'on lierait le nom même de Véronique. S'il en est ainsi, ce nom, qui rend mémorable le geste accompli par cette femme, renferme en même temps la plus profonde *vérité sur elle*. Un jour, suscitant les critiques de l'assistance, Jésus prit la défense d'une femme pécheresse qui avait versé sur ses pieds de l'huile parfumée et qui les avait essuyés avec ses cheveux. À l'objection qui lui fut faite alors, il répondit : « Pourquoi tourmenter cette femme ? C'est une action charitable qu'elle a faite à mon égard [...]. Si elle a versé ce parfum sur mon corps, c'est en vue de mon ensevelissement » (Mt 26,10.12). On pourrait aussi appliquer ces paroles à Véronique.

Ainsi est manifestée la portée profonde de cet événement.
Le Rédempteur du monde donne
à Véronique une image authentique de son visage.
Le voile sur lequel reste imprimé le visage du Christ
devient un message pour nous. Il dit en un sens : voilà
comment toute action bonne, tout geste de véritable
amour envers le prochain renforce
en celui qui l'accomplit
la ressemblance avec le Rédempteur du monde.
Les actes d'amour ne passent pas. Tout geste de bonté,
de compréhension, de service, laisse dans le cœur
de l'homme un signe indélébile, qui le rend toujours
plus semblable à Celui qui « se dépouilla lui-même,
en prenant la condition de serviteur » (Ph 2,7).
Ainsi se forme l'identité de l'homme, son vrai nom.
Prière
Seigneur Jésus Christ, toi qui as accepté le geste
désintéressé d'amour d'une femme et qui en retour
as fait en sorte que les générations s'en souviennent
avec le nom de ton visage, fais que nos actions,
et celles de tous ceux qui viendront après nous,
nous rendent semblables à toi et laissent au monde
le reflet de ton amour infini. À toi, Jésus, splendeur
de la gloire du Père, louange et gloire
pour les siècles. Amen !
Pater noster, qui es in cælis...
Quis non posset contristari Christi matrem contemplari,
dolentem cum Filio ?
(Qui pourrait sans souffrir comme elle
contempler la Mère du Christ douloureuse avec son Fils ?)

Septième station

Jésus tombe une deuxième fois

Adoramus te, Christe...

« Et moi, je suis un ver, pas un homme, raillé
par les gens, rejeté par le peuple » (Ps 21 [22], 7).
Ces paroles du psaume viennent à l'esprit
tandis que nous regardons Jésus qui, pour la deuxième fois,
tombe sous la croix.
Voici que, dans la poussière de la terre, gît le condamné.
Écrasé sous le poids de la croix. Ses forces
l'abandonnent toujours davantage. Mais, à grand peine,
il se relève pour continuer son chemin. Que signifie
pour nous, hommes pécheurs, cette deuxième chute ?
Plus encore que la première, elle semble nous exhorter
à nous relever, *à nous relever une nouvelle fois*
sur notre chemin de croix.
Cyprian Norwid a écrit : « Non pas derrière nous-mêmes
avec la croix du Sauveur, mais derrière le Sauveur
avec notre croix. » Maxime brève mais qui en dit long.
Elle explique en quel sens le christianisme
est la religion de la croix. Elle laisse entendre
que tout homme rencontre ici-bas le Christ qui porte
la croix et qui tombe sous son poids. À son tour,
sur le chemin du Calvaire, le Christ rencontre
tout homme et, tombant sous le poids de la croix,
il ne cesse d'annoncer la Bonne Nouvelle.
Depuis deux mille ans, l'Évangile de la croix parle
à l'homme. Depuis vingt siècles, le Christ qui se relève
de la chute rencontre l'homme qui tombe.
Tout au long de ces deux millénaires,
beaucoup en ont fait l'expérience :
tomber ne signifie pas la fin du chemin.

En rencontrant le Sauveur, ils se sont sentis rassurés par lui : «Ma grâce te suffit : ma puissance donne toute sa mesure dans la faiblesse» (2 Co 12,9). Ils se sont relevés réconfortés et ils ont transmis au monde la parole de *l'espérance qui jaillit de la croix.* Aujourd'hui, une fois franchi le seuil du nouveau millénaire, nous sommes appelés à approfondir le contenu de cette rencontre. Il faut que notre génération transmette aux siècles futurs la bonne nouvelle de notre relèvement dans le Christ.

Prière

Seigneur Jésus Christ, toi qui tombes sous le poids du péché de l'homme et qui te relèves pour le prendre sur toi et l'effacer, donne-nous, à nous hommes faibles, la force de porter la croix de chaque jour et de nous relever de nos chutes, pour transmettre aux générations qui viendront l'Évangile de ta puissance salvifique. À toi, Jésus, soutien de notre faiblesse, la louange et la gloire pour les siècles. Amen !

Pater noster, qui es in cælis...

Pro peccatis suæ gentis vidit Iesum in tormentis, et flagellis subditum.

(Pour les péchés de tout son peuple elle le vit dans ses tourments, subissant les coups de fouet.)

Huitième station

Jésus console les femmes de Jérusalem

Adoramus te, Christe...

«Femmes de Jérusalem, ne pleurez pas sur moi ! Pleurez sur vous-mêmes et sur vos enfants ! Voici venir des jours où l'on dira : «Heureuses

les femmes stériles, celles qui n'ont pas enfanté,
celles qui n'ont pas allaité ! » Alors on dira
aux montagnes : « Tombez sur nous », et aux collines :
« Cachez-nous ». Car si l'on traite ainsi l'arbre vert,
que deviendra l'arbre sec ? » (Lc 23,28-31).
Ce sont là les paroles de Jésus aux femmes
de Jérusalem qui pleuraient, exprimant ainsi
leur compassion pour le condamné.
« Ne pleurez pas sur moi ! Pleurez sur vous-mêmes
et sur vos enfants ! » À ce moment-là,
il était certainement difficile de comprendre
le sens de ces paroles. Elles contenaient une prophétie
qui devait se vérifier rapidement.
Peu avant, Jésus avait pleuré sur Jérusalem,
annonçant l'horrible sort qui la frapperait.
Maintenant, il semble se référer à cette prédiction :
« Pleurez sur vos enfants... »
Pleurez, parce qu'ils seront, eux précisément,
témoins et participants de la destruction de Jérusalem,
de cette Jérusalem qui *« n'a pas reconnu
le moment où Dieu la visitait »* (cf. Lc 19,44).
Si, tandis que nous suivons Jésus sur le chemin
de la croix, s'éveille en nos cœurs la compassion
pour sa souffrance, nous ne pouvons pas oublier
cet avertissement. « Si l'on traite ainsi l'arbre vert, que deviendra
l'arbre sec ? » Pour notre génération, qui est au tournant
d'un millénaire, plutôt que de pleurer sur le Christ
martyrisé, c'est l'heure de *« reconnaître le temps
où elle est visitée »*. Déjà resplendit l'aurore
de la Résurrection. « C'est maintenant le moment
favorable, c'est maintenant le jour du salut » (2 Co 6,2).
À chacun de nous, le Christ adresse ces paroles

de l'Apocalypse : « Voici que je me tiens à la porte, et je frappe. Si quelqu'un entend ma voix et ouvre la porte, j'entrerai chez lui ; je prendrai mon repas avec lui, et lui avec moi. Le vainqueur, je le ferai siéger près de moi sur mon trône, comme moi-même, après ma victoire, je suis allé siéger près de mon Père sur son trône » (3,20-21).

Prière

Ô Christ, toi qui es venu en ce monde pour visiter tous ceux qui attendent le salut, fais que notre génération reconnaisse le temps où elle est visitée et qu'elle ait part aux fruits de ta Rédemption. Ne permets pas qu'il faille pleurer sur nous et sur les hommes du nouveau siècle parce que nous avons repoussé la main du Père miséricordieux. À toi, Jésus, né de la Vierge fille de Sion, honneur et gloire pour les siècles éternels. Amen !

Pater noster, qui es in cælis...

Tui Nati vulnerati, tam dignati pro me pati,
poenas mecum divide.

(Ton enfant n'était que blessures, lui qui daigna souffrir pour moi ; donne-moi part à ses peines.)

Neuvième station

Jésus tombe pour la troisième fois

Adoramus te, Christe...

Voilà de nouveau le Christ tombé à terre sous le poids de la croix. La foule, curieuse, regarde s'il aura encore la force de se relever. Saint Paul écrit : « Lui qui était dans la condition de Dieu, il n'a pas jugé bon de revendiquer son droit d'être traité

à l'égal de Dieu ; mais au contraire, il se dépouilla
en prenant la condition de serviteur.
Devenu semblable aux hommes et reconnu
comme un homme à son comportement,
il s'est abaissé lui-même en devenant obéissant
jusqu'à mourir, et à mourir sur une croix » (Ph 2,6-8).
Voilà précisément ce que semble exprimer
la troisième chute : *le dépouillement, la kénôse,*
du Fils de Dieu, l'humiliation sous la croix.
Jésus avait dit à ses disciples qu'il était venu
non pour être servi mais pour servir (cf. Mt 20,28).
Au cénacle, en s'abaissant jusqu'à terre
et en leur lavant les pieds,
il avait d'une certaine manière
voulu *les habituer à cette humiliation de sa personne.*
En tombant à terre pour la troisième fois
sur le chemin de la croix, *il nous crie encore*
à pleine voix son mystère. Écoutons sa voix !
Ce condamné, qui succombe sous le poids de la croix
tout près du lieu de son supplice, nous dit :
« Moi, je suis le Chemin, la Vérité et la Vie » (Jn 14,6).
« Celui qui me suit ne marchera pas
dans les ténèbres, il aura la lumière de la vie » (Jn 8,12).
Ne soyons pas troublés à la vue d'un condamné
qui tombe à terre, épuisé sous la croix.
Cette manifestation extérieure de la mort qui s'approche
cache la lumière de la vie.

Prière

Seigneur Jésus Christ, toi qui, par ton humiliation
sous la croix, as révélé au monde le prix
de sa rédemption, donne aux hommes
du troisième millénaire la lumière de la foi,

afin que, reconnaissant en toi le Serviteur souffrant de Dieu et de l'homme, ils aient le courage de suivre le même chemin qui, par la croix et le dépouillement, conduit à la vie éternelle. À toi, Jésus, soutien de notre faiblesse, honneur et gloire pour les siècles. Amen !
Pater noster, qui es in cælis...
Eia, mater, fons amoris, me sentire vim doloris fac, ut tecum lugeam.
(Daigne, ô Mère, source d'amour, me faire éprouver tes souffrances pour que je pleure avec toi.)

Dixième station

Jésus est dépouillé de ses vêtements, abreuvé de vinaigre et de fiel

Adoramus te, Christe...
« Il en goûta, mais ne voulut pas boire » (Mt 27,34).
Il ne veut pas de calmants, qui auraient obscurci sa conscience durant l'agonie. Il voulait *agoniser sur la croix en toute conscience*, en accomplissant la mission reçue de son Père.
C'était contraire aux méthodes en usage chez les soldats chargés de l'exécution. Chargés de clouer le condamné sur la croix, ils cherchaient à diminuer sa sensibilité et sa conscience.
Dans le cas du Christ, il ne pouvait en être ainsi.
Jésus sait que sa mort en croix doit être un sacrifice d'expiation. C'est pourquoi il veut garder sa conscience éveillée jusqu'à la fin. Privé de celle-ci, il n'aurait pas pu, de façon totalement libre, accepter la *pleine mesure de sa souffrance.*

Il doit monter sur la croix pour offrir
le sacrifice de la Nouvelle Alliance.
Il est Prêtre. Il doit entrer, par son propre sang,
dans les demeures éternelles, après avoir accompli
la rédemption du monde (cf. He 9,12).
Conscience et liberté : telles sont les caractéristiques
imprescriptibles d'un agir pleinement humain.
Le monde connaît tant de moyens pour affaiblir
la volonté en obscurcissant la conscience ! Il faut
les protéger jalousement contre toutes les violences !
Même l'effort légitime pour atténuer la souffrance
doit toujours se faire dans le respect
de la dignité humaine. Il faut comprendre
profondément le sacrifice du Christ, il faut s'unir à lui
pour ne pas céder, pour ne pas permettre
que la vie et la mort perdent leur valeur.
Prière
Seigneur Jésus, toi qui, avec un entier dévouement,
as accepté de mourir sur la croix pour nous sauver,
fais que nous ayons part, ainsi que tous les hommes
du monde, à ton sacrifice sur la croix,
afin que notre existence comme nos actions
expriment notre participation libre et consciente
à ton œuvre de salut. À toi, Jésus, Prêtre et Victime,
honneur et gloire pour les siècles. Amen !
Pater noster, qui es in cælis...
Fac ut ardeat cor meum in amando Christum Deum,
ut sibi complaceam.
(Fais qu'en mon cœur brûle un grand feu pour mieux aimer
le Christ mon Dieu et que je puisse lui plaire.)

Onzième station

Jésus est cloué sur la croix

Adoramus te, Christe...

« Ils me percent les mains et les pieds,
je peux compter tous mes os » (Ps 21 [22], 17-18).
Les paroles du prophète s'accomplissent.
L'exécution commence.
Les coups des bourreaux écrasent les pieds
et les mains du condamné sur le bois de la croix.
Dans le creux des mains, les clous sont fixés
avec violence. Ces clous maintiendront le condamné
suspendu dans les tourments inexprimables de l'agonie.
Dans son corps, comme dans son esprit très sensible,
le Christ souffre d'une manière indicible.
Avec lui, on crucifie deux vrais malfaiteurs,
l'un à sa droite et l'autre à sa gauche.
La prophétie s'accomplit : « Il a été compté
avec les pécheurs » (Is 53,12). Quand les bourreaux
dresseront la croix, alors commencera une agonie
qui durera trois heures. Il faut que s'accomplisse aussi
cette parole : « Moi, quand j'aurai été élevé de terre,
j'attirerai à moi tous les hommes » (Jn 12,32).
Qu'est-ce qui « attire » chez ce condamné en agonie
sur la croix ? Il est certain que l'image d'une souffrance
aussi intense éveille la compassion.
Mais la compassion ne suffit pas pour inciter
à lier sa propre vie à celui qui est cloué à la croix.
Comment expliquer que, de génération en génération,
cette terrible vision ait pu attirer des foules
innombrables de personnes qui ont fait de la croix
la caractéristique de leur foi ? D'hommes
et de femmes qui, au cours des siècles, ont vécu

et ont donné leur vie en regardant ce signe ?
Du haut de la croix, le Christ attire *par la puissance de l'amour*, de l'Amour divin, qui ne s'est pas soustrait au don total de soi ; de l'Amour infini, qui a élevé de terre sur l'arbre de la croix le poids du corps du Christ, pour compenser le poids de l'antique faute ; de l'Amour sans limites, qui a comblé tout le manque d'amour et qui a permis à l'homme de se réfugier à nouveau dans les bras du Père miséricordieux.
Que le Christ élevé sur la croix nous attire, nous, hommes et femmes du nouveau millénaire ! À l'ombre de la croix, « vivons dans l'amour comme le Christ nous a aimés et s'est livré pour nous en offrant à Dieu le sacrifice qui pouvait lui plaire » (cf. Ep 5,2).

Prière

Christ élevé, Amour crucifié, remplis nos cœurs de ton amour, afin que nous reconnaissions dans ta croix le signe de notre rédemption et que, attirés par tes blessures, nous vivions et mourions avec toi, qui règnes avec le Père et le Saint-Esprit, maintenant et pour les siècles des siècles. Amen !

Pater noster, qui es in cælis...

Sancta mater, istud agas, Crucifixi fige plagas cordi meo valide.

(Ô sainte Mère, daigne donc graver les plaies du crucifié profondément dans mon cœur.)

Douzième station

Jésus meurt sur la croix

Adoramus te, Christe...

« Père, pardonne-leur : ils ne savent pas ce qu'ils font » (Lc 23,34).

Au plus vif de la passion, le Christ n'oublie pas
l'homme, et en particulier il n'oublie pas ceux
qui sont la cause directe de sa souffrance. Il sait
que l'homme, plus que toute autre créature,
a besoin d'amour ; qu'il a besoin de la miséricorde
qui, en cet instant, se répand sur le monde.
« Amen, je te le déclare : aujourd'hui, avec moi,
tu seras dans le paradis » (Lc 23,43).
Jésus répond ainsi à la demande du malfaiteur
suspendu à sa droite : « Jésus, souviens-toi de moi
quand tu viendras inaugurer ton Règne (Lc 23,42).
La promesse d'une nouvelle vie. Tel est le premier effet
de la passion et de la mort imminente du Christ.
Une parole d'espérance pour l'homme.
Au pied de la croix se tenait sa Mère, et près d'elle
le disciple, Jean l'Évangéliste. Jésus dit : « Femme,
voici ton fils ! », et au disciple : « Voici ta mère ! »
(Jn 19,26-27). « Et à partir de cette heure-là,
le disciple la prit chez lui » (Jn 19,27).
C'est son testament pour les personnes
les plus chères à son cœur.
Son testament pour l'Église. En mourant, Jésus veut
que l'amour maternel de Marie embrasse tous ceux
pour qui Il donne sa vie, l'humanité entière.
Aussitôt après, Jésus s'écrie : « J'ai soif » (Jn 19,28).
Parole où transparaît la terrible soif qui brûle
tout son corps. C'est la seule parole qui manifeste
directement sa souffrance physique.
Puis Jésus ajoute : « Mon Dieu, mon Dieu,
pourquoi m'as-tu abandonné ? » (Mt 27,46 ; cf. Ps 21 [22], 2).
Il prie avec les paroles du psaume.
Malgré sa teneur, la phrase met en évidence *son union*

profonde avec son Père. Dans les derniers instants de sa vie sur la terre, Jésus se tourne vers son Père. Désormais, le dialogue ne se déroulera plus qu'entre le Fils qui meurt et le Père qui accepte son sacrifice d'amour. Quand arrive la neuvième heure, Jésus s'écrie :
« Tout est accompli ! » (Jn 19,30).
Voici l'heure où s'accomplit l'œuvre de la Rédemption. La mission pour laquelle il est venu sur la terre a atteint son but.
Le reste appartient au Père : « Père, entre tes mains je remets mon esprit » (Lc 23,46). Ayant dit cela, il expira. « Le rideau du Temple se déchira en deux... » (Lc 27,51). Le « Saint des saints » du Temple de Jérusalem s'ouvre au moment même où y entre le Prêtre de la Nouvelle et Éternelle Alliance.

Prière

Seigneur Jésus Christ, toi qui, au moment de l'agonie, n'es pas resté indifférent au sort de l'homme et qui, dans ton dernier souffle, as confié avec amour à la miséricorde du Père les hommes et les femmes de tous les temps avec leurs faiblesses et leurs péchés, remplis-nous, nous-mêmes et les générations futures, de ton Esprit d'amour, afin que notre indifférence ne rende pas vains en nous les fruits de ta mort.
À toi, Jésus crucifié, sagesse et puissance de Dieu, honneur et gloire pour les siècles éternels. Amen !

Pater noster, qui es in cælis...

Vidit suum dulcem natum morientem desolatum,
dum emisit spiritum.
(Elle vit son enfant très cher mourir dans la désolation alors qu'il rendait l'esprit.)

Treizième station

Jésus est descendu de la croix et confié à sa Mère

Adoramus te, Christe...

O quam tristis et afflicta fuit
illa benedicta mater
Unigeniti.

(Qu'elle était triste et affligée, la Mère entre toutes bénie, la Mère du Fils unique !)

On a remis entre les mains de la Mère le corps sans vie de son Fils. Les évangiles ne disent pas ce qu'elle a éprouvé en cet instant.
C'est comme si les évangélistes, par ce silence, voulaient respecter sa douleur, ses sentiments et ses souvenirs.
Ou simplement comme s'ils ne s'estimaient pas capables de les exprimer.
C'est seulement la dévotion séculaire qui a conservé l'image de la *« Pietà »*, fixant ainsi dans la mémoire du peuple chrétien l'expression la plus douloureuse de cet ineffable *lien d'amour*, né dans le cœur de la Mère le jour de l'Annonciation et mûri dans l'attente de la naissance de son divin Fils.
Cet amour s'est révélé dans la grotte de Bethléem, il a déjà été soumis à l'épreuve durant la présentation au Temple, il s'est approfondi en même temps que les événements conservés et médités dans son cœur (cf. Lc 1,37). Maintenant, ce lien étroit d'amour doit se transformer en une union qui dépasse les frontières de la vie et de la mort.
Et il en sera ainsi tout au long des siècles : les hommes s'arrêtent auprès de la statue de la *Pietà* de Michel-Ange, s'agenouillent devant l'image de la Bienfaitrice douloureuse *(Smetna Dobrodziejka)*

dans l'église des Franciscains à Cracovie,
devant la Mère des sept douleurs,
patronne de la Slovaquie, et ils la vénèrent
dans de nombreux sanctuaires à travers le monde entier.
Ils apprennent ainsi le difficile amour
qui ne se dérobe pas devant la souffrance,
mais qui s'abandonne avec confiance à la tendresse
de Dieu, à qui rien n'est impossible (cf. Lc 1,37).
Prière
Salve, Regina, Mater misericordiæ, vita dulcedo
et spes nostra salve. Ad te clamamus...
illos tuos misericordes oculos ad nos converte et Iesum,
benedictum fructum ventris tui,
nobis post hoc exilium ostende.
Obtiens-nous la grâce de la foi, de l'espérance
et de la charité, afin que, comme toi, nous sachions
nous aussi persévérer au pied de la croix
jusqu'à notre dernier souffle. À ton Fils, Jésus,
notre Sauveur, avec le Père et avec l'Esprit saint,
tout honneur et toute gloire
pour les siècles des siècles. Amen !
Pater noster, qui es in cælis...
Fac me vere tecum flere, Crucifixo condolere,
donec ego vixero.
(Que vraiment je pleure avec toi, qu'avec le Christ
en Croix je souffre, chacun des jours de ma vie !)

Quatorzième station

Le corps de Jésus est mis au tombeau

Adoramus te, Christe...
« Il a été crucifié, est mort et a été enseveli... »
Le corps sans vie du Christ a été déposé dans le tombeau.

Pourtant, la pierre du tombeau n'est pas le sceau définitif
de son œuvre. Le dernier mot n'appartient pas
au mensonge, à la haine et à l'abus de pouvoir.
Le dernier mot sera prononcé par l'Amour,
qui est plus fort que la mort.
« Si le grain de blé tombé en terre ne meurt pas,
il reste seul ; mais s'il meurt, il donne beaucoup
de fruit » (Jn 12,24). Le tombeau est la dernière étape de
la mort du Christ au cours de toute sa vie terrestre ;
c'est le signe de son sacrifice suprême
pour nous et pour notre salut.
Très vite, désormais, ce tombeau deviendra
la première annonce de louange et d'exaltation
du Fils de Dieu dans la gloire du Père.
« Il a été crucifié, est mort et a été enseveli, [...]
le troisième jour est ressuscité des morts. »
Avec la mise au tombeau du corps sans vie de Jésus,
au pied du Golgotha, l'Église commence la veillée
du Samedi saint. Marie conserve et médite au fond
de son cœur la passion de son Fils ; les femmes
se donnent rendez-vous le lendemain matin
après le sabbat, pour oindre le corps du Christ
avec des aromates ; les disciples se rassemblent,
en se cachant au cénacle,
jusqu'à ce que le sabbat soit passé.
Cette veillée s'achèvera avec la rencontre
près du tombeau, le tombeau vide du Sauveur.
Alors le tombeau, témoin muet de la résurrection, parlera.
La pierre roulée, l'intérieur vide, les bandelettes à terre,
voilà ce que verra Jean, arrivé au tombeau avec Pierre :
« Il vit et il crut » (Jn 20,8). Et avec lui *l'Église crut*, elle
qui, depuis ce moment-là, ne se lasse pas de transmettre

au monde cette vérité fondamentale de sa foi :
«Le Christ est ressuscité d'entre les morts, pour être parmi les morts le premier ressuscité» (1 Co 15,20).
Le tombeau vide est le *signe de la victoire définitive* de la vérité sur le mensonge, du bien sur le mal, de la miséricorde sur le péché, de la vie sur la mort.
Le tombeau vide est le *signe de l'espérance* qui «ne trompe pas» (Rm 5,5). «Par notre espérance, nous avons déjà l'immortalité» (cf. Sg 3,4).

Prière

Seigneur Jésus Christ, toi qui, dans la puissance de l'Esprit saint, as été conduit par le Père, des ténèbres de la mort à la lumière d'une vie nouvell dans la gloire, fais que le signe du tombeau vide nous parle, à nous et aux générations futures, et qu'il devienne source de foi vive, de charité généreuse et de ferme espérance. À toi, Jésus, présence cachée et victorieuse dans l'histoire du monde, honneur et gloire pour les siècles. Amen !

Pater noster, qui es in cælis...

Quando corpus morictur, fac ut animæ donetur paradisi gloria.
(Au moment où mon corps mourra,
fais qu'à mon âme soit donnée la gloire du paradis.)
Amen !

Le Saint-Père a ensuite adressé la parole aux fidèles présents :

«Ne fallait-il pas que le Messie souffrît tout cela pour entrer dans sa gloire ?» (Lc 24,26).
Ces paroles adressées par Jésus aux deux disciples en route vers Emmaüs résonnent dans notre esprit

ce soir, au terme du Chemin de croix au Colisée.
Eux aussi, comme nous, avaient entendu parler
des événements qui concernaient la passion
et la crucifixion de Jésus. Sur la route du retour
vers leur village, le Christ s'approche comme un pèlerin
inconnu, et ils s'empressent de lui raconter
« ce qui est arrivé à Jésus de Nazareth, cet homme
qui était un prophète puissant par ses actes et ses paroles
devant Dieu et devant tout le peuple » (Lc 24,19),
et comment les chefs des prêtres et les dirigeants
l'ont livré pour le faire condamner à mort
puis l'ont crucifié (cf. Lc 24,20-21).
Et ils concluent avec tristesse : « Nous qui espérions
qu'il serait le libérateur d'Israël ! Avec tout cela,
voici déjà le troisième jour qui passe
depuis que c'est arrivé » (Lc 24,21).
« Nous qui espérions... » Les disciples sont découragés
et abattus. Pour nous aussi, il est difficile
de comprendre pourquoi la voie du salut
doit passer à travers la souffrance et la mort.
« Ne fallait-il pas que le Messie souffrît tout cela
pour entrer dans sa gloire ? » (Lc 24,26).
Nous faisons nôtre cette question au terme
du traditionnel chemin douloureux au Colisée.
D'ici peu, de ce lieu sanctifié par le sang
des premiers martyrs, nous partirons
dans différentes directions. Nous retournerons
dans nos maisons, en repensant
à ces mêmes événements dont discouraient
les disciples d'Emmaüs.
Puisse Jésus s'approcher de chacun de nous ;
puisse-t-il se faire aussi notre compagnon de voyage !

Tout en nous accompagnant, il nous expliquera
que pour nous il est monté au Calvaire,
que pour nous il est mort, afin d'accomplir les Écritures.
Le douloureux événement de la crucifixion
que nous venons de contempler deviendra ainsi
pour chacun de nous un enseignement parlant.
Chers frères et sœurs, l'homme contemporain
a besoin de rencontrer le Christ crucifié et ressuscité !
Qui, plus que le divin condamné, peut comprendre
pleinement la peine de celui qui subit
des condamnations injustes ?
Qui, plus que le roi bafoué et humilié,
peut répondre aux attentes de tant d'hommes
et de femmes sans espérance et sans dignité ?
Qui, plus que le Fils de Dieu crucifié,
peut comprendre la souffrance et la solitude
de tant de vies brisées et sans avenir ?
Le poète français Paul Claudel a écrit
que, pour le Fils de Dieu, « c'est du côté de la mort
qu'il nous a appris qu'était le chemin de la sortie
et la possibilité de sa transformation »
(*Positions et propositions, Les invités à l'attention*
[1934] p. 245). Ouvrons notre cœur au Christ : c'est lui
qui répondra à nos aspirations les plus profondes.
Lui-même nous dévoilera les mystères
de sa passion et de sa mort sur la croix.
« Alors leurs yeux s'ouvrirent, et ils le reconnurent »
(Lc 24,31). En l'entendant, les deux passants
affligés retrouvent la sérénité de leur cœur
et commencent à exulter de joie. Ils reconnaissent
leur Maître à la fraction du pain.
Comme eux, puissent également les hommes

d'aujourd'hui reconnaître dans le mystère
de l'eucharistie, à la fraction du pain, la présence
de leur Sauveur ! Puissent-ils le rencontrer
dans le sacrement de sa Pâque et l'accueillir
comme compagnon de leur route ! Il saura les écouter
et les réconforter. Il saura se faire leur guide
pour les conduire tout au long des sentiers de la vie
vers la maison du Père.
Adoramus te, Christe, et benedicimus tibi, quia per sanctam Crucem tuam redemisti mundum !

Index des dates et des lieux

Index des lieux

Table des matières

Introduction

Prières à Dieu, Père, Fils et Saint-Esprit

Prières à Marie

Actes de consécration et d'offrande à Marie

Prières avec les saints et les bienheureux

Prières pour les prêtres et les personnes consacrées

Prières pour les vocations

Prières des années jubilaires

Prières pour la paix

Prières pour l'unité des chrétiens, pour les juifs et les musulmans

Le Chemin de croix avec Jean-Paul II